『삼국지』의 연인

초 선 이

표성흠 지음

차례|삼국지의 연인•초선이•

설연화(雪蓮花)-초선

후한(後漢) 건녕 1년(168년).

나라의 정치는 갈수록 어지러워지고 부정부패는 민중들의 불만을 불러왔다. 어느 시대나 마찬가지이지만 사회가 불안해지면 민초들의 마음은 미신에 사로잡힌다.

후한 말기도 예외일 수 없어서 하북 지방에서는 태평도(太平道)가, 한중에서는 오두미도(五豆米道)가 퍼져 민심을 사로잡아 나갔다.

오두미도는 천사도의 별칭으로 치병을 중심으로 하는 민간신앙이다. 촉(蜀)나라 태생 장릉(張陵)이란 사람이 사천의 구명산에서 장생의 도를 닦고 내려와, 그 가르침을 받은 사람으로부터 쌀 다섯 되를 시주로 내게 한 데서 그 이름이 오두미도로 전해졌다.

교주는 모든 질병을 환자의 죄과 때문에 생기는 것이라 하여 병자에게 부적을 갈아 그 물을 마시게 한 다음 자신의 죄과를 세 통의 서류에 쓰게 하여 이를 천(天)-지(地)-수(水)에 바치고 다시는 죄를 짓지 않겠다고 맹세하게 한 다음, 다시 죄값에 대한 보상을 치르게 함으로써 병이 치유된다고 하였다. 약값 따로 죄값 따로 받는 일종의 이중면죄부였다.

이 날도 배가 아픈 아내를 업은 한 남자가 장릉을 찾아왔다.

"어디가 아파서 왔느냐?"

"배가 아프답니다."

집사의 답이다.

"배가 아프면 의원을 찾아갈 일이지 왜 이리로 왔느냐?"

장릉은 짐짓 환자를 받지 아니할 것처럼 위엄을 부린다.

"살려주십시오. 세상 천지에 교주님만한 신술이 없다는 걸 이미 알고 왔습니다요."

"으흠!"

장릉은 위엄을 잔뜩 부리며 환자의 배를 쓰윽 만져 본다. 젊은 여자의 부드러운 살갗에 만져지는 손바닥 느낌이 야릇하다. 회가 동하지 않을 수 없는 감촉이다.

"잠시들 나가 있거라."

집사가 눈짓을 하며 환자의 남편을 데리고 밖으로 나간다.

"으흠, 으흠……."

잠시 후 헛기침은 사라지고 주렴이 내려지더니 여자의 들뜬 흐느낌 소리가 들리다가 그쳤다.

"이 부적을 갈아서 먹여라."

배 아픈 데도 부적, 머리가 아픈 데도 똑같은 부적이지만 일단 한 번 장릉의 손을 거쳐가면 아픈 데가 씻은 듯 시원해진다. 그 댓가로 쌀 다섯 되를 바쳐야 함은 물론이다.

다시 병이 재발되지 않게 하기 위해서는 지은 죄를 낱낱이 적어서 고하고 거기 따른 댓가를 또다시 지불해야 한다. 그런데도 연일 사람들이 끊이질 않는 것을 보면 장릉에게 신통술이 있는 것만은 확실하다.

오두미교는 점점 확산되어 동서남북으로 그 세를 확장해 나갔다. 장릉의 가르침을 받은 사람에게는 사(師)자를 붙여 오두미교사로 지칭되는 중간역할을 맡겼다. 천지 사방에 분소가 생겼다는 이야기다. 분소가 분소를 낳고 그 분소가 또 분소를 낳아 오두미교의 세력은 극에 달했다. 그러니 자연적으로 장릉의 권위는 하늘 높은 줄을 모르게 치솟았다.

하루는 장릉의 이러한 권위에 도전을 했다가 쥐도 새도 모르게 죽은 사람이 생겼다.

이 성미 급한 남자는 장릉이 병치료를 빙자로 자기 아내를 집적거렸다 하여 교주의 권위를 무시하고 대들었다.

"당신은 나쁜 사람이야. 내 마누라를 임신시킨 당신의 죄를 용서할 수 없어."

그는 자기는 환관 출신이라 아내를 임신시킬 수 없는 불고자인데도 아내가 여기 입원해 있는 동안에 임신을 했다고 주장했다. 그 남자의 아내 역시 입원해 있는 동안 장릉이 자기 몸을 유린했다는 사실을 밝혔다.

그러자 장릉은 그렇게 떳떳하다면 관가에 가서 고변하라고 으름장을 놓았다. 왜냐하면 남자는 궁궐에 들어가 내시가 되기 위해 불을 치고도 이를 기피하고 혼인을 치룬 약점을 가지고 있었기 때문이다. 이미 모든 신상명세서를 쥐고 있는 장릉한테 누가 당할 수 있었겠는가? 그런데도 이 간 큰 남자는 큰소리쳤다.

"손해를 배상하지 않으면 관가에 고변하겠다."

"할테면 해 봐라."

결국 그 남자는 아무도 모르게 입막음을 당하고 말았다. 이 남자의 실종을 두고 한동안 세간을 떠들썩하게 했지만 사건의 진상은 밝혀지지 않았다. 사람들은 말했다. 교주의 눈에 벗어나는 그 날이 바로 제삿날이라고.

장릉은 이제 일개 치료사의 신분을 뛰어넘어 오두미교 교주로서의 자리를 확고하게 잡는데 성공했다. 이 교단을 세간에서는 미적이라 불렀다. 쌀도적이란 뜻이겠다. 그러면 그럴수록 신도가 더 불어나는 게 민간신앙이다.

예나 지금이나 이런 민간신앙은 지하로 깔려 퍼진다는 특징이 있다. 때문에 그 정확한 숫자조차 파악하기 힘들다. 아무튼 신앙의 대상이 많은 세상은 어지럽기 마련이다. 어지러워서 믿고 따를 것이 필요한 세상이기 때문이다. 이 악순환은 불변의 진리로 숭앙되고 사이비 종교로 발전된다.

교도수가 늘어나면 그만큼 교주의 권위는 높아지고, 교주는 그에 걸맞는 업적을 남기고 싶어진다. 칼을 들면 호박이라도 자르고 싶고 신 들메를 조이면 돌부리라도 차고 싶은 심정과 같은 것이다.

이 오두미교가 태평교를 만났다.

오두미교는 강의 상류로부터 점차 아래로 내려오던 중이었고 태평교는 아래로부터 위로 거슬러 올라가던 중이었다.

"오두미교나 태평교나 뜻은 하나다."

이들은 만나자마자 의기투합했다.

그만큼 살기가 어려운 세상이었기 때문이다.

"농민을 위한 세상이다."

농민을 위한 세상은 무엇인가? 농자천하지대본이다. 농사짓는 사람이 천하의 근본이라는 뜻이다. 땅을 갈고 씨앗을 뿌려 농사를 지어놓으면 한 톨 먹을 것도 남겨두지 않고 거둬가 버리자 나라에 대한 원성이 높을 대로 높아진 터라 이들의 의기투합하는 목소리는 표면적으로 드러나기 시작하였고 물꼬 터진 봇물처럼 마른 땅을 적셔 나가기 시작했다.

이 때 중국 천하는 양자강 물줄기를 남북으로 갈라 호남과 호북으로 지역을 나누었고, 황하강을 남북으로 분할하여 하남과 하북으로 명칭하였다.

강남지방의 달고 맛난 귤을 강북 쪽으로 옮겨다 심어놓으면 먹지 못할 탱자가 된다 할 정도로 그 기후가 달랐다. 따라서 강남지방이 훨씬 비옥하고 농산물의 질도 좋았다. 당연히 강남 사람들이 어깨가 높아지고 강북 사람들은 상대적 허탈감에 사로잡혔다.

그런데 이 무렵에는 강남 사람들이나 강북 사람들이나 한결같이 끼니 때우기가 어려웠다. 조정에서 거둬가는 세금을 낼 길도 막연할 지경이었다. 그도 그럴 것이 한(漢) 왕조의 황제는 주색잡기에 빠져 정사를 돌볼 겨를이 없었고 실질적인 정치는 환관들의 손에서 좌지우지 놀아나는 형편이었으니 그 책임을 물을 곳은 아무 데도 없었다.

한나라는 광무제(光武帝) 때부터 명제(明帝) 장제(章帝)에 이르는 약 60년 간은 나라 제도가 정비되고 주변국과의 관계도 안정되어 태평성대를 누렸다.

그러나 제4대 황제인 화제(和帝) 이후로는 어린 황제가 잇달아 제위에 오르고 황실의 혈통이 끊기는 일이 있어 외척들이 실권을 장악했다.

이 때에 조절이란 환관이 있었다.

조절은 제9대 황제인 순제가 황세자이던 때부터 동문수학하던 인연으로 11대 환제에 이르기까지 3대를 섬겨 오고 있었다. 환제가 황제 자리에 오르는데 남달리 공헌이 커 조절은 황제의 신임을 독차지 하였다. 황제는 조절에게 후한의 골칫거리인 외척들을 몰아낼 것을 은근히 암시하였고 눈치 빠른 조절은 이를 성공리에 마쳤다. 그 결과 수백 명의 목숨이 하루 아침에 처형대의 이슬로 사라졌다.

역사가 말하는 제1차 '당고의 화'다.

하여 궁중은 외척들의 세상에서 환관들의 세상으로 변했다. 공적을 세운 환관들은 열후에 봉해졌고 조정의 고과에서 지방관에까지 환관과 연줄이 닿지 않는 사람이 없을 정도였다. 늑대를 피하다 범에게 물린 꼴이 되어버렸다.

환관들은 더욱 방자하여 매관매직으로 재물을 긁어 별궁서원의 만금당에 쌓아두고 주지육림 속에 놀아났다. 항간에서는 '환관들이 통치하는 나라' 혹은 '빈부랄 나라'란 말이 공공연히 나돌 정도로 나라 꼴이 말이 아니도록 피폐해 갔다.

대저 환관이란 게 무언가? 불알을 까고 궁중 안에서 일을 하는 내시 신분이 아니던가? 그런데 이 내시들이 모든 실권을 잡고 일가친척들에게 권력을 나눠주는 세상이니 무슨 나라꼴이 제대로 될 것인가? 황제를 올바로 보필해야 할 신하들도 이 내시들의 손아귀에서 놀아날 정도로 그 권력이 커져 이들을 일컬어 '실세'라는 말이 생길 정도였다.

마침내 환제가 죽고 영제가 즉위하여 정권이 바뀌었다.

정권이 교체되었다고 뿌리 깊이 박힌 돌이 빠질 리 없었다.

그렇게 세월은 흘러 건녕 2년.

영제가 온덕전에 들어가려 할 때 별안간 검은 회오리가 일면서 커다란 구렁이가 천정 들보로부터 옥좌에 떨어지는 변고가 생겼다. 이어 뱀은 사라지고 뇌상벽력과 우박이 내리쳤다.

"대체 무슨 변고인가?"

황제는 불안에 떨었고 주위에 괴변의 이유를 말하는 신하가 없었다.

괴변은 이뿐만 아니었다. 암탉이 수탉으로 변하고 뱀이 서서 걸어가는 이변이 속출하고 당나귀가 말이 되어 거리를 질주하였다. 뿐만이 아니었다. 마른 하늘에 눈이 내리고 지네가 나비처럼 날았다. 사람들은 돌아서서 숙덕거렸다. 나라가 망할 조짐이다.

"두고만 볼 것인가?"

"안 된다. 이러고도 우리가 국록을 먹는 관리란 말인가?"

전한(前漢) 선제(先帝) 무렵부터 지방 호족 출신이 군-현의 관리나 중앙관료가 되는 경우가 많았는데 광무제가 호족의 도움을 받아 후한을 세운 뒤로는 더욱 이러한 경향이 두드러졌다.

광무제는 예교(禮敎)를 중시했으며 태학을 세워 사인(士人)을 양성했다. 이들은 관리로 진출하는 일 외에 향리에서 정치를 비평하며 청의(淸議)를 조성하는 역할도 했다.

이 때문에 화제 이후 외척과 조정 내 사인들과의 충돌이 잦았다. 당연히 청의의 공격 목표는 외척들이었다. 이제 외척들이 쥐고 있던 그 실세를 환관들이 물려받았으니 환관들과 사인들의 사이 또한 '주는 것 없이 미운 사이'가 돼 버렸다.

누가 선제공격을 하느냐는 시간 문제였다. 아니나 다를까, 환관들이 먼저 사인의 숨통을 조여 탄압해 들어갔다. 머릿 속에 먹물만 잔뜩 든 선비들이 우물쭈물 하는 사이 눈치와 행동에 능한 환관들이 먼저 실세를 뺏어 쥐었기 때문이다. 머리를 조아려야 할 환관들이 오히려 머리를 꼿꼿이 쳐들고 다니는 꼬락서니를 보다 못한 일부 청류파 선비들은 관복을 벗어 던져버리고 산골짜기로 숨어들었다.

그러나 아직 꼿꼿이 그 절개를 지키고 현직에 남아 정사를 돌보는 이들도 더러는 있었다. 그 중에 채옹이라는 자가 있어 상소를 올려 이렇게 고했다.

'이 모든 괴변은 주제 넘게 정사에 관여하여 나라를 어지럽히는 무리들로 인해 나라가 망할 계시라 저들을 즉시 처단해야 하옵니다.'

하는 내용이었다.

그러나 이를 미리 눈치 챈 환관 두목 조절이 선수를 쳐 '채옹은 진번에게 뇌물을 주고 벼슬을 산 자로 역적과 한 패'라는 모함을 씌워 참형시켰다.

청류파 출신으로 이응(李膺)이란 자가 있었는데 성질이 대쪽 같았다. 이응을 용에다 비유하여 그의 문하에 들어가는 걸 '등용문'이라 할 정도였는데, 후세에 이 말은 문장을 잘 써 장원 급제에 오르는 뜻으로 쓰이는 대명사가 되었다.

그러한 문장가 이응이 황제께 상소를 올렸다. 하지만 상소문은 중상시들 손에 먼저 들어가 결국 이응 일파는 모함을 받고 처참히 토벌된다.

이응의 제자로 장검이란 자가 있었는데 급한 김에 노국으로 피신을 간다. 장검의 친구는 집에 없었고 그의 동생 공융이 그를 숨겨 주었다. 이어 장검을 잡으러 뒤따라 온 조숭에게 덜미를 잡혀 온 가족이 오라를 받게 되었다. 이때 공융의 형이 들어와, '그 친구는 나를 찾아온 것이니 나만 체포하라'고 했다. 그러자 공융이 가로되, '형의 친구를 숨겨준 것은 나니 나를 체포해 가기 바란다.'고 하였다.

이에 당황한 조숭의 부하들이 그 어머니에게 묻자 어머니는 이렇게 대답한다. '자식의 죄는 부모가 저지른 것과 같으니 저를 체포하기 바랍니다.'

이 가족의 화목에 감동을 받은 조숭과 그의 부하들은 결국 그의 가족을 면죄시켰다.

대장군 두무와 태부 진번은 이응을 구하고 중상시들을 물리칠 계획을 세웠는데 환관들에 의해 오히려 죽임을 당하는 사건이 일어났다. 이로 인해 영제까지 꼭두각시로 전락해 버려 황실은 완전히 환관 천지가 돼 버렸다. 이로 인하여 수백 명의 무고한 목숨이 처형되거나 귀양을 가는 참화가 벌어졌다.

'제2차 당고의 화'다.

"일이 어이 이렇게 돼 버렸단 말인가?"

이미 실권을 빼앗겨 버린 허수아비 황제는 아무 일도 할 수가 없었다.

영제는 갈수록 설 자리를 잃고 조절을 위시한 장양, 조충, 봉서, 단규, 후람, 건석, 정광, 하운, 곽승 등 열 명의 환관들에게 둘러싸여 허수아비가 되었다. 이들은 스스로를 '십상시(十常侍)'라 부르게 하였고, 황제까지도 이들의 우두머리 장양을 '아부'라는 높은 칭호로 부를 지경이 되었다. 황제가 어찌 일개 환관의 자식이란 말인가? 이러니 사방에서 도적떼들이 들끓고 백성들은 도탄에 빠져 헤어날 길이 없었다.

환관들이 이토록 날뛰었으니 정사가 제대로 될 턱이 없었다. 힘없는 백성들은 도탄에 빠지게 되었고 사방에서 도적의 떼가 들끓었다.

바야흐로 이러한 때를 일컬어 난세라 부르지 않던가?

난세에는 반드시 영웅이 나는 법.

이때에 거룩 땅에 태평교주 장각이란 사람이 기치를 높이 들고 나타났다.

"푸른 하늘은 이미 죽었다. 누런 하늘이 온다."

사람들은 '이게 무슨 말이지?' 하고 귀를 기울였다.

장각이 다시 외친다.

"갑자년이 되면 천하는 대길이다."

이건 또 무슨 귀신 씨나락 까먹는 소리인가?

갑년이 멀지 않았다. 바야흐로 동지섣달 기나 긴 밤을 냉기도는 차가운 방바닥에 엎디어 신음과 배고픔으로 지새우던 사람들에게는 귀가 번쩍 뜨이는 말이 아닐 수 없다.

푸른 하늘이고 누런 하늘은 낯선 말이었지만, 천하대길이라는 소리는 어디서 많이 듣던 소리다. 듣던 소리가 아니라 고대하고 기대하던 말이다. 해마다 기둥과 대문간에 입춘대길을 써 붙여놓고 비는 게 무엇이었든가? 제발 밥굶지 말고 하루 삼 세 끼 밥먹도록 해 달라는 염원 아니던가. 그 소원이 풀릴 천하대길이라면 쌍수 들고 환영할 일이 아닌가.

그러한 민중들에게 그는 또다시 일갈을 던진다.

"한나라의 운명은 다했다. 성인이 이 세상에 나타났다. 너희는 의인을 좇아 태평시대를 즐겨라."

드디어 민간에서는 민요가 탄생해 날개를 달았다.

푸른 하늘은 이미 죽었으니
바야흐로 누런 세상이 이루어지리.
갑자년에 이르면
천하는 좋아지리.

세상천지 열리고 나서 이보다 더 빨리 번진 노래는 없었다.

노래는 삽시간에 중원 천지에 퍼졌고, 한바탕 회오리 바람이 불어올 조짐이 보였다.

너도나도 일손을 놓고 장각의 뒤를 따랐다. 장각(張角)의 형제 중에 장보(張寶)와 장량(張梁)이 있어 형제가 서로 도왔다.

장각은 스스로를 천공장군이라 칭하고, 둘째인 장보는 지공장군, 막내 장량을 인공장군으로 칭했다. 이들은 저들을 따르는 50만 명의 부하들을 36방(方)으로 나누고 방마다 대방 중방 소방이라는 세부 조직으로 다시 나누어 군대식 조직을 했다. 대방 중방 소방은 오늘날의 연대 대대 중대와 같은 조직으로, 이들은 하늘을 찌를 듯 분기탱천하였고 점점 그 세력을 확장해 하북 지방은 물론이요, 하남-산동 지방까지 장악해 잠시 잠깐 사이에 수많은 신도들을 확보했다.

이들 역시 오두미교처럼 일선에서 민중들을 직접 가르치고 교사하는 중간 사(師)를 두어 태평교사들에게 교리와 무술을 연마하게 하였다. 그리고 분소를 몇 개씩 합하여 그들을 총괄하는 총수를 두어 조직적인 활동을 하게 하였다.

아무리 땅 속을 누비고 다니는 두더지처럼 몰래몰래 퍼져나가는 밀교라 할지라도 이러한 세력 확장을 관아에서 눈치를 못챌 일이 없는 법. 드디어 특단의 조치가 취해졌다.

-태평교는 혹세무민하는 집단임으로 당장 그 활동을 중지하라.

지방 방주로 있던 간부들이 잡혀 가 문초를 당하고 투옥되는 사건이 일어났다. 이를 저지하던 교도들과 관아와 충돌이 생겼다. 곳곳에서 같은 현상이 일어나고 이 소식은 바람처럼 입에서 입으로 전해졌다.

-더는 못 참겠다.

-일어나라.

이에 산 속으로 숨어들었던 청류파 잔류들도 합세를 했다.

이들은 종교국의 건설과 한의 타도를 목표로 삼았다. 또 이들은 하나같이 머리에 누런 수건을 동여 메고 스스로를 '황건'이라 칭했다. 육갑에 의해 매겨놓은 색깔의 순서에 따르면 청색 다음이 황색이다.

육십갑자는 천간의 갑을병정을 차례로 배합하여 예순 가지로 늘어놓은 것으로, 60을 한 단위로 자릿수를 셈하는 기수법이다. 이는 삼척동자가 아닌 이상 다 아는 계산법이다. 이 한 단위인 푸른 색깔의 끝자리가 올해이고, 이제 그 푸른 세상이 끝나는 내년이면 새로운 빛깔인 황색 세상이 온다는 이 이야기를 누가 만들어냈는가?

태평교주 장각은 또 하나의 색깔론을 제시하였다.

"이제 청색의 시대는 갔다. 다음은 황색의 시대가 도래할 것이니라."

황색이 대저 무슨 색인가? 황금빛이다. 황금의 해가 온다는 사실에 민중들의 흥분은 가라앉을 줄을 모른다. 황금은 불변의 재산이다. 사람은 누구나 이 황금방석에 앉아보는 것이 소원이 아닌가.

장각은 말한다.

"우리도 한 번 잘 살아봅시다."

"옳소."

장각의 연설에 중원천지가 다 호응하여 일어났다.

"굶주리고 배고픈 시대는 지나갔습니다."

민중이란 언제나 등 따시고 배 부르다면 좋아한다. 민중을 현혹하는 데는 다른 말이 필요 없다. 배 불리 먹을 수 있도록 해준다면 그만이다. 그 이상의 말이 필요 없다.

그 날 밤이었다. 형제들이 다시 모였다.

"정말 이래도 되는 겁니까? 형님…"

"걱정 마라. 막내야…"

장각은 막내 장량이 마음씨가 너무 고와 부드러운 게 탈이라는 말을 하려다말고 이렇게 말한다.

"남화노선께서 이미 내게 계시한 바 있느니…"

남화노선이라면 장량도 이미 알고 있는 인물이다. 형이 약초 캐러 가서 만난 도인이다. 그는 『태평요술』이란 책을 장각에게 주고 떠났다. 떠나면서 세상을 구하는 열 가지 비결이 그 안에 적혀 있다 하였다.

장각은 밤낮없이 그 책을 끼고 살았다.

"남화노선께선 이 세상 사람이 아니란 걸 너도 알지 않느냐?"

장각은 남화노선이 이 어지러운 세상을 구하기 위해 내려온 하늘의 신선이라는 것이었다. 하늘의 옥황상제께서는 이 세상 만민을 자기 백성들로 생각하기 때문에 나라가 도탄에 빠지면 그들을 구해 낼 수 있는 비기(秘記)를 내려보내 구원의 손길을 뻗는다 했다.

"그러니 아우야, 그런 걱정일랑 염려 딱 붙들어 매고 내가 시키는 일이나 하나 해 다오."

장각은 만약에 일이 잘못되어 멸문을 당하는 일이 있을지도 모르니 로구호 신산에 있는 자기 딸을 데리고 와 달라는 부탁을 한다.

신산의 딸이라면 장각이 약초를 캐러 다닐 때 삼협을 건너 올라간 곳에서 한 여자를 봐 낳은 여식이다. 장각이 약초꾼이었을 때 그는 만년설 속에서나 피어나는 설연화(雪蓮花)를 찾아 산지 사방을 다녔다. 설연화는 고산지대 얼음 속에서 피는 꽃으로 죽은 사람도 살린다는 효능을 지니고 있다 했다.

장각은 약초를 구하기 위해 중원 천지를 헤매고 다닐 때를 떠올리며 이렇게 말한다.

"이제 일이 이렇게 되고보니 더 숨길 게 없구나."

성미 급한 장보가 장각의 말을 막고 나선다.

"거사가 우리에게 불리하다고 생각하십니까?"

저들과 싸우자면 한 사람이라도 더 보태야 할 터인데, 왜 하필이면 이런 때 아우를 그 먼 곳으로 때 떠나보내려 하느냐는 질문이다.

"아무리 썩어빠진 조정이라 해도 저들에게는 훈련 받은 관군
이 있다. 우리 쪽은 창자루 한 번 잡아보지 않은 오합지졸들
이다."

겨우 농사일이나 하던 녹 투성이 쇠스랑으로서는 불가항력임
을 알면서도 시작하는 이 싸움은 애시당초 시작부터가 성공의
가능성은 없을 일이었다. 그걸 알면서도 분연히 일어서 싸움을
걸지 않을 수 없는 장각은 만민을 불러 모아 큰 소리로 외치던
교주의 목소리가 아닌 한낱 인간의 나지막한 목소리로 아우들
에게 부탁을 한다.

"그 아이가 보고 싶다."

"그러면 절더러 이 싸움에서 빠지란 말씀인가요?"

"싸움에서 빠지는 게 아니라 그게 너의 싸움이다. 어쩌면 그
일이 더 큰일이 될지도 모르지…"

한 나라를 바로잡는 일은 창이나 쇠스랑으로 되는 게 아니
다. 겉으로 드러나기는 그런 것들로 다스리는 것 같지만, 그
깊숙한 속내를 들여다보면 그것들을 만들어나가는 하늘의 이치
가 있다는 것이다.

"남화노선께서 이미 예언하신 바다."

불을 붙이면 그 불꽃은 화려하다. 그렇지만 그 불꽃이 화려
하게 타오르는 시기는 그리 길지 못하다. 그 사이 불꽃은 사라
진다. 그게 불꽃의 운명이다. 그렇지만 그 불꽃이 타고 남은

재는 불씨를 만든다. 불꽃이 높으면 높을수록 그 재는 깊숙이 가라앉아 생명력을 부지하는 시간이 오래고 길다.

"노선께서는 불꽃보다는 그 불씨를 담은 재가 제 구실을 할 거라 하셨다."

장량은 말없이 듣고만 있다. 이제 곧 섶을 지고 불 속으로 뛰어들 거사를 앞두고 하는 형의 말인지라 그 속에 무슨 깊은 뜻이 숨겨져 있을 것 같기는 했지만, 도대체가 감이 잡히질 않는다.

"아우는 형님이 시키는 대로만 하면 돼."

둘째 장보가 무조건 명에 따를 것을 이른다.

"그러긴 하겠지만…"

"막내는 나무칼도 들어본 적이 없잖아?"

그건 그렇다. 막내 장량은 계집애 같은 성질을 타고나 사내 기질은 그 어디에서도 찾아볼 수 없었다. 그런 그가 싸움터에 있어 봐야 보탬이 될 게 하나 없다.

그렇지만 장량은 요술을 부리는 재주가 남다르게 뛰어나 한 번 신통력을 발휘하면 바람과 구름을 일으켜 창칼을 소용없게 만든다. 그러한 아우를 먼 길로 떠나보내려 할 때부터는 거기에 더 중요한 일이 있기 때문이라 생각하는 두 아우였다. 그렇지만 궁금하다. 그게 뭔지?

"지금부턴 아우가 하는 일이 더 중요하다는 걸 명심해라."

"그게 뭔지 지금 말씀 해 줄 수는 없나요?"

"그건 거기 가 보면 저절로 알게 될 거다."

"그렇담 시키는 대로 하겠습니다."

장량은 큰 형님 장각의 슬하에서 자랐다. 때문에 큰 형님의 말이라면 지엄한 분부로 받들어 모셨다. 나이 터울도 길었고 부모없이 형 밑에서 자랐기 때문에 당연히 부모 맞잡이가 되는 맏형이다.

장량은 부모님들이 누구인지 왜 형제들 끼리만 살게 되었는지 그 내력에 대해선 모른다. 물어본 일도 없었고 물어도 대답해 줄 사람이 없었다.

"그런데 형님…"

이제 헤어지면 다시는 못 만날 수도 있는 이 판국에 부모님이 누구인지, 왜 형제들 끼리만 살아야 했는 지 집안 뿌리나 알고 헤어져야 되지 않겠느냔 생각이다.

"그래, 아우가 지금 무슨 말을 하고 싶어 하는지 알 것 같구나…"

장각이 잠시 앉으라는 시늉을 한다.

"형님, 이제 막내에게도 말해 줄 때가 된 것 같소."

장보는 이미 알고 있는 모양으로 맏형의 용단을 촉구한다.

"그래 알았다."

장씨 집안은 본래 한족이 아니라 서역 출신이었다. 서역이라면 강의 최상류 쪽이다.

양자강은 따로 장강(長江)이라 이름하는데 중원 천지를 횡단

하는 가장 긴 강으로 1만 6천 리에 이르는 길이를 가지고 있다. 그 면적만 해도 웬만한 나라보다 넓고 크다.

장강의 발원지는 청해 서부 커커시리 산맥의 한 줄기다. 여기 떨어진 빗방울 하나가 강줄기를 이루어 굽이굽이 대륙의 산맥을 뚫고 바다로 나가는 데에는 몇 달이 걸린다.

청해에서 통천하라 불리던 강이 곤륜산을 돌고 탕구라 산맥을 넘어 서장 지구를 거쳐 운남으로 흘러들었다가 다시 그 물머리를 돌려 사천에 이르면 그 이름을 바꾸어 금사강이 되고, 중경에서 다시 가릉강을 합류한 다음 거대한 물줄기를 만들어 무산(巫山)을 뚫고 황해 바다로 빠진다.

이 무산 산맥을 관통하고 나가는 구당협 무협 사릉협 등 세 협곡은 천지조화를 만들어 낸 신공이 아니면 그려낼 수 없는 진경이다.

수십 리나 되던 강폭이 갑자기 서른 걸음도 안 되는 좁은 골짜기로 빨려들며 내는 탕탕한 물소리는 십 리 밖에서 들어도 귀가 웡웡할 정도다. 따라서 아무나 이 물길을 오르내릴 수 없다.

미친 듯 흐르는 물줄기는 천길 벼랑을 만들고 깎아지른 단애는 날으는 새들조차 두려워하는 곳이라 감히 뱃길이 닿을 수가 없다. 그만큼 암초가 많고 물 흐름이 급하기 때문이다. 따라서 아무나 이 경계를 넘나들지 못한다. 물길을 거슬러 올라가지도 내려오지도 못할 뿐더러 산맥을 넘는 사람도 없다.

이렇듯 험준한 협곡을 빠져 하류로 내려가면 흘러내린 토사가 만들어 낸 후광평야를 만나게 되는데, 한족은 일찌감치 이 곡창지대에다가 생활 터전을 잡았다.

서역인들은 이 협곡을 경계로 강의 상류 쪽에 사는 사람들을 말한다. 이들은 헐벗은 생활을 할 수밖에 없다. 겨우 계단식 논밭을 일구어 입에 풀칠할 정도의 낟알을 수확할 뿐이었다. 협곡이 있다는 것은 높은 산이 있다는 이야기다.

산들은 산맥을 이루어 강 상류와 하류 사람들의 생활수준을 달리 하게 만드는 장벽을 쌓았다. 때문에 평야를 안고 사는 한족들은 서역인들을 보면 구걸이나 하러 온 이방인 취급을 했다.

"할아버지는 호족이셨다."

한족과는 그 피부색부터가 다르다. 그러니 한나라 황실과 싸우는 데에는 주저할 게 하나도 없다. 할아버지는 북방을 평정하러 온 황군에 의해 포로로 잡혀 내려와 부역으로 목숨을 부지했고, 부친 장달고는 타고난 힘과 쇠를 다루는 기술을 인정받아 보검을 만드는 일을 했었다. 운이 좋아 황실 보검을 만드는 대장장이 노릇을 했다.

"아버지는 사인검을 만드시는 중요한 임무를 맡았었다."

사인검이라면 인년 인월 인일 인시 등 인(寅)자가 네 번 겹치는 시간에 맞춰 쇳물을 부어 만든 보검을 뜻한다. 쇠를 벼를 때 쓰는 물은 인골을 사용하고 검신에 새기는 문양도 북두칠성을 새기는데, 인은 십이지신상 중의 세 번째인 호랑이를 뜻하는 것으로 호랑이는 재액을 좇는 영험한 힘이 있어 사인검은 당연히 전투용이라기보다는 의례용 검이다. 이 한 자루의 검을 만들기 위해서는 육십년을 기다려야 하는 셈이다.

장달고는 명검을 만드는 장인이었다. 수많은 장수들의 명검들을 만들어 전투를 승리로 이끌게 하고 황제의 하사품으로 내리는 의례용 보검들도 그의 손을 거쳐 나왔다.

그러나 재수 없게도 그가 만든 사인검이 부러져 황제가 다치는 불상사가 일어났다고 해서 억울한 옥살이까지 했다. 황실을 침입한 자객이 서역인으로 밝혀졌고 자객의 칼날을 엉겁결에 맞받아쳐 막았던 황제의 칼이 두 동강이 났는데 이를 고의적 행위로 간주한 것이다.

"얼마 후 누명을 벗고 풀려나긴 했지만, 이미 아버진 폐인이 되시고 말았지."

"량이 네가 두 살 때 일이었다."

그러니 황실은 철천지 대원수이기도 하다. 그런데 한 가지 문제점은 저 남화노선의 비기다. 남화노선은 분명히 이렇게 말했다.

─화(火)는 목(木)을 이기고 목은 금(金)을 이기지만, 금은 또한 목을 이기느니… 세상에는 이기고 지는 것이 없다. 서로 상극하고 서로 상생한다. 그러므로 토와 수가 서로 하나 되어 나무를 키우는 것처럼 상생하라 했다.

남화노선은 한나라를 아끼고 사랑했다. 한족이야말로 중화 천지를 영원히 이어나갈 백성이라 했다. 한민족이야말로 중화를 통일시켜 다스릴 민족이라 했다.

"한족이 중화의 뿌리가 되어야 하느니."

한족이 근간이 되고 그밖의 이민족들은 그 곁가지라는 뜻의 말을 했었다. 그래서 중원 천지는 세상의 중심이 된다고 했다.

그 나무를 키우는 하나의 밑거름으로 로구호 신산에 숨겨놓은 초선을 꼽았다.

초선(貂蟬)이란 이름 자체가 예사롭지 않다. 보통 여자에게 주어지는 이름이 아니다. 초선이라는 말은 담비 꼬리와 매미의 날개라는 뜻이다. 담비 꼬리와 매미 날개는 대개 고관대작들의 관을 장식하는데 쓰였다.

대저 이러한 고관대작들이 정제하는 의관과 여식아의 이름과 무슨 관련이 있을 수 있을 것인가? 그런데도 남화노선은 굳이 아이의 이름자에다가 그런 의미심장한 뜻글을 붙였다.

"어찌하여 그런 이름이 저 아이에게 필요합니까?"

그 뜻을 묻는 장각에게 남화노선은 이렇게 말할 뿐이었다.

"때가 되면 알 걸세."

"그때가 언제인지요?"

이미 남화노선은 구름을 타고 가 버린 뒤였다. 학처럼 허허로이 날아 천하를 주유하는 도인의 뜻을 어찌 다 알 수 있겠는가? 그렇지만 그 아이의 운명은 이미 결정되어 있다고 보는 장각이다.

이미 그 태어날 때부터의 인연 또한 보통이 아니다.

그날도 해가 저물도록 약초를 캐러 이 산 저 산 헤매고 다니다 가시에 찔리고 돌부리에 할퀴어 험한 꼴이 돼버린 장각은 바위 틈서리에서라도 눈을 붙여볼 요량으로 이슬을 피할 자리를 찾고 있었다.

그런데 웬일인가? 그 깊고 깊은 산 속에 초옥이 한 채 나지막하게 엎디어 있고 굴뚝에선 연기가 모락모락 피어오르고 있는 것이 아닌가?

게다가 집안에는 처녀 혼자뿐이다.

"이런 산 속에 처녀 혼자서 어떻게…"

"염려 마세요. 이미 혼자 사는데 익숙해져 있으니까요."

처녀는 수줍음도 없었다. 남자가 가까이 오는 것도 당연지사로 받아들였다.

"이게 우리의 운명인 걸요."

처녀는 명확하게 이야기 하진 않았지만, 이미 사주팔자에 그렇게 될 운명을 타고 났다는 이야기를 했다.

"혹시 남화노선이란 분을 만난 적이 있었소?"

"예. 그분은 학을 타고 다니시지요."

"그러면 여기는 신선들이 사는 곳이란 말이오?"

"그런 곳은 아니지만 일반인들이 쉽게 찾아 올 수는 있는 곳
  또한 아닙니다."

장각은 얼마만에 그 곳을 떠나왔는지 모른다. 흔히들 말하는 무릉도원에 머물다 온 느낌을 받았을 뿐이다. 그 뒤에 가 보니 처녀는 아이를 낳아 기르고 있었고, 마을 사람들도 처녀가 애를 낳아 키우는 데도 아무 말이 없었다.

마침 남화노선이 거기 와 있던 터라 이름을 초선이라 붙여주며 언젠가는 그 뜻을 알거라 했다.

―흙과 물은 서로 할퀴고 휩쓸어 내면서도 나무를 키우느니라.

나무를 키우라는 말이 무슨 뜻인지는 모르겠지만, 하여간 남화노선의 말에는 무슨 깊은 뜻이 숨겨져 있을 것이라는 장각의 말을 다 듣고 난 장량은 다시 다짐하듯 묻는다.

"그러니까 상생의 법도를 지키기 위해 그 아이를 보살피라는 건가요?"

"그 아이가 보고 싶다."

장각은 거사를 앞두고 딸이 한 번 보고 싶다는 거였다. 그리고 간밤 꿈에 남화노선이 나타나 애를 데려오도록 하라는 분부를 받았다는 이야기를 한다.

"하늘의 뜻이 어디 있는지는 모르겠구나."

"알겠습니다. 형님… 제가 가서 초선이를 데리고 오겠습니다. 그때까지 꼭 기다려주십시오."

장량은 형님들 곁을 떠난다.

손을 흔들어 배웅하는 형님들을 이제 다시는 볼 수 없을 것 같은 불길함이 스쳐 지나간다. 그렇지만 이것도 하늘이 내린 뜻이라 생각하며 부지런히 말을 몰았다.

　모든 일은 하늘이 알아서 한다. 사람은 단지 하늘의 뜻을 따를 뿐이다. 하늘의 뜻을 거역하면 스스로 화를 자초하는 꼴이 된다. 이게 장량이 배운 모든 것이다. 소위 말하는 도교다. 태평교는 도교에 그 뿌리를 둔다.

　'하늘의 뜻은 인간이 모른다.'

　말머리로 붉게 깔리는 석양을 바라보며 서역을 향해 달리는 장량을 배웅한 두 형제는 이제 할 일은 저 썩어빠진 탐관오리들을 타도하는 일밖에 없음을 하늘에 고한다.

　─하늘이시여! 우리의 뜻을 받아 주시오소서.

　그러나 엄밀한 의미로는 한나라 자체를 겨냥하는 것이 아니라 나라 깊이 박힌 부정부패를 말하는 것인데, 이미 조정을 쥐고 있는 부스러기들은 그걸 황권에 도전하는 행위로 간주하고 토벌령을 내린다.

장강의 한 구비를 엮어

　장량이 장강을 거슬러 서역을 향해 말을 달린지 벌써 며칠째이다.

　말은 지치고 날은 저물어 하루 해가 다 됐지만, 한 시라도 빨리 임무를 완수해야겠다는 일념으로 땀에 젖은 몸을 일으켜 허리를 펴보곤 다시 길을 다잡는다.

　낯선 길이라 방향조차 알 수 없는 숲속으로 들어서자 어디선지 승냥이 우는 소리가 들린다. 여기가 귀곡인가? 낮에 주막에서 들은 이야기로는 이 부근에 도적떼들이 출몰한다고 했는데 아무래도 심상치 않은 분위기다. 저절로 으스스해지는 기분을 누르며 장량은 주변을 조심스레 살펴본다.

어디선가 기분 나쁜 바스락거림이 들린다. 분명 숨어 움직이는 사람의 발소리인게 틀림없다.

"이놈들 썩 나오지 못하겠느냐?"

이럴 땐 선수를 치는 게 장땡이라고 생각한 장량이 먼저 고함을 냅다 질렀다.

"무슨 사나이들이 숨어서 지랄들이냐?"

장량은 눈에는 눈 이에는 이, 이런 자들에겐 폭력적인 언어가 오히려 동질감을 가질 것이라 생각해 쌍소리를 퍼붓는다. 예상했던 대로 수풀 속에서 한떼거리 사나이들이 몽둥이를 휘둘러대며 나타났다.

"에쿠!"

"이게 어디서 굴러온 뼈다귀가 큰소리부터 친다냐?"

사나이들은 한결같이 머리에 누런 수건을 두르고 나타나 장량에게 말에서 내릴 것을 명한다. 누런 황건을 머리에 동여맨 걸 보니 태평교도가 틀림없어 보였다. 아니면 태평교도를 빙자한 도적의 무리임에 틀림없겠다. 그렇다면 태평교도가 전부 이런 도적 떼들이었단 말인가?

장량은 아직 한 번도 형들을 따라 바깥을 나가 본 일이 없어 세상 물정은 잘 모른다.

그러나 이럴 때 대처하는 법은 안다.

"이놈들, 감히 여기가 어디라고 함부로 큰소리냐? 네놈들은 대체 누구냐?"

"그러는 네놈은 누구냐?"

그중 우두머리인 듯한 사내의 일갈이다.

"머리에 황건을 두른 걸 보니 태평교도 임에 틀림없겠다만…
맞느냐?"

"……."

사내가 머쓱해진다. 장량은 여유만만하게 사나이들을 제압해
나간다.

"왜 대답이 없느냐?"

사나이들은 자신들의 신분을 알고 있는 이 말 탄 남자가 도
대체 누군가 싶은 모양이다. 체구는 자그만 하였지만, 그가 하
는 말이 하도 당당해 겁이 나기도 하다. 장량은 저들의 기선을
제압하기에 모자람이 없었다. 상대가 우물쭈물하는 사이에 다
시 큰소리로 겁을 주었다.

"너희 태평교사가 도적질이나 하라고 가르치더냐?"

"네가 누구관대 우리 교사님 욕을 하느냐?"

장량은 말 위에 우뚝 앉아 앞에 선 우두머리를 향해 버럭 고
함을 쳤다.

"너희들의 방이 어디더냐?"

"방이요?"

"어느 방 소속이냐고 묻질 않느냐? 태평교도도 아니면서 머
리에 황건을 쓰고 거짓교도 짓을 했다면 네놈들을 용서치 않
으리."

"예?"

사나이들은 기가 죽어 말을 못한다. 방이라는 말을 아는 것을 보니 태평교에 대해서 너무 훤하게 알고 있는 것 같았기 때문이다. 그렇다면 자기들 보다 높은 신분임에 틀림없을 것이다. 함부로 대했다가는 나중에 무슨 변을 당할지 모른다. 약자에게 강하고 강자에게 약한 게 졸자들의 이중심리다.

장량은 이제 완전히 이들을 굴복시켰다 싶은 안도감으로 조용한 목소리로 말한다.

"방장은 어디 있느냐?"

방장까지 들먹이는 것을 보면 이는 틀림없이 태평교사 이상의 신분은 되리라 싶었던 모양인지 앞에 선 키 큰 사내가 어깨를 움츠리며 기죽은 소리로 말했다.

"방주님은 산채에 계십니다만…"

"여기가 어느 방이더냐?"

"귀곡 소방입니다."

"귀곡 소방이라… 그러면 이 곳이 귀곡이 맞긴 맞는 모양이구나. 내가 길은 잘 찾아오기는 왔나보네 그려."

주막에서는 귀곡을 지나느니 길을 둘러서 가더라도 양달고개를 넘어갈 것을 권유했었다. 귀곡은 지름길인 대신 도적들이 들끓어 목숨부지하기 힘들다 하였다.

"그러는 댁은 누구요?"

장량이 말에서 풀쩍 뛰어내리자 이 때다 싶었는지 앞 선 키 큰 자가 다시 딴죽을 걸어온다. 이제 말에서 내렸으니 한 번 맞붙어봐도 될 성싶었던 모양이다. 슬그머니 몽둥이를 든 손아귀에 힘을 준다.

장량은 아무래도 말로는 안 되겠다 싶어 도술을 부린다. 어느 결에 사나이가 들고 있던 몽둥이가 뱀으로 변해 사내의 손목을 조여들어간다. 물아일체 변환술이다.

"으악!"

사나이가 갑자기 비명을 지른다. 졸개들의 눈이 화등잔만하게 커졌다. 뱀은 서서히 팔뚝을 감아올라 사내의 목덜미까지 타고 오른다. 사내들은 혀를 날름대는 뱀을 보곤 기겁을 한다.

"너희들 모두 저렇게 되고 싶으냐?"

갑자기 일어난 이 일련의 사태를 보고 혼겁이 난 우두머리가 무릎을 꿇고 탄원한다.

"알아서 모시겠습니다. 도대체 뉘신지요?"

"인공장군이라고 들어나 봤는지?"

"인공장군이요? 들어봤지요. 작은 교주님 이름 같은데…"

"사람을 눈앞에 두고도 그 얼굴은 몰라보나?"

"그렇담, 인공장군, 요술장군님이 맞네요."

그는 이제야 사태 파악을 하는 것 같았다.

"그렇다네, 그러니 나를 방장이 있는 산채로 안내하게."

장량은 사나이들에게 둘러싸인 채 산채로 안내되었다. 방주는 마침 사냥한 고기를 안주 삼아 술을 마시고 있다가 장량을 알아보고는 맨발로 뛰어나왔다.

"아니 인공장군께서 여긴 웬일입니까?"

"정말 교주님의 동생이 맞나봐?"

도적질을 하러 나왔던 사나이들은 눈이 동그래져 서로의 얼굴을 마주보았다. 행여나 예상치 않았던 벌이라도 떨어질까봐 걱정들 하는 눈치다.

"뭣들 하느냐? 장군님이 오셨는데도…"

방주는 술상을 들여오라 이른다. 그리고는 손님을 안으로 맞아들인다.

"이거 송구합니다."

명색이 도를 닦아 민생을 돌봐야 할 교도들이 몽둥이를 들고 숨어있다가 길 가는 행인을 노략질하다 들켰으니 이를 어찌 감당할 것인가?

방주 소치는 이미 본부에서 교육 받은 태평교사 출신으로 청의파 출신이다. 탐관오리들과 배짱이 맞지 않아 이곳까지 흘러 들어왔다. 그렇지만 아직 정의가 남아 있는 사람이었다. 그러니 그의 부끄러움은 더 할 수밖에 없었다.

비록 교도들을 거느리기 위하여 도적질은 하고 있었지만, 그게 사람이 두 눈을 뜨고 할 짓이 아닌 것은 알고 있었기 때문이다. 그런데 그 현장을 들켜 버린 것이 아닌가?

"못 볼 것을 보여드려 송구합니다."

"먹고 살기 위해서는 어쩔 수 없는 일… 도성에는 이미 태평교도를 일컬어 황건적이라 방을 붙였으니 도둑이 될 수밖에 더 있겠소?"

장량은 도성 소식을 대충 전하고 거사 일자가 잡혔다는 이야기를 전한다.

주공격 목표는 그 동안 민의를 저버리고 수탈을 일삼아왔던 탐관오리들의 집이다. 지방 관아의 수장들은 전부가 탐관오리일 수밖에 없었으니, 결국은 백성이 자기 관할 관아를 습격하는 일이 되고 만다. 그러니 백주 대낮에 서로 얼굴을 맞대고 싸울 수 없으니 야밤을 틈 타 목표를 달성할 수밖에 없는 노릇이다. 그렇다. 어차피 도적이 될 수밖에 없다. 다만 한 개인이 개인을 터는 좀도둑이 아니라 대의를 위한 큰 도둑이란 게 다를 뿐이다.

"그러니 명분을 어떻게 갖다 붙이던지 간에 도적이란 소릴 면키는 어렵지요."

"나라가 도적질을 해 먹으니 백성도 따라 도적이 될 수밖에요."

그렇다. 윗물이 맑아야 아랫물이 맑은 법.

거사 일자는 섣달 초닷새. 공격 목표는 지방 관아. 일단은 양곡 창고의 문을 열어 배고픈 사람들에게 양식을 나눠 준다. 다음은 무기창고. 병기를 탈취하여 적을 무력화시키고 양민들에게 무기를 공급한다.

그 다음은 탐관오리를 색출해 그 책임을 묻는 일이다. 여기에 사사로운 복수나 무고한 살생이 있어선 안 된다. 모든 행동 강령은 교주의 명에 따른다. 각 방장들은 교주를 대신하여 임무를 수행하는 대리자임으로 타의모범이 되어야 한다. 그 징표로 방주패를 목에 걸어야 한다.

방주패는 조개껍질에다가 교주가 직접 손으로 쓴 신패로 일종의 부적이었다.

장량은 소치의 목에 패를 걸어주며,

"이 패를 달고 있는 한 교주의 가호가 있을 겁니다."

한때는 이 조개껍질로 물건을 사고 팔 수 있는 화폐를 삼은 일이 있어 아직도 조개는 값진 물건이다. 그중에서도 페르시아산 조개껍질은 보물로 여겨지고 있어 갑자기 조개패를 받은 소치는 황공할 따름이다.

한 무제는 산 넘고 물 건너 페르시아까지 무역길을 터 교역을 했었다. 이제 그때의 그 영광을 다시 찾아야 한다. 소치는 교주가 이 조개패를 만들어 방주들에게 돌리는 뜻이 거기 있다고 생각한다. 아는 만큼 보인다고 했던가. 소치는 생각하면 할수록 교주님의 속 깊은 뜻에 머리가 숙여진다.

"소임을 다 하겠습니다."

"전국에서 일제히 봉기를 해야 합니다."

장량의 임무는 또 하나, 오고가는 길목의 방주들에게 거사 일정과 그 세부사항을 일러주는 일이었다. 전령사가 따로 있었지만 로구호 신산 가는 길목의 크고 작은 방들은 장량이 친히 맡기로 한 것이다. 그렇게 함으로써 길 안내도 받고 숙식도 제공받을 수 있기 때문이었다.

"그래, 장군께서는 어디로 갈 작정이신가요? 저희가 호위해 드리겠습니다."

장량은 로구호 신산에 있는 초선을 데리러간다는 이야기를 들려주었다. 그러자 소치가 깜짝 놀란다. 이미 그곳은 불바다가 된지 오래고 거기 사람들은 다 죽었거나 잡혀 간 아녀자나 처녀들은 노예로 팔려 갔다고 한다.

이미 노예제도가 금지된 지 오래지만, 아직도 암암리에 거래가 되는 게 쓸만한 처녀들이다. 처녀들은 가사노동에 투입되거나 미모에 따라선 기방이나 권문세도가의 가기로 팔린다. 어쩌다가 팔자가 좋으면 첩실로 들어앉는 행운을 누리기도 하지만, 결국엔 내쳐지고 만다.

사람의 팔자란 태어나면서부터 이미 운명지어지는 것이라 팔자를 고치기란 쉬운 일이 아니다. 그러나 여자 팔자란 뒤웅박 팔자라 남자 만나기에 따라 달라진다.

초선이 만약 노예로 팔려 가 어떤 처지에 놓일 것인가. 그 남자의 권세나 취향에 따라 달라질 수 있을 것인즉, 대체 누가 그를 끌고 갔는지가 궁금해질 수밖에 없다.

"가보나마나일 겁니다."

소치는 초선의 행방은 자기가 몰래 알아볼 수 있으니 며칠 말미를 두고 여기서 머물러 있으라고 한다. 필시 그 애의 소재를 찾을 수 있을 거란 장담이다.

장량은 한시가 급하다는 이야기를 했다.

"교주님께선 그 애에게 희망을 걸고 있답니다."

그러니 마냥 기다리고만 있을 수는 없다고 한다. 소치가 한 교도를 부른다. 이 자가 로구호 신산에서 간신히 살아 피신해 온 인물이라는 것이다.

"초선이라는 애를 아느냐?"

"……"

"신산에서 포로로 잡혀 가던 여아들 중에 초선이라는 이름을 가진 자가 있었느냐고?"

그는 말귀를 잘못 알아듣는 것 같아 통역을 붙였다. 호족의 말은 한족이 잘 알아듣지 못한다. 서역에는 수많은 소수민족들이 살고 있다. 그들은 사냥을 해서 먹고 산다. 산골짜기 하나 차지하면 그게 나라이고 자기들의 영토이므로 부족 간에 서로 왕래가 없다.

이들 중에는 외적의 침입을 피하기 위해 차츰 고산지대로 삶의 터전을 옮겨 가 고산족이 된 자들도 있고, 아예 지하 동굴로 숨어버린 두더지처럼 사는 둔지족들도 있다. 그러니 한족과 말이 통할 리가 없다.

둘이서 뭐라 뭐라 한참을 이야기하고 나더니 통역이 말한다.

"초선이라는 여자애는 노예로 잡혀 갔답니다."

"노예라?"

세상에 이런 일이……?

"도대체 누가 그런 짓을 했는 지 물어봐라."

"어디로 갔는지 물어봐라."

장량보다 소치가 더 흥분해서 묻는다. 소치는 노예제도를 뜯어 없애는 일에 목숨을 걸었던 관리였었다. 그런데 또 다시 노예사냥이 자행되고 있다니 참을 수가 없다.

둘이 한참 동안을 주고받더니 통역이 말한다.

"그건 모른답니다. 그런데 이 작자 말로는 높은 사람이 데려갔답니다."

"높은 사람? 그게 누군데?"

"그건 모르지만 초선은 보통 아이들과는 달리 기예가 뛰어나 그 높은 양반이 수레에 태워 데려 갔다 합니다."

기예에 뛰어났다면 남자들이 좋아할 만하다. 그리고 수레에 태워 갔을 정도면 이미 대우를 받았다는 이야기다. 그러면 고생은 덜 해도 될 것이지만, 도대체 누가 어디로 데려 갔단 말인가? 장량은 이 일을 어떻게 수습해야 할지 난감했다.

"초선이 신산에서 뭘 하고 있었는지 한번 물어봐 주게나."

장량이 다시 물었다.

둘은 한참만에 이야기를 끝내고 통역이 들려주는 이야기는 이러했다.

초선은 예기에 능했다. 춤과 노래는 물론이고 악기도 잘 다루어 비파를 만질 줄 알았고 칠현금도 연주했다 한다. 금, 바둑, 서예, 그림은 고래로부터 지식계급의 사람들이 배워야 할 필수덕목이다.

진나라 시 황제는 모두 자기처럼 똑똑해질까 봐, 지식인들을 싫어해 세상의 모든 서책을 불 태워 버리는 '분서갱유'까지 했지만 지식은 고금을 막론하고 필요한 것이다.

사람 사는 사회는 배운 자가 못 배운 자를 누르고 가진 자가 못 가진 자를 억누르기 마련이다. 때문에 한 가지라도 더 배워 알려고 노력한다. 그런데 초선이 이런 걸 뭣 때문에 배워 익혔단 말인가?

이 모든 것을 가르쳐준 이는 남화노선이란 도사였다는데, 그는 구름을 타고 다닌다고 하지 않는가. 이야기로 봐서는 앞뒤가 들어맞는다.

참으로 풀리지 않는 수수께끼다. 교주가 초선을 데려오라 한 것도 그렇고 초선이 노예로 잡혀 갔다는 사실도 알 수 없는 일이다. 반드시 여기엔 알 수 없는 운명적 사연이 있을 터인데 그게 뭔지 모르겠다.

"이제 어떻게 하시겠습니까? 그래도 가 보시겠습니까?"

그러나 일단 가 보지 않고서는 사실을 확인할 수 없다. 소문만 듣고서 발길을 돌릴 수는 없는 일이 아닌가?

정말이지 그토록 깊은 계산을 가지고 초선을 길렀을까?

장량은 일단 이날 밤을 귀곡에서 보내기로 했다.

"참으로 희한한 일입니다."

"그러게요."

남화노선은 뭣 때문에 일개 여아에게 그런 것들을 가르쳤을 것인가. 그리고 그 목적도 궁금하다. 어린 초선에게 처음부터 기예를 가르쳤다는 것은 그런 신분으로 살 수 있는 여건을 만들기 위해서였을 터인데, 대체 그럴만한 까닭이 뭐란 말인가. 기예를 펼칠 만한 무대라면 왕후장상 정도는 되어야 한다.

"설마하니…."

장량은 여기까지 추론을 해 들어가다가 스스로도 놀랄 일에 소스라쳤다. 남화노선의 목적이 점점 뚜렷해진다. 이제 생각하니 그 이름부터가 그러하다. 관모를 장식하는데 쓰이는 물건을 상징으로 삼은 것 자체가 우연스런 일이 아니었던 것이다. 처음부터 그렇게 될 것을 알고 지은 이름이다.

그렇다면 형 장각도 그 일을 알고 있음이 분명하다. 그런 신통력을 가진 사람들이라면 뭣 때문에 미리 납치에 대한 방지책을 쓰지 않았을까?

"이 모든 일이 이미 작정된 계획이었어. 사전에 짜여진 각본인 게야…."

각본이라면? 초선을 구중궁궐로 들여보내기 위한 사전공작일 수밖에 없다. 장량이 혼자서 사건의 전모를 다시 꿰맞추고 있는 동안 소치 역시 같은 일을 놓고 동상이몽을 꾸고 있었다.

"나라가 이 꼴이니…."

태평교가 나라를 구하는 절대절명 희생의 재물이 되지 않으면 안 된다.

"나라가…."

소치는 아직도 한숨을 내쉰다. 나라가 이 꼴이라 개혁은 당연하다. 그런데 그 다음은 누구인가? 소치는 참다못해 불쑥 이렇게 묻는다.

"그나저나 인공장군님 생각은 어떠하십니까?"

이번 난이 승리로 돌아올 경우, 누구에게 나라를 맡길 것인가? 만약 거사가 순조롭게 끝난다면 그 다음엔 누굴 천자로 앉힐 것인가? 설마하니 대장군이 그 자리에 등극할 것인가를 묻는 질문인 것 같았다. 장량도 그 일엔 부정적이다.

"그럴 수는 없겠지요."

"천자는 하늘이 내리시는 인물이니…."

혁명이 성공하더라도 혁명 당사자들이 등극할 수는 없다. 천자는 하늘이 내리시는 인물이어야 한다. 그게 전통사상이다. 그래야 만백성들이 우러러 따른다.

역도의 무리가 옥좌에 앉을 수는 없다. 역도는 어디까지나 혁명을 성공시키는 그 일까지 만이다. 자신은 지금 이런 무리 속에 끼어 반역을 꾀하고는 있지만, 만약에 누군가 있어 그럴 일도 없겠지만, 그 자신을 황제라 칭한다면 그건 용납할 수 없을 것이라는 입장이다. 그게 소치의 중심되는 정치사상이다.

"거사를 성사시킨다 하더라도 교주가 옥좌에 앉을 생각은 안
    하실 겁니다."

장량의 답을 들으니 소치의 마음은 한결 가벼워진다. 형제지간이니 교주의 마음도 하나같을 것임을 믿기 때문이었다.

"암, 그래야지요. 그게 순리이지요."

모든 일은 순리에 따라야 한다. 하늘을 거스르면 안 된다.

"그렇다면 누굴 지목하고 있는 재목은 있습니까?"

차기 황제를 묻는 말이다. 혁명에 성공한다치더라도 그 옥좌에 앉을 천자를 물색해 놔야 한다는 이야기다. 만약에 그런 사람이 없다면 자기가 연통을 놔주겠다는 소치다. 비록 이렇게 도적의 무리가 되었지만, 아직도 자기 말이라면 믿어주는 조정 인물들이 있다는 이야기다. 만약에 거사가 성공하더라도 미리 준비된 황자가 없다면 허사가 아니겠느냐 말이다.

그러나 그 누구도 이 문제는 아직 한 번도 생각해 본 적이 없는 사안이었다.

장량은 문득 태평교도들은 훈련되지 못한 오합지졸에 불과하다던, 교주의 말이 떠오른다. 교주 역시 여기까지는 생각지 못하고 있던 부분이다. 일단 썩어빠진 탐관오리들에 대한 투쟁만 생각했지, 거사를 성공시킨 뒤 누구를 옥좌에 올릴 것인가는 생각해 본 적이 없다. 그만큼 단순하고 조직적이지 못한 투쟁 방법을 택하고 있었던 것이다. 그런데 일개 방주인 소치란 작자는 이미 그 뒷일까지를 계산하고 있지 않는가.

"비록 썩어빠진 조정이지만 그래도 통할 만한 위인이 있긴 합니다."

실세를 잡고 있는 사람과 내통을 해 놓아야만 나중 일이 순조롭게 잘 풀릴 거란 소치의 말이다. 누가 들어도 옳은 말이다.

"그렇다면 미리 그에게 연줄을 놓는 것이 좋다는 말씀인가요?"

"그래야 되지 않을까요?"

두 사람은 한동안 말이 없다. 소치의 마음은 한시라도 빨리 왕윤에게 이 사실을 알려야겠다는 생각이고, 장량은 지금 당장에라도 발길을 돌려 이 문제를 교주와 상론해야겠다는 마음이다.

왕윤은 청의파로서 반드시 좋은 의견을 제시할 것이라는 소치의 생각이다.

"조정 대신으로 왕윤이란 분이 있소."

"그러면 이 일을 조정 대신과 상론하겠다는 말씀인가요?"

두 사람은 의견일치가 되지 않는다.

소치는 황권은 아무나 잡을 수 없는 자리이니 만큼 그때 봐서 모실 수 있는 인물을 미리 준비시켜 놓자는 입장이고, 장량은 아직 거기까지는 생각해 본 일이 없다. 그러니 일단 교주와 상의한 다음 결정할 일이라 했다.

교주 장각은 조직적인 머리는 없다. 그저 불뚝하는 성깔과 남화노선에게서 배운 비법 몇 가지가 있을 뿐이다. 장량은 형의 약점을 너무나 잘 알고 있었다. 형에게는 참모가 없다. 이제 여기서 이런 지략가를 만났으니 한시 빨리 형에게 데려다 주어야 한다는 생각이었다.

"교주님과 미리 상의를 드려보는 것이 좋지 않을까요?"

"시간이 촉박해서….

이런 일일수록 미리 준비해 둬야 한다. 거사를 일으키기 전과 후는 다르다. 일단 사건이 터지고 나면, 그 사태의 추이에 따라서 결과가 달라질 수 있을 것이다. 불리한 싸움에 누가 편들 것인가? 목숨이 달린 문제다. 일을 추진하는 사람도 문제지만 섣불리 천자가 되겠다고 약속한 다음 거사가 실패로 돌아간다면 그는 뭐가 될 것인가? 죽음밖에 없다.

누가 죽기를 바라고 반란군 편에 설 것인가. 아직 싸움이 시작되기 전에는 그 성패가 반반이니까 어느 편에건 설 수 있을 것이다.

소치는 이 점을 강조하고 있는 것인데 장량의 신분으로서는 섣불리 결정지을 수 있는 문제가 아니다. 결정권은 교주에게 있기 때문이다. 모든 권력은 한군데로부터 나와야 한다. 따라서 결정권은 권력을 쥔 자에게서부터 나오는 게 원칙이다.

"백짓장도 맞들면 낫듯이 성문도 안에서 열어주는 사람이 있어야 열립니다."

맞는 이치다. 안에서 내응하는 사람이 있어야 한다. 성문을 아무리 치고 받아봐야 안에서 내통자가 있어 빗장을 풀어주는 것만큼 수월치 못하다. 이게 간교다. 소치는 그 마지막 관문인 성문을 꿰뚫을 방도까지 계산을 대고 있다. 참으로 치밀한 인물이다.

장량은 소치를 데리고 교주를 만나러가야겠다고 생각한다.

"일이 이렇게 된 이상 날이 밝는 대로 함께 교주님을 뵈러 갑시다."

교주는 보위 문제까지는 생각지 못하고 있을 것이다. 겨우 지방 탐관오리들을 혼내 주고 나라를 병들게 만든 십상시를 끌어내 처단하는 정도였을 것이다. 이제 소치의 말을 듣고 보니 어차피 역도가 될 바에는 큰일을 저질러 볼 수도 있을 것 같은 용단이 생기는 장량이다.

장량은 둔갑술이나 요술에 능한 만큼 머리 회전도 빨랐다. 이 기회에 나라를 잡는 거다. 겨우 탐관오리들이나 혼내 주려고 목숨을 걸 것인가. 그래봤자 얻어지는 게 무언가. 먹고 쓸 재물이야 지금도 얼마든지 긁어모을 수 있다.

이왕지사 나서서 도탄에 빠진 백성들을 구해 주려 생각했으면 보다 잘 사는 나라를 만들어야 한다. 그러자면 직접 나라를 경영해야 한다. 허수아비 천자를 앉혀놓고 나라를 말아먹는 환관들처럼 자신도 그 자리에 앉아 천자를 부려먹으면 된다. 장량은 갑자기 눈이 확 떠지는 것을 느낀다.

그런가 하면 소치의 생각은 두 갈래로 나뉘어진다. 배신의 그림자가 한 가닥 싹 트기 시작하는 것이다. 이들의 거사일정을 미리 고변하고 그 보상을 받는 일이다. 아무리 생각해도 오합지졸인 농민군 황건적이 관군을 이겨 낼 리 없을 것이겠기 때문이다. 그렇게 되면 좋은 자리 하나 얻지 않을까?

그러자면 일단 동정을 살펴봐야 한다. 산을 내려가 본지 오래 돼 세상이 어떻게 돌아가는지 정세파악이 먼저 이루어져야 거취 문제를 결정할 수 있을 것 같은 소치다.

"장군님….."

"예."

"우리 이렇게 합시다."

소치는 날이 밝는 대로 산을 내려가 초선이 어떻게 되었는지 직접 탐문을 해보자는 것이었다. 교주님께서 그렇게 중요한 일이라면 자기에게도 중요하다는 것이었다. 일개 방주로서 교주님의 일을 돕는 것은 지극히 당연한 임무라는 것이다.

"제 생각엔 낙양까지 들어갔을 리는 만무하고 익주나 사예주 어디쯤에 있을 듯합니다."

익주나 사예주는 낙양으로 들어가는 길목이다. 초선이 아직까지 낙양으로 팔려가지 않았다는 증거는 확실하다. 왜냐면 지금은 여자의 몸값이 나가지 않는 때라는 이야기다.

"여자는 봄에 제값이 나가지요."

꽃 피고 새 우는 봄이 되어야 화류장단에 맞춰 노래하고 춤춘다. 기예에 능한 아이라면 그때가 대목이다. 처처에 노래하고 춤추는 자리가 마련될 터이고 예인은 모자란다. 그러면 자연적으로 공급처는 많아지고 수요가 딸린다. 여자 몸값이 올라

갈 것은 불을 보듯 뻔하다. 노예상인들이 이를 모를 리 없다. 익주나 사예주에는 그런 기예 학교가 있을 정도다.

"노예장사가 법으로 금지돼 있기 때문에 낙양에서 이러한 장사를 하는 데에는 무리가 따릅니다. 때문에 일단 지방에서 공부를 시킨 다음에 적당한 연줄을 놓아 들여오는 것이지요. 보통 여자보다 기예에 특출한 사람들은 값을 두 배 이상 받으니까."

"방주님 생각에는 초선이 기예 공부방에 들어가 있을 거라는 말씀이신가요?"

"아마 십중팔구는 그럴 겁니다."

이 일을 어쩌나. 도대체 초선은 어떤 운명을 타고났기에 이런 장난에 휘말려 들었단 말인가. 아무리 운명은 타고 나는 것이라지만 이럴 수는 없다. 처음 태어날 때부터 어떤 목적을 가지고 나오는 인물이 있단 말인가. 그렇다면 누가 애써 일하며 자기 운명을 개척하기 위해 힘쓸 것인가. 아무 노력없이 점지되어진 운명대로 살면 될 일이다.

남화노선께서도 그러긴 했다. 세상에 어느 것 하나라도 그저 된 것은 없다. 어느 것이나 만들어진 운명이 따로 있어 그 만든 이의 뜻대로 움직이게 된다. 그러니 애써 아등바등할 필요가 없다. 한시라도 빨리 그 만든 이의 뜻을 간파하는 자가 현명한 삶을 산다.

"그게 초선의 갈 길이란 말씀인가요?"

"그렇겠지요? 아니면 남몰래 임자를 만나 갔을 수도 있겠지요. 그런 경우엔 대개 권세도 있고 풍류도 있는 세도가 집에 들어가 애기가 되지요."

그런데 그게 또 비운이다. 어느 안방마님이 그 꼴을 두고 볼 것인가. 거기에서 질시와 반목이 생기고 그 눈에 보이지 않는 비수 같은 찬 서리를 견뎌 내야 하는 게 가기의 운명이다.

"아직 기예학교에 남아 있거나 가기로 팔려갔을 것임이 틀림없습니다."

그러니 일단 가서 수소문을 해보는 게 상책이라는 이야기다.

"로구호 신산을 찾아가 그 소문의 진상부터 확인하지 않으면…."

"저 애 말이 맞을 겝니다. 일단 한 번 믿어보세요."

소치는 로구호까지는 아직도 길이 멀고 가 봤자 전부 불바다로 변했을 거란 말을 한다. 노예상인들이 한번 들어간 사냥터는 철저히 태우고 죽여 흔적도 남기지 않는단다.

"그놈들이 얼마나 잔인한지는 말도 못합니다."

한 마디로 초토화된다는 것이다. 사람을 잡아 파는 노예상인으로는 백족과 흑족이 있는데, 이들은 각기 흰 터번과 검은 터번을 쓴다고 해서 흑족 백족으로 불리게 되었는데 성질이 포악하고 거칠기 이를 데 없다. 이들 사냥꾼으로부터 물건을 받아 이문을 챙기는 자는 물론 한족이다. 이 중간 거간꾼을 자기가 알고 있는 사람이 있으니 그리로 먼저 가 보자는 이야기였다.

"그런 짓을 할 놈은 딱 한 사람뿐입니다."

소치는 이미 그 범인이 누구인지 알고 있는 것처럼 말한다.

환관 하운은 일찍이 노예 중간상으로 돈을 번 인물이다. 궁중 깊숙이 박혀 있어 전혀 그런 일을 할 위인 같지 않으면서도 장사 수완은 타고나 노예상으로 많은 재물을 긁어모았다.

"하운의 수하로 왕창이란 자가 있습니다."

왕창이 노예시장을 석권하고 있다. 떠도는 말로는 그가 가지고 있는 기예학교만 해도 열 곳이 넘는다고 했다. 그냥 노예로 파는 것보단 기예를 익히게 해서 팔면 더 많은 이문을 남기기 때문에 만든 학교가 기예학교다. 일단 노래하고 악기 다루는 법을 알아야 남자들을 후리칠 수 있다. 기루는 물론이고 궁중에서조차도 이런 훈련을 받은 여자를 선호한다.

"왕창은 지금 사예주에 있습니다. 그러니 일단 그리로 가서
알아보는 게 좋을 듯합니다."

사예주에 가서 왕창을 만나 다그치면 사건의 빌미를 잡을 수 있을 것 같다는 소치의 말에는 자신감이 차 있었다. 사예주는 낙양과 장안 두 도시 사이에 있다.

그러나 소치의 마음 저 깊은 곳에서는 미처 자기 자신도 알 수 없는 소용돌이가 한 가닥 회오리 치고 있었다. 이 기회를 틈타 복수를 해보자는 심산이었다. 빼앗겼던 상권을 다시 되찾는 것이다.

대저 이런 도적이 된 까닭이 무엇인가? 정말 청렴결백해서

그런가? 그런 건 아니다. 결코 그런 선의의 해석을 할 수 있는 자기 자신이 아니다. 상대의 힘에 부쳐서 떠밀려 나와 와신상담 자기 내장을 꺼내어 씹고 있는 꼴이다. 그러니 호시탐탐 기회를 노리고 있었던 게 아닌가. 기회가 되면 그걸 되잡아야 한다. 이번이 바로 기회다. 우연히 굴러들어온 기회인 것이다.

환관 하운은 한 동네에서 동문수학한 친구다. 집안이 가난하여 헐벗고 굶주리던 것을 불쌍히 여겨 소치의 집에서 늘 거두어 먹였었다. 그러던 어느 날 갑자기 거세를 하고 환관이 되어 입궁하였는데 어쩌다가 실세를 잡는데 성공했다. 그의 성공비결은 오로지 하나, 돈을 긁어모아 상납한 덕분에 윗사람들한테 잘 보였다는 점이다.

그의 가장 큰 수입원은 노예장사였다. 노예는 아무데 가서 잡아오면 됐다. 주로 예쁜 처녀애들이나 아녀자들이었지만 때로는 어린애들도 사고 팔았다. 밑천 안 들이고 그저 잡아오는 사냥 같은 것이어서 돈벌이가 확실했다. 남몰래 지하조직을 통해서 하는 일이라 지탄을 받는 일도 없었다.

인신매매는 인륜에 벗어나는 행위라 하여 처음부터 지탄의 대상이 돼왔지만 그 일에 앞장 선 장본인들이 막상 권력가들이고 보니 근절책을 세우기가 어려웠다. 법을 정했다 하더라도 이를 어기는 사람들을 잡아 처벌하기가 곤란하였던 것이다.

두 사람의 사이가 벌어져 금이 가기 시작한 것도 이 때문이었다. 한 사람은 이 일을 금하는 법을 정하는 사람이었고 또

다른 한 친구는 그걸 악용해 재물을 모으는 사람이었다. 그러다가 그 꼬임에 빠져 당하는 사건이 일어났다.

소치는 그때의 일을 지금도 생생하게 기억한다. 영교는 누가 보아도 사랑스러운 아이였다. 소치의 아내는 어쩐 일인지 결혼을 하고도 수년이 지나도록 아이를 가지지 못했고 처음 본 영교한테 홀딱 빠져 있었다.

"아이를 가지고 싶은가? 데려 가서 잘 키우게"

하운은 서슴없이 영교를 내주었다. 어디서 어떻게 생긴 아이라는 말은 입도 뻥긋하지 않았었다. 그런데 나중에 알고 보니 그게 바로 호족들에게서 납치해 온 아이라는 것이었다. 노예시장에 내다 팔기 위해 데려다놓은 물건이란 것이었다.

노예매매 근절책을 주장하던 소치로서는 더 이상 변명의 여지없이 둘러쓸 수밖에 없는 일이었다. 알았건 몰랐건 자기 스스로가 노예로 잡아온 아이들 기르고 있었으니 할 말이 없는 것이다. 노예 근절법에는 판 사람이나 산 사람이나 다 같이 벌을 받게 돼 있다.

그 일로 관복을 벗어야 될 처지에 있는 소치에게 하운이 말했다. '친구야, 딱 한 번만 눈감고 큰 돈 벌어보자. 그러고 나서는 너도 나도 그 일에서 손 때자.' 수리밭골 깊은 곳에 동굴족 마을이 하나 있는데 거길 몽땅 털어올 작정이라는 것이다. 그러자면 밤중에 성문을 좀 열어주어야 하는데, 성문을 열 문패를 달라고 했다.

소치는 이를 거절했고 하운은 이를 서운하게 여겨 사사건건 물고 늘어지다 급기야는 소치가 노예를 사서 기른다는 소문을 퍼뜨려 누명을 뒤집어 씌웠다. 사소한 일 같았지만 한 가정을 파괴하고 한 인간을 궁지로 몰아 도적이 되게까지 한 결정적 계기였다.

이 일만 생각하면 자다가도 눈이 번쩍 뜨이는 소치였다. 이제 복수의 기회가 온 것이다. 그러나 한편으로는 빌붙고 싶은 심정도 있어 갈피를 잡지 못한다. 황건적에 붙으면 정면대결이요, 밀고자가 되면 모르는 척 다시 저들의 편에 빌붙게 되는 일이다. 소치는 대체 어느 편에 서야 할지 결정을 할 수가 없다. 혼자만의 시간이 필요하다.

"자, 우리 내일을 위하여 한숨 자 둡시다."

소치는 장량에게 편히 쉴 것을 권하고는 자리를 일어선다.

"방주께서도 편히 쉬십시오."

두 사람은 처음 만났지만 오랜 지기나 되는 것처럼 인사를 나누고 각자 침소로 든다. 어디선지 승냥이 우는 소리가 들려왔다. 들짐승들도 배가 고픈가 보다.

비가(悲歌)-여자의 길

　　로구호 신산을 떠난 초선은 덜커덩거리는 마차에 실려 어디
론가 한없이 먼 길을 가고 있었다. 몇날 며칠을 가도 끝없는
산길뿐이었다.

　　때로는 마차 바퀴가 빠져 밀기도 하고 한뎃잠을 잤지만 걸어
서 끌려가는 사람들을 보니 자기는 특별대우를 받고 있는 듯한
느낌을 받았다. 도대체 왜 이런 길을 가야 하는지 알 수가 없
었다.

　　"반반하게 생겼는데?"

　　"그래서 대접 받는 거 아냐…."

우락부락하게 생긴 호송원들이 마차 안을 힐금거리며 하는 이야기를 흘깃흘깃 들으며 초선은 두 눈을 감는다. 악몽이다.

로구호 신산 사람들은 모두 죽었다. 다행히 목숨을 부지하고 끌려 가는 사람은 한결같이 여자 아이들 뿐이다. 그것도 얼굴이 반반한 아이들만 남고 다른 여자들은 다 죽였다.

"이것들 기루에 팔면 얼마나 받을까?"

"열 닢은 받을 걸. 요즘은 몸값이 많이 올랐어야."

"은전으로?"

"그 정도 받으니 이 고생해 가며 끌고 가는 거지. 노예근절법인가 뭔가가 어떻게나 엄하던지 잡히면 그대로 가는 거야. 그래서 값이 뛰었다고…."

세상 물정을 다 아는 것처럼 떠벌리던 호송원 하나가 초선을 두고 이렇게 말한다.

"쟤는 꼴값하게 생겼어. 전에도 저렇게 생긴 애를 하나 운반했는데 나중에 보니까 부잣집 첩 사이가 돼 있더라고… 까딱 잘못했다간 신세 조질뻔 했다니까."

그러니까 호송 도중 저런 애들 함부로 건드렸다간 나중에 혼찌검 날 수도 있다는 얘기였다. 다른 한 사람은 잠자코 듣고만 있다. 이런 일이 처음인 모양이다.

노예사냥꾼들은 노예를 잡는 피포조가 있고 데려다 주는 호송조가 따로 있다. 피포조들은 살육을 겁내지 않는 잔인함을 가지고 있지만 호송조는 좀 다르다. 다 같은 노략질을 하고 있지만 피포조들처럼 포악하진 않다.

그 대신 이들은 탐하는 게 딱 한 가지 있었다.

"아저씨, 나 쉬 마려워."

마차 안에 죽은 듯 두 눈을 감고 있던 아이 하나가 마부를 부른다.

"뭐라고?"

마부는 아이의 말을 잘못 알아듣고 다시 묻는다. 아니면 일부러 못 들은 체 하는지도 모를 일이었다.

"여기가 어디냐고?"

"쉬 마렵다고 그러잖아요? 이 아이가."

초선이 큰 소리로 마부를 불러 세운다. 그 부르는 소리가 나뭇잎에 물방울이 구르듯 또록또록하다. 잡혀 가는 사람답지 않게 겁이 없는 소리다.

"쉬가 마려워?"

마부들은 차마 초선의 목소리를 묵살할 수가 없었다. 그 소리엔 이상한 호소력이 담겨 있다. 사람을 잡아끄는 마력적 음색이다. 이 마성을 못 들은 척 할 수 없는 마부는 수레를 세워 아이에게 볼 일을 보게 해준다.

어디에 그런 강렬한 힘이 있었을까? 초선의 말에는 그 누구도 거역할 수 없는 강압성이 있는 것 같았다.

아이가 용변을 보고 나자 다른 사람들도 요의를 느꼈는지 서로 눈치를 본다. 그렇지만 끌려 가는 주제라서 그런지 겁이 나서 그랬는지 차마 자기들도 볼일을 보고 싶다는 소리를 하지 못 한다.

"우리도 볼일을 좀 보고 오면 안 될까요?"

초선이 이들을 대변하여 손목에 묶은 끈을 풀어 달라 한다.

"그냥 가서 해."

마부가 퉁명스럽게 말했다. 마차에서 내리게 하는 것만으로도 고마워하라는 말투다. 그러나 초선은 이에 지지 않고 말한다.

"손이 묶인 채 어떻게 용변을 봐요? 남자도 아닌데."

옷을 벗고 추슬러 입자면 손이 필요하긴 하겠다. 나이 든 마부가 젊은 마부에게 포승을 풀어주라고 이른다.

"그 대신 한 사람씩 교대로 다녀 와."

만약에 도망을 친다면 나머지 사람을 그냥 두지 않을 것이라며 얼음장을 놓는다. 마차 안에는 일곱 사람이 있었다. 그것도 비좁은 바닥에 거의 포개지다시피 널브러져 있다가 바깥 바람을 쐬니 살 것 같았다.

"살 것 같아."

초선은 여기가 어디쯤인가 주변을 두리번거려 본다. 아직 한 번도 본 적이 없는 낯선 풍광들이다. 벌써 몇날 며칠째 이동을 했지만 작고 큰 산이 있을 뿐이다.

"우리도 좀 풀어주세요."

걸어서 가던 사람들도 자기들도 용변을 보고 싶다고 간청한다.

"거기서 싸면 될 걸 왜 귀찮게 그래?"

호송원이 짜증을 냈다. 그러더니 한 여자를 풀어선 숲속으로 데리고 들어간다. 아직 젊은 여자다. 저들은 한참만에야 수풀 속에서 나왔는데 여자는 머리칼이 흐트러져 있었고 남자는 히죽히죽 웃고 있었다. 또 다른 호송원이 다른 여자를 데리고 숲으로 들어가는 것을 보고 초선은 눈을 흘겼다.

"뭘 봐? 아직 어린 것이."

늙은 마부는 다시 초선의 손을 묶고 나서 머리를 쓰다듬었다. 그리고는 그 거칠거칠한 손바닥으로 볼을 더듬어 내린다. 이대로 두면 목덜미를 더듬어 곧장 가슴께로 내려갈 작정이다. 마부는 이렇게 느슨하게 묶는 것만으로도 선심 쓰는 줄 알라는 투로 더듬기를 계속한다. 초선은 몸을 일으켜 세우며 마부에게 한 마디 던졌다.

"아저씨도 나 같은 딸이 있을 거 아냐?"

"자, 가자. 갈 길이 멀다."

괜히 무안을 당한 마부는 말에게 고함을 질렀다.

"이랴. 어서 가자."

마차래야 바퀴만 달렸지 나무를 얼기설기 엮어서 만든 울타리 같은 것이었으니 영락없는 닭장이다. 마차 안은 걸을 수 없는 아이들이 타고 있었고 바깥에는 그래도 제 발로 걸을 수 있는 어른들이다. 도대체 어디로 끌려 가는 걸까? 마차는 다시 삐거덕거리는 소리를 내며 길을 가기 시작한다.

초선은 남화노선을 생각한다.

"넌 앞으로 큰일을 하게 될 거다."

그 큰일이란 게 뭔지 모르겠지만 남다른 인생을 살 것만은 확실하다는 것을 어렴풋이 느끼는 초선이다. 태어날 때부터 응아 응아! 우는 울음소리에 가락을 실어 노래처럼 들렸다 하고, 그 소리가 너무 고와 지나가던 새들이 내려와 함께 울어줬다고도 하고, 또 어느 날은 빗소리도 그 울음 장단에 맞춰 노래를 했다고 했다.

노래뿐만이 아니었다. 악기란 악기는 모조리 한번 들으면 그 곡을 익혀 알 정도였고 밥을 먹다가도 젓가락 장단을 맞추었다고 했다. 어릴 때부터 온갖 신기를 다 부려 어른들을 놀라게 했다는 것이 주위 사람들의 평판이었다.

큰일을 하기 위해서 기예 가무는 물론 시-서-화까지 익혀야 했다. 그런데 이게 무슨 꼴인가? 이렇게 노예로 붙들려 가는 게 큰일하는 건가? 아무리 사람의 운명은 미리 알 수 없는 것이라 하지만, 이건 아니다. 아닌 것이다.

'남화노선 어디 계세요?'

내가 이렇게 붙들려 가는 걸 알고 있기는 하신가요? 절 구해주실 건가요? 선사님은 신통력을 가지셨잖아요? 모든 것을 다 알고 계신 분이잖아요.

초선은 덜커덩거리는 마차 안에서 눈이 퉁퉁 붓도록 울었었다. 이젠 울 기력도 없다. 그런데도 자꾸 노선사가 떠오른다.

–황제께서 물었다.

"무에 가장 중요한 것이냐?"

소녀가 대답했다.

"취하되 흘려 버리지 않는 것입니다."

"그건 무슨 말인고?"

"즐거움만 흡입하시고 기를 쏟아 뱉지 말라는 말씀입니다."

"어떻게 하면 그렇게 될 수 있는고?"

"이 세상 모든 여자를 물건처럼 다루는 것입니다. 사물에 정을 두면 안 됩니다. 사물은 사물 그대로 두고 객관적으로 바라보라는 것입니다. 황제의 정은 곧 생명입니다. 정을 취하되 정을 쏟지 말라는 것입니다. 어려운지고. 어렵지 않사옵니다. 여자를 마음껏 취하되 사정하지 않는 것입니다. 그게 양생법입니다."

남화노선은 이러한 양생법에 대해 가르쳤다. 언젠가는 꼭 필요할 거라 했다. 그러면서 양생법은 남자를 살리는 법이고, 따라서 그 반대로 하면 죽이는 거라 했다. 기를 빼앗아 그것을 과다하게 방출하게 하면 그는 죽는다. 남자는 기를 잃으면 죽는다. 지금은 이해를 못하더라도 나중에 언젠가는 생각날 거라고 했다.

남화노선은 미리 준비된 자만이 큰일을 할 수 있을 거라면서 양생법과 살생법에 대한 이야기를 했다. 양생법은 서서히 기를 살리는 법도이고 살생법은 소리 소문없이 사람을 죽이는 방법이라 했다. 남자는 기를 빼앗기면 죽는다. 그 기를 빼앗아 취하는 것이 여자다.

남화노선은 사방에 이런 준비된 아이들을 심어놓고 언젠가는 그 필요에 따라 적재적소에 배치할 거라 했다. 일종의 최면술 같은 것이었다. 여기저기 최면을 걸어놓고 그걸 이용하자는 것이다.

그는 과연 누구인가?

초선은 이렇게 끌려 가는 자체도 남화노선의 계획 일부가 아닌가 하는 생각을 해본다. 그렇지만 그는 바람처럼 어디서 무얼하고 있는지 알 수 없는 존재다.

―어디서 어떤 일을 하든지 마음을 평안하게 가져야 한다. 마음이 삶의 근본이니라.

초선은 수행법도 배웠다. 일종의 마음 다스리는 법이다. 마음을 다스릴 줄 알면 그게 곧 도사다. 도사는 경거망동하지 않는다. '초선인 이제 어린 도사야!' 남화노선은 초선을 어린 도사라 불렀다.

누가 아나요? 우리 가는 길
도대체가 알 수 없는 길
이 모든 것이 운명의 길이라면
나는 따르리. 이 운명의 길을

초선은 갑자기 노래를 부른다. '노래를 불러라. 가슴이 답답할 때는 노래를 불러. 노래야말로 힘의 원천이니라.' 남화노선은 노래를 부르라 했다. 음악이야말로 힘의 원천이라 했다. 슬픔과 기쁨을 모두 길어 올리는 음악이 자신을 지켜줄 거라 했다. 그 목소리가 어찌나 낭랑했든지 지나가던 노루 사슴이 멈춰 서 들을 지경이었다.

"잡혀 가는 게 노래는."

"그게 뭐 어때서? 듣기만 좋구먼."

초선은 주변에 아랑곳 않고 자기 하고 싶은 대로 하고 자란 아이라 상황이 어찌 되었든 간에 제 맘대로 한다. 벌써 며칠간을 그렇게 지내 온 터라 호송원들도 초선의 버릇을 막을 생각을 하지 않았다. 그저 실성을 한 거니 여겼을 뿐이다.

초선은 노래하고 싶으면 노래하고 울고 싶으면 울고 웃고 싶으면 웃었다. 그럼으로 다른 사람들에게 미친 사람으로 여겨지게 하였다. 과장법이다. 난관을 극복하는 둔갑술인 것이다.

-사람을 이기는 것은 사람의 마음을 이기는 것이니라.

남화노선은 사람을 이기는 중에 가장 쉬운 것은 상대에게 진 것처럼 보이는 것이라 했다. 사람은 이기고 싶은 욕망이 있다. 때문에 끊임없는 싸움을 건다. 이미 적수가 아닐 성싶은 상대에겐 호기심을 거둔다. 정복욕이 없으면 싸움도 없다. 허허실실 작전이다.

초선이 실없이 노래하고 울고 웃는 것도 이 허허실실법이다.

그럼으로 아귀 같은 호송원들의 관심에서 벗어나는 것이다. 끌려 가는 모든 여자들이 저들의 손아귀에 농락을 당하고 있지만 초선은 아예 거들떠보지 않는다. 그 까닭이 무언가? 실성한 여자이기 때문이다. 자칫 잘못 건드렸다가 발악을 하고 물어뜯기라도 하면 어쩔 것인가.

"좀 쉴 데도 없나?"

"그러게 말이야."

참으로 기나 긴 하루 해다.

얼마를 갔을까? 주막이 있다. 마부들은 자기들 끼리 요기를 하러 주막 안으로 들어갔고 갇힌 자들에게는 만두를 한 개씩 안겼다. 물도 없이 먹는 만두는 목을 메우게 한다. 그런데도 꺼이꺼이 먹는 모습들이 안쓰럽다.

아까부터 이러한 모습을 눈여겨 보고 있는 남자가 하나 있었다. 파립에 죽장망혜다. 보아하니 죽장 속에 칼날이 숨겨진 듯하다.

초선은 얼기설기 엮은 닭장 속에서 그를 바라보고 있고 그러한 초선을 쏘아보는 그의 눈엔 파란 빛이 돈다. 아무래도 무슨 일이 일어날 듯한 느낌이다. 남자의 시선이 예사롭지가 않다. 반드시 무슨 일을 저지를 것만 같은 조짐이 보인다.

초선은 남자의 인상을 살펴본다. 눈빛은 형형한데 인상은 그리 복스럽지 못하다. 사람에게는 각자 가지고 있는 인상이 있다.

-인상의 근본에 복상과 흉상이 있느니.

남화노선은 늘 복상을 짓도록 노력하라 했다. 복상은 사람을
복되게 하지만 흉상은 남에게 이로운 짓을 못한다. 상은 스스
로 노력하는데 따라 변화를 가져올 수 있다. 때문에 복상을 짓
도록 평시 몸가짐을 잘 해야 한다.

밝고 맑은 노래를 부르면 복상을 짓는데 도움이 되고 삿된
노래를 부르면 흉상을 짓게 된다 하였다. 그래서 음악이 중요
하다 했다.

상이 사람살이의 갈래를 결정 짓는다. 부자로 살게 될 것인
지 가난하게 살게 될 것인지, 또는 평안하게 살 것인지 힘겹게
살 것인지, 이 모든 인생행로가 상에 따라 결정이 지워진다.
타고 난 선천적인 상도 있지만 살아가면서 만든 후천적인 상도
있다. 어떤 상이 더 중요하단 말은 필요 없다. 그 둘이 합쳐서
하나의 인상으로 나타나기 때문이다. 사람들은 그 상을 보고
사람을 판단한다. 복상이면 친구가 되고 흉상이면 멀리 할 수
밖에 없다.

사람의 인상이 중요한 까닭이 여기 있다. 처음 딱 한번 보고
서로의 관계를 결정짓는 경우가 허다하다. 첫인상이라는 것이
다. 초선은 어쩌면 저 사람이 자신을 구해 줄 것 같은 인상을
받는다. 아무런 연관도 없을 성싶은데, 그런 생각이 드는 것은
어쩐 일인가.

남자의 상이 장경오훼(長頸烏喙)다. 목이 길고 까마귀처럼 입

이 툭 튀어나왔다는 이야기다. 입술이 검다는 이야기이기도 하다. 노선은 이런 인상을 가진 사람은 독점욕이 강하고 시기심이 많다 하였다. 또 그런 사람은 환난은 함께 할 수 있으나 안락은 같이 할 수 없는 사람이라 하였다.

장경오훼의 상을 가진 사람은 그리 많지 않다. 그렇지만 반드시 일을 저지를 위인이다. 남이 잘 되는 것을 앉아서 볼 수 없다. 훼방을 저지르고마는 성깔을 타고 났다. 남의 일에 간섭을 잘 한다는 말이기도 하다. 비록 죽장망혜에 파립은 썼지만 그냥 앉아 목을 축이는 사람 같지는 않다.

초선은 가만히 이 남자를 주시한다. 남자 역시 한참 동안 초선과 눈을 맞춘다. 무엇 때문에 서로를 유심히 살폈을까? 알 수 없는 일이다. 그런데도 자꾸 남자의 눈길에 한 가닥 희망이 간다.

ㅡ초선아, 이게 뭔지 아니?

언젠가 남화노선이 물고기 한 마리를 손바닥에 잡아 올려놓고 파닥파닥 뛰는 그 꼬리를 만져 보라 하였다. 이게 바로 발버둥이라 했다. 물고기도 잡히면 이렇듯 필사의 힘을 다해 발버둥을 치는데 하물며 사람이 어떤 다른 힘에 의해 붙잡힌 바 되면 이렇게 달아나려고 몸부림칠 것이 아니냔 이야기를 했다.

사람은 물에 빠지면 지푸라기라도 잡는 법이다. 살려고 발버둥치는 그런 절박한 심정으로 부르면 언제나 달려와 옆에 있을 거라 했다. 왜 그때 그 일이 불쑥 연상되었는지 모르겠다. 남화노선은 말했다. 언제나 찾으면 거기 그 자리에 있을 것이라고. 언제나 부르면 나타나 길을 열어줄 것이라고.

"노선님, 지금 어디 계세요?"

지금이 바로 그때가 아닐까?

초선은 나직이 남화노선을 불렀다. 이 지경이 되도록 왜 한 번도 그에게 도움을 청할 생각을 안 했는지 모르겠다.

"어떻게 하면 이 울을 벗어날 수 있나요?"

-오리는 바람이 부는 데로 거슬러 앉지 않는다. 바람이 부는 대로 몸을 맡겨라.

어디선가 남화노선의 목소리가 들리는 듯하다. 운명을 거슬리지 말라는 이야기인 듯하다. 귀가 따갑도록 들었던 말이다.

한편 노선은 왕후장상의 씨가 따로 없다는 말을 자주했다. 그러면서 초선은 반드시 그런 귀한 자리에 앉을 거라는 말도 했다. 그러면서 한 말이 여자는 갈대와 같아서 바람이 부는 대로 몸을 놀려야 한다고 했다. 대쪽은 남자에게나 필요하지 여자의 속성이 아니라 했다. 여자는 봄바람에 휘날리는 버들가지 같거나 바람을 타고 눕는 갈잎 같아야 한다고 가르쳤다.

주막 안에서 요기를 마친 마부들이 나오는 기척이 나자 저만큼에 앉아 있던 남자는 파립을 꾹 눌러쓰고 자리를 먼저 뜬다. 그 잰 동작이 무슨 일을 저지를 성싶다. 금시 모습이 보이지 않는다.

"가자, 이놈들아."

마부들은 멍에를 쓴 채로 풀을 먹던 말을 잡아끌면서 길을 재촉한다. 호송원 둘이서 앞뒤로 서기는 했지만 술을 마셨는지 비틀걸음이다.

"얘 노래나 한 곡조 불러봐라."

아까 숲속으로 여자를 끌고 들어가 제 볼일을 보고 나온 남자가 그냥 멍청하게 앉아만 있지 말고 노래나 한 번 불러보란다.

"호시를 그저 태워주는 줄 아나?"

노래가 싫으면 비파라도 한 곡조 뜯으라 한다.

"넌 노래하고 살 팔자인가 본데. 그렇다고 우리 같은 사람을 위해서 노래할 일 있겠니?"

"그래, 이럴 때나 한 곡조 들어보자꾸나."

고대광실 높은 곳에서만 노래하지 말고 우리 같은 천민들을 위해서도 한 곡조 하라는 그 호송원 말이 초선을 아프게 한다. 끌려 가는 신세가 아픈 게 아니라 저들 역시 하고 싶어서 하는 일이 아닌 이상 불쌍한 존재들이란 생각이 언뜻 든다.

─사람이 곧 하늘이니라.

남화노선은 인내천(人乃天)이라 했다. 사람이 곧 하늘이니 사람에게 잘해 주는 것이 천상에 오르는 길이라 했다. 그렇다면 저 사람들도 다 같은 사람이다. 미워할 필요가 없다. 게다가 노래를 불러 달라잖은가? 음악은 자기 수양을 위해서도 필요하지만 남의 기쁨을 드높이고 슬픔을 달래 주는데도 탁월하다.

─기예를 닦는 것은 사람의 심경을 움직이게 하기 위함이다.

한 발짝만 물러서 생각하면 이 사람들도 고달픈 인간들이다. 이 사람들을 위해 노래 한 곡 선사한다고 안 될 일도 없다.

초선은 서슴없이 노래를 한다.

산은 첩첩 산이요

물은 골골 물이로다

우리도 이같이 흘러

바다로 가느니

바다로 가느니

남화노선이 즐겨 부르던 노래다. 더욱 감개가 무량하다. 마부나 호송원들의 심금이 무너진다. 저런 애를 무엇 때문에 묶어 싣고 가는가? 비파소리도 듣고 싶다며 포승줄을 푼다. 그 덕에 옆 사람의 손목에 묶인 포승까지 덩달아 풀린다. 모두 다 각기 다른 고장에서 붙들려 온 아이들이지만 그 사이 정이 들었다. 묶인 사슬에서 풀려난 아이는 아까부터 콧등을 간질이던 파리를 쫓아낸다. 그리고 시원한 듯 코끝을 문지른다.

"자, 한 곡조 뜯어봐라."

초선은 무릎을 덜커덩거리는 마차 안에서 불편한 자세로 앉았지만 저들의 청을 들어 조심스레 현을 더듬어 나간다. 바람이 인다. 선율에 몸을 맡긴 나무들이 춤을 춘다. 새들도 화답을 한다. 가끔가다 삐거덕거리는 마차바퀴 소리가 아니었던들 천지가 비파소리에 잠긴 듯하다.

처음에는 천천히 시작해서 점점 빠른 곡조로 빨라졌다가 느려졌다가 완급을 탄다. 여울이 물살을 타면서 흐르는 소리 같다. 이 흐름이 사람의 심금을 울린다.

자기들로서는 생전 처음 들어보는 생음악이라 마부들도 호송원들도 넋이 나갔다. 호송마차 안에서 울려 퍼지는 악기소리 하나가 주변을 조용하게 잠재우는 힘을 가지다니 놀라운 일이다. 음악으로 정화된 한순간의 정지 상태다.

한동안 말없이 그렇게 호송은 진행되어 갔다.

그러나 그 고요는 그리 길지 않았다.

"저게 뭐야?"

한 때의 검은 먼지가 일고 달리는 말발굽소리가 그 고요를 비웃듯이 검은 구름처럼 달려온다. 질풍노도 같은 몰아침에 호송원들은 혼비백산해 칼을 뺄 사이도 없었다. 그런데 이상한 것은 마차 안에 갇힌 아이들이나 걷던 사람들 다 놔두고 초선이 하나만 달랑 빼내어 달아나는 저들이었다. 저들은 마치 초선의 존재를 알고 있었다는 듯 비파와 현금만을 정확히 탈취해 초선을 말잔등에 태우고 달아난다.

얼마를 갔을까. 호송원들이 추적할 기미를 보이지 않자 이들은 미리 준비해 온 말에 초선을 옮겨 타도록 한다. 저들은 자기들이 한 일이 순조롭게 끝났음에 대한 자부심과 만족에 대해

서로 이야기들을 하며 초선에게 이젠 안심하라고 했다.

"우리는 나쁜 사람들이 아니니 걱정 마라."

아까 주막에서 봤던 남자다.

패거리들은 전부 일곱으로 머리에 썼던 누런 수건과 얼굴을 가렸던 복면을 벗자 그 얼굴 모습들이 드러난다. 인상들이 험악하다거나 조악하지는 않았다. 다만 복상들이 아니란 흠집은 있다. 초선은 언제부턴가 사람들의 인상부터 살피는 버릇이 생겼다. 아마 이 버릇은 마을을 떠나오면서부터 생긴 게 아닌가 싶다. 살기 위해서는 먼저 상대를 알아야 한다.

-관상 보는 법은 앞날에 많은 보탬이 될 것이다.

남화노선은 누구나 자기 앞길을 트기 위해선 이런 것들도 필요하다고 했었다. 여자가 이런 걸 배워서 뭣 하느냐 했을 때 세상 이치를 알아야 제 명대로 살 수 있다 했다. 그렇다면 제 명대로 살 수 있게 하기 위해 미리 준비를 하신 걸까?

초선은 갈수록 알 수 없는 남화노선에 대한 생각으로 머리가 지근거린다. 아직 한 번도 의심해 본 일이 없는 노선의 존재다. 그런데 갈수록 오리무중이다. 함께 있을 때는 몰랐던 일들이 막상 이렇게 떨어져 보니 하나하나가 새로워진다.

초선이 묻는다.

"날 어디로 데려 가요?"

"아무 소리 말랬지?"

한 남자가 위협적으로 말했지만 아까 그 남자가 답한다.

"가 보면 안다."

자기는 그저 시키는 일만 할 뿐이란다. 초선도 입을 다문다. 이런 때를 대비해 승마를 가르친 모양이다. 일행은 말을 달리기 시작했고 초선도 저들과 한 무리가 되어 말을 달린다. 금시 조금 전의 근심 걱정이 사라진 듯하다.

말을 달리면 왜 이렇게 기분이 좋아질까? 달리는 그 속도감도 좋지만 말잔등 사이에 올라앉은 두 다리 사이의 느낌이 황홀하다. 어릴 때 느끼던 그 감정과 차츰 커 가면서 느끼는 감각이 다르다.

초선은 벌써 달거리를 경험했다. 이제 여아에서 여인의 단계로 접어들기 시작한 것이다. 그 뽀송뽀송한 성숙의 단계에 올라 맛보는 말타는 기분은 어릴 때와는 사뭇 다른 그런 것이었다. 게다가 묶여 있다 풀려난 이 시점에서 타는 말잔등의 맛이란 그 어디에도 비길 수 없는 환희 그 자체인 것 같다.

승마의 자세는 두 가지가 있다. 하나는 안장에 멀찌감치 떨어져 앉는 것이고 또 다른 한 가지 방법은 말안장에 바짝 붙어 앉아 두 다리 사이를 손잡이 속에 밀어넣는 방법이다. 뒤의 방법은 쾌감을 맛볼 수 있는 방법이기는 하나 자칫 잘못하다간 상처를 입을 수도 있다. 초선은 지금 쾌감을 마음껏 느끼며 말을 달리고 싶어진다. 좀 전까지의 포로 신세에 대한 생각 같은 건 잊어버린 지 오래다.

벌판을 달리고 물을 건너 다시 산 속에 다다랐을 때 사나이

들은 흩어져 다른 길로 갔고 초선은 아까의 그 남자를 따라 개울물을 건넜다. 개울 위로는 나무다리가 걸쳐져 있었다. 흡사 로구호 신산을 연상케 하는 풍경이다.

거기 조그만 모옥이 한 채 있다. 덮은 지붕으로 봐서 오래된 집은 아닌 듯하다.

"여기가 임시거처가 될 것이다."

남자의 말이다.

"절 다른 데로 데려 가려는 건가요?"

초선이 또박또박 묻는다.

"그건 알 필요 없다. 어느 지체 높으신 집으로 보내질 거라는 정도만 알고 있으면 될 것이다."

그러니 허튼 생각 말고 잠자코 기다리라는 이야기였다.

"우리가 널 빼내기 위해 얼마나 고생했는지는 봐서 알 것이다."

날 위해 고생을 했다고? 그건 옳은 이야기다. 피 나는 싸움 끝에 달랑 자기 하나만 구해 가지고 온 걸 두 눈으로 똑똑히 봤다. 그런데 대체 누가 왜 그런 고생을 해가며 날 빼돌려 왔단 말인가? 알 수 없는 일이다.

"누가 시켜서 한 일인가요?"

궁금한 게 많은 초선에게 남자가 웃으며 말한다.

"그렇게 궁금한 게 많다면 아가씨 저 분한테 직접 물어보시지요."

마침 다리를 건너서 이쪽으로 걸음을 옮기는 이가 눈에 들어온다. 그는 도포자락을 휘날리며 황급히 이리로 오는 길이다. 그리 큰 체구는 아니었지만 인품이 있어 보였다.

"네가 초선이냐?"

남자가 묻는다.

"예."

"네 숙부님이시다."

초선을 구해 온 남자의 말이다.

"그래, 내가 네 숙부되는 사람이다."

장량은 초선의 요모조모를 뜯어보다가 그만 초선을 와락 끌어안고 만다. 이렇게 귀여운 조카딸이 있었다니. 형님을 쏙 빼닮았다.

"얼마나 고생이 많았겠니?"

초선은 제게 이런 피붙이가 있었다는 것은 금시초면인지라 얼떨떨할 뿐이다.

"어머니는?"

"돌아가셨어요."

초선은 아무 주저없이 저들이 동네를 불태우고 사람들을 잡아 죽였단 이야기를 한다.

"저런 쳐 죽일 놈들이."

소치의 격분한 목소리다. 초선을 구한 이 남자가 소치였던 것이다. 소치는 미리 정보를 수집해 환관 하운의 수하 왕창이 운행하는 노예마차가 언제 어디로 간다는 걸 알고 구출작전을 벌였던 것이었는데, 마침 일이 성공리에 끝나 이렇게 서로 상봉하는 모습을 지켜보니 흐뭇하지 않을 수 없다.

"네게 아버지가 있다는 말은 들었느냐?"

"아니요."

초선은 금시초문인 듯 고개를 잘래잘래 흔든다.

"네 아버지가 널 찾고 계신다. 그래서 널 데리러 온 것이다."

"아버지가요?"

초선은 아버지가 있다는 사실에 놀란다. 더더군다나 그 아버지가 자기를 기다리고 있다는 말에는 가슴이 떨리기까지 한다.

"그렇지 않다면 네가 어떻게 한족의 말을 알아들을 수 있겠니?"

장량은 초선이 이미 준비된 아이였음을 설명해 주었다.

"네게 한족의 말을 가르친 것도 다 그 때문이었을 거다. 그런데 말은 누구한테 배웠니?"

"남화노선이요."

두 사람은 그 동안 막혔던 이야기들을 한참 주고받았다. 옆에서 듣고 있던 소치가 한 마디 거든다.

"그 남화노선이란 분은 정말 실제하는 인물입니까?"

"하다마다요. 이렇게 그분의 이야기를 듣고 있질 않습니까?"

장량은 자기 자신도 남화노선에게서 요술을 전수 받았다는 이야길 전해 주었다.

요술에는 둔갑술과 신통술이 있다. 둔갑술은 사람의 몸을 숨기거나 다른 형상으로 바꾸는 것을 말한다. 신통술은 사물의 형상을 뒤바꾸거나 사람들의 눈을 속이는 일종의 환상술이다. 어쨌건 술수를 부려 사람의 눈을 미혹시키는 것이다.

그런데 여기저기 이런 인물들을 심어놓는 까닭이 무엇인가? 이제 그 끄나풀들을 하나씩 엮어 하나로 만드는 작업을 하고 있지 않은가. 하나씩 흩어놓았던 인물들을 한 자리로 끌어들이는 까닭이 무엇인가.

"난 아무래도 그분의 뜻을 이해하지 못하겠어요."

"참새가 봉황의 뜻을 어찌 알겠소?"

교주 장각은 얼핏 이런 이야기를 했었다. 기나긴 장강도 빗방울 하나하나가 모여서 이루어진 것이다. 그렇지만 일단 강물에 들어간 다음에는 빗방울 같은 것은 없다. 그게 무슨 말이었을까? 전체를 위해선 개인이 있을 수 없다는 이야기다. 나라를 위해선 백성 개개인이 있을 수 없다는 이야기다. 그런가 하면 그 개개인이 모여 나라를 이룬다는 말이기도 하다. 이 어려운 말뜻을 감히 누가 해석하리오.

"두 분이 천천히 말씀 나누세요."

소치는 이제 두 사람 편히 쉬란 소리를 남기고 자리를 뜬다.

"오늘은 수고가 많았소. 이 일은 교주님께 보고하여……."

상급을 내릴 것을 청하겠다고 말하는 장량이다. 둘은 초옥

안으로 들어간다. 겉에서 보기보다 훨씬 아늑한 느낌이 드는 토방이다.

장량은 처음 보는 이 아이에게 무슨 말을 해야 할지 잘 모르겠다. 초선이 역시 생전 처음으로 만나는 숙부에게 무슨 말을 해야 할지 알 수가 없다. 둘은 한동안 말을 잃고 서 있었다. 속으로는 할 말이 많은데 선뜻 정리가 되지 않는다.

"아버지가……."

"아버지는……."

그러다가 둘의 말이 동시에 나왔는데 둘 다 같은 '아버지'라는 말을 내뱉고 있었다. 그렇지만 말 뒤에 붙는 조사가 각기 달랐다.

장량이 하려던 말은 '아버지는 태평교주'라는 말을 하려던 참이었고, 초선은 '내 아버지가 정말 살아계시느냐'는 물음을 하려던 중이었다.

"너부터 말해 보렴."

"아니, 숙부님께서 먼저 말씀하세요."

둘은 서로 미루는 것 또한 같았다.

"그래, 나부터 말하마. 네 아버지는 태평교주시다. 지금은 큰일을 도모하고 계신다. 널 보고 싶다고 나더러 데려 오라 하셨다."

"큰일이시라면 으흠! 나라를 위한 일이신가요?"

"……."

장량은 형들이 하는 일이라 그냥 따라서 하고는 있지만 사방에서 도적들로 변한 교도들을 본 이상 그 일이 그리 썩 내키는 일이 아니란 생각을 한다. 어쩌면 나라를 위하기는 커녕 오히려 역성이 아닌지도 모를 일이었다.

"저도 남화노선께서 하시는 말씀을 들은 적이 있어요. 사람은 누구나 나라를 위해 큰일을 해야 한다고!"

"그래, 그게 무엇이라 하더냐?"

"거기까진 듣지 못했어요."

분명히 이 모든 일들은 남화노선에게서 나온 발상이요, 구상이다. 그가 누구이기에 이렇듯 큰 경영을 하려 하는 것인가. 후한을 일으킨 선제(先帝)의 호국신인가? 아니면 전한(前漢)을 복구시키기 위한 전한의 호국신인가? 나라마다 그 나라를 지켜주는 호국신이 있기 마련이다. 그 호국신은 때로 인간이 되어 나타나기도 한다. 그야말로 신인(神人)인 것이다.

전한이건 후한이건 한나라의 신인은 저렇게 나타나는 것인가? 나타나서는 나라를 위기로부터 구할 큰 제도판을 준비하는 것인가.

아무튼 교주 장각은 그의 비기에 따라 모든 일을 정하고 감행하고 있다. 이번 이 난을 일으킴도 그 비기의 지령에 따라 하는 일이다. 그렇다면 초선의 이 행보도 그런 큰 제도판에 미리 짜놓은 각본일 수도 있다.

아무도 그의 그 속셈에 대해 아는 바는 없지만 장량의 생각으로는 남화노선이 어딘가에서 이 모든 것들을 조정한다는 확신만은 분명히 선다. 그렇지만 도대체가 어느 편인지를 알 수가 없다. 지금 이 시점에서 난을 일으켜 덕을 볼 수 있는 사람들이 대체 누구란 말인가?

역사를 되짚어 본다.

8천 백 년을 이어 내려온 주나라의 국운이 기울자 드넓은 대륙에는 황사가 불어 닥치듯 작고 큰 1백 여의 나라가 일어나서 이전투구를 벌였다. 마침내 진-초-연-제-위-한나라 등 일곱 나라가 각기 그 기치를 내걸었다.

그러나 곧 가장 강력한 나라 진의 시황제가 나라를 통일하고 절대 권력으로 군림했다. 그는 천년만년 권력을 유지할 듯 불로초를 캐러 동방으로 사람을 보내기까지 했지만 결국 흙으로 돌아가는 인간의 유한성을 보여주고 말았다. 뒤이어 진도 초와 한으로 나뉘어 한의 유방에게 병합된다.

한나라 역시 2백 년을 고비로 쇠락의 길을 걷다가 결국 왕망에게 나라를 내주고 만다. 왕망은 천하를 얻은 듯 호령하고 살았지만 처음부터 강압정치로 민심을 잃고 결국 유방의 9대손인 유수에게 나라를 넘겨주고 만다. 유수가 곧 후한을 일으킨 광무제인 것이다.

이런 혈통을 따져볼 때 이 광무제의 혼령을 받든 남화노선이라면 나라를 올바르게 살리기 위한 길을 걷는다 할 것이고 왕망의 혼령을 받든 귀신이라면 나라를 뒤엎고 새로운 혈통을 세우려는 수작임에 분명하다.

생각이 여기까지 미치자 장령은 어렴풋이 짚이는 게 있다. 왕망 같은 자가 그런 혼령을 부릴 수는 없을 것이고, 이는 틀림없이 선제의 영험인 것이다. 선제가 그의 후손들의 올바른 대의정치를 위하여 암암리에 활약하고 있는 것이다. 그렇다면 문제는 무언가? 탐관오리들을 몰아내는 일이다. 황통을 이은 황제가 제 구실을 못하도록 득세를 하고 실세를 쥔 환관들의 무리를 몰아내고 황통의 위엄을 잇게 하는 왕업임에 틀림 없을 노릇이다.

장량은 순간 눈이 확 뜨여지는 걸 느낀다. 지금 태평교가 할 일은 조정에 대한 반역이 아니라, 오히려 조정의 힘을 실어주기 위한 측면 지원이 아닌가.

"아아! 이 무서운 비밀"

장량은 혼잣소리로 부르짖는다.

무서운 개안이다. 사람은 한 번 눈을 뜨기 시작하면 앞길이 저절로 보인다. 처음 눈 뜨기가 어렵지 그 다음은 이치가 저절로 풀린다. 그렇다면 교주 장각 역시 그 이치를 알고 있을 터였다. 무조건 나라를 뒤엎는 역성혁명을 주창했을 리 없다.

"교주님!"

장량은 이제야 형의 참뜻을 깨달을 것 같다. 형은 과연 선각자다. 선각자답게 목숨을 바쳐 나라를 구하려 하고 있는 것이다. 지금 난을 일으키는 것은 왕권에 대한 도전이 아니라 황실이 어쩔 수 없는 조정 무리들을 응징하려는 것이다.

그렇다. 여기에 엄청난 비밀이 숨겨져 있다. 그렇다면 딸이 보고 싶다고 데려오란 것도 이유가 있을 터다. 지금까지 던져 두었던 딸을 하필이면 왜 이럴 때 데려오라 했을 것인가? 그리고 거기 가 보면 그 까닭을 알 수 있다한 말뜻이 무엇이었을 것인가?

이제야 그 속 깊은 뜻을 헤아릴 수 있을 것 같다. 그러니까 결국 초선을 데려오라 한 것은 초선을 그 아이 신분에 알맞는 일에 쓰라는 뜻으로 귀결이 된다.

장량은 형만한 아우가 없다는 옛말을 떠올리곤 다시 한 번 머리가 숙여진다. 대의를 위해선 때로 싸움도 필요한 것이다. 그런데 초선을 어디에 어떻게 쓰라는 것인지는 아직 알 수 없는 장량이다.

"네 아버님은 위대한 자다."

초선은 미처 숙부의 말을 다 이해하지 못한다. 이렇게 말하는 장량 역시 그 큰 뜻을 다 이해하지는 못한다. 그렇지만 한 가지 확실한 것은 교주 장각이나 남화노선이 하려는 일은 분명하다. 나라를 위해서라는 것이다.

이렇게 밤이 깊어가고 날이 샜다.

하늘빛 아래 살며

아침에 눈을 뜨자 낯선 사람이 찾아와 기다리고 있었다.

"교주님의 전갈입니다."

남자는 눈썹이 위로 쭉 째져 올라간 것이 힘꼴께나 쓰게 생겼다. 밤새 말을 달려왔다며 땀에 흠뻑 젖어있다. 거동으로 봐서 몹시 급한 전갈을 가지고 온 모양이다.

"무슨 일인가?"

"초선을 왕윤에게 보내란 분부이십니다."

"왕윤이라?"

장량은 소치를 바라본다. 혹시 왕윤을 아는가 묻고 있는 것이다.

"왕윤은 태원군 기라는 곳에서 태어난 사람으로 사도입니다. 자가 자사로 황제의 신임을 받는 자이기도 하구요."

소치의 이 말을 듣자 장량은 무릎을 탁 친다. 밤새 고민했던 문제가 일시에 풀리는 듯했다. 그렇지, 이게 다 짜여진 각본이야. 교주는 아무나 하는 게 아니다. 이 정도의 혜안이 있어야 교주인 것이다.

"왕윤을 잘 아오?"

"아다 뿐입니까?"

소치는 조정에서 믿을 수 있는 몇 안 되는 인물로 왕윤을 꼽는다. 의리와 신의가 분명한 사람으로 황실을 보호하기 위해서 무던히 노력하는 사람이란다. 그렇다면 장량의 생각과 일치한다. 밤새 뒤척거렸던 문제가 바로 이거 아니었든가?

교주는 일신을 바쳐 나라를 구하려는 목적이 있다. 그러한 대의를 가지고 하는 일에 한 점 밖에 없는 혈육이라고 그저 목숨부지하기를 원치 않을 것이다. 그러니 이 딸도 그 일에 한몫을 하기를 바라는 것인지도 모를 일이다. 아니 모를 일이 아니라 확실하다. 일이 이렇게 착착 맞게 진행돼 들어가지 않는가? 사람은 누구나 그 적재적소에 쓰일 때가 있다. 쓰이기 위해 태어난다. 그게 운명이다.

"왕윤은 나라를 위해서라면 목숨도 기꺼이 바칠 충신입니다."

"그런가? 그런데 그 사람에게 초선을 인도하라는 건 무슨 뜻일까?"

"그야 모르지요."

소치는 교주님이 그렇게 하라 하신 데에는 분명 무슨 큰 뜻이 있을 거라 했다.

"깊은 뜻이 숨겨져 있겠지요."

자고로 여자가 할 수 있는 일은 하나밖에 없다. 남자를 섬기는 일이다. 더군다나 이런 신분으로 그런 집에 들어간다는 것은 뻔한 노릇이 아닌가? 첩이 아니면 가기다. 가기라면 부자들이 사사로이 거느리는 위안부 같은 것이다. 말이 좋아 노래하고 춤추는 기예지만 노리개에 불과할 수밖에 없는 신세다. 첩역시도 마찬가지다.

그걸 알면서도 그 집으로 보내라는 것은 미리 약조된 언약이 있거나 무슨 큰 뜻이 있을 일이었다.

"따로 하신 말씀은 없었던가?"

"이 말씀만 전하라 하셨습니다."

전령이 나가자 소치와 둘이만 남았다.

장량이 묻는다.

"이 일을 어떻게 생각하시오?"

"제 생각엔……."

소치는 차마 초선을 궁녀로 들여보내려는 뜻이 아닐까? 하는 말을 입 밖으로 내어 말하기가 곤란하였다. 초선을 왕윤의 집으로 들여보내란 데는 분명 그런 내막이 숨어 있을 터인데도 그 말이 꺼려지는 것은 교주에 대한 체면이라기보다는 앞으로의 일이 너무 숨막히게 다가오고 있었기 때문이다.

일단 초선을 궁녀로 밀어넣어 놓고 천자의 눈에 띄기를 기다린다? 어쩌면 가능할 일이다. 왕윤 같은 조정대신이 밀기만 하면 어려운 일은 아니다. 그리하여 그 다음은? 어린 황제를 마음대로 주무른다? 이건 지금까지 많은 사람들이 해온 식상한 수작이다. 이에 대한 폐단은 환관이 나라를 말아먹는 거나 마찬가지다. 이미 선대 황제들이 치러왔던 희생이잖은가?

그러나 어쨌건 초선을 이용해 뭔가를 이루려는 수작임은 분명하다. 소치는 또다시 배신감을 느낀다. 태평교주가 설마하니 이런 얄팍한 수작으로 나라 경영에 참여하려들 것인가?

다른 한편으로 그렇지 않을 것 같았다. 그렇지 않아야 한다. 그렇지만 어쨌건 여자를 이용해 무슨 수작을 부리려는 건 틀림없는 사실일 것 같다.

"아무래도 연환계를 쓸 작정인 것 같습니다."

연환계라. 연환계의 첫 단계는 미인계다. 아름다운 여인은 대개 그런 용도로 많이 쓰였다.

춘추전국시대의 서시가 그랬다. 한나라 때 왕소군 역시 미인계에 이용됐다. 이들은 한결같이 그 빼어난 미모로 한 나라의 흥망을 쥐락펴락한 여인들이다.

"그렇다면 우리 초선이가 그런 인물감이 된단 말이오?"

장령은 아무리 봐도 초선에게서 그런 미모는 발견할 수 없다. 미인에게서는 저절로 체취가 나는 법이다. 그 향기로 인하여 남정네들이 사로잡힌다.

"미모로만 판단할 수는 없는 일이지요. 그 아인 숨은 재주가 너무 많습니다."

소치는 어제 하루 종일 저들을 미행하면서 초선의 성품과 기예에 대해서 보고 느낀 바를 자세히 들려주었다. 누군가 작정을 하고 그런 재주들을 가르치지 않았으면 어떻게 그런 훌륭한 기예를 닦을 수가 있었겠느냐 것이다. 얼굴 미모만 미인의 조건이 아니라 그 기예 또한 미인의 조건이란 게 소치의 지론이다. 지금은 저렇게 보이지만 미모단장하고 나서면 절세가인이라는 것이다.

"그 아인 누군가에게서 이미 잘 훈련된 아이 옳습니다."

소치는 이 모든 것이 눈에 보이지 않는 큰 계획의 일부라고 믿고 있는 듯하다. 그게 큰 사람들의 경영방법이라는 말도 잊지 않는다.

"국가경영은 아무나 하는 게 아니지요. 우리 같은 소인배들이야 눈에 보이는 것만 보지만 교주님 같은 어르신들이야 눈에 보이는 것뿐이겠습니까?"

그러니 국가경영에 큰 뜻을 둔 분들의 숨은 의도가 있을 거란 이야기였다.

장량은 이제 자기 속마음을 털어놓는다.

"지난밤 내 생각해 봤는데"

교주님이 저 아이를 데려 오란 것은 자기 곁으로 데려 오란 것이 아니라, 그 아일 누군가에게 보내라는 뜻인 것 같았다는 실토다. 이제 이 기별을 받고 보니 왕윤을 통하여 자기 뜻을 이루려 하는 모양이라 했다.

"사도 왕윤에게 보내라 함은 아무래도 연환계를 쓰려는 작전인 것 같습니다."

연환계란 게 무엇인가? 이리저리 사건을 얽어매어 결국에는 하나의 목적을 달성하려는 수단이다. 그 첫 단계가 미인으로 하여금 상대를 눈 멀게 하고 마음을 미혹시키는 것이다. 다음으로 여인의 몸과 입을 통해 서서히 상대의 허를 파고 들어가는 것이다.

미인계를 써 어떤 목적을 이루려 한다면 그건 하나밖에 없다. 누군가를 거꾸러뜨리는 일이다. 그렇지만 남을 물에 빠뜨리자면 자기가 먼저 물에 들어가야 하듯 미인계를 쓰자면 그 미인의 희생이 뒤따라야 한다.

"그렇다면 저 아이가 불쌍하지 않소?"

"그건 생각하기 따라 다를 수도 있지요."

"그럴까요?"

"어차피 이렇게 된 이상……."

그렇게 복잡하게 생각할 필요가 없을 일이다. 어차피 난세에 태어나 단 한번만이라도 호의호식하고 잘 살아보는 게 꿈인 사람들이 얼마나 많은가. 잠깐 동안이겠지만 고대광실 높은 집안에 들어가 살아보는 것도 괜찮지 않겠느냔 소치의 말이다. 지극히 현실적인 생각이다.

"그렇게 따진다면 여한이 없겠지만."

어린 게 너무 일찍 파란을 겪는 것 같아 마음 아프다는 게 장량의 심경이다.

"내가 왕윤의 집을 아니까, 일단은 함께 가 봅시다."

"왕윤은 뭔가 알고 있을까요?"

"예언자는 자기 예언을 이루기 위해 남모르는 노력을 한다지 않습니까?"

거기까지 가는 데도 위험 요소는 많을 테니까 초선을 남장으로 변복시켜 가자고 한다. 노예를 탈취 당한 왕창의 졸개들이 그냥 있을 리 만무할 것이라는 게 소치의 말이다.

초선은 곧 남장을 하였다.

금시 미동이 된 초선을 보고 장량이 한 마디 한다.

"영락없이 닮은 상판이야."

초선도 자기 얼굴이 아버지를 닮았다는 말에 흐뭇한 지 생긋 웃는다. 그 웃는 얼굴에 볼우물이 파인다. 그러고 보니 잘 생긴 얼굴 같기도 하다.

소치는 무리들을 불러모아 놓고 이제부터 할 일을 지시한다.

"우리는 지금 성 안으로 잠입한다."

삼삼오오 짝을 짓되 이제부터 서로 모르는 사이다. 어떤 사람은 농사꾼으로, 어떤 사람은 약초꾼으로, 또 어떤 사람은 장사꾼으로 변복을 했다. 만약에 무슨 일이 있어 싸움이 일어나더라도 남모르게 개입해야지 한 패인 것을 들켜서는 안 된다.

"각자 알아서 조심하기 바란다."

그게 사는 길이다. 소치는 변복을 한 졸개들에게 절대로 신분이 노출되지 않게 조심하라 거듭 타이른다. 일행이 뭉쳐 다니면 의심 받기 십상일테고 잘못하다간 잡혀 갈 수도 있다. 사방에서 황건을 쓴 동료들이 탐관오리들과 싸우고는 있지만 아직 야밤을 틈 타 기습적으로 공격을 감행하는 정도임으로 버젓이 활개치고 다니는 건 금물이다. 그러니 어차피 낮에는 숨어 지내고 밤 어둠이 내리고 난 다음에야 본색을 드러낼 수밖에 없다.

"그런데 여기가 대체 어디쯤이오?"

장량은 이곳 지리가 어둡다. 만약에 중도에 싸움이라도 벌어져 혼자 떨어질 일이라도 생기면 동서남북 방향은 알아야 어디로 갈 건지 정할 것이 아니냔 거였다. 농담 삼아 한 말이었지만 소치도 불안하기는 마찬가지인 모양이다.

"관군을 마주치면 무조건 산으로 도망가는 게 상책입니다."

그곳이 어디든지 관군은 산을 싫어한다는 이야기였다. 산에는 어디를 가나 산채가 있고 도적들의 소굴이란다. 그 도적이란 결국은 저들이 말하는 황건적이고 황건적은 태평교도라는 이야기다.

"지금 우리가 있는 곳은 하동 땅에 속해 있습니다."

하동에서 낙양까지 가자면 몇날 며칠이 걸린다.

"지금 우리는 강변을 따라 내려가야 합니다."

그러면 사예주를 거쳐 낙양 땅을 밟게 될 거라는 설명이다. 어떻게 장강을 따라 올라가던 길이 황하를 따라 내려가게 되었는지 모르겠다. 장강과 황하의 사이가 그 얼마인가? 그러고 보니 길 떠난 지 이미 수 십일이 지난 것 같다.

장량은 갑자기 형님들이 궁금해진다. 어떻게 지낼까? 계획대로라면 이미 관군과의 전투를 개시하고도 남았을 시간이다. 간간히 들은 이야기를 종합해 보면 산지사방에서 산발적인 충돌이 있었고 그 대개가 황건적의 승리라 관군이 오히려 꼬리를 내리고 눈치를 살피고 있는 지경이라 했다.

"형님들 몸은 무사하시겠지요?"

장량은 저도 모르게 한숨을 쉰다.

"걱정이 되십니까?"

옆에서 나란히 말을 몰던 소치의 말이다.

"혼잣소리가 그렇게 새어 나갔소?"

"장군님의 인간적인 면모를 보는 것 같아 감격하고 있습니다."

소치는 장량이 참 인간적이라 생각한다. 이쯤되면 거들먹거리거나 우쭐대기라도 할 텐데 전혀 그런 기색이 없는 성품이다. 인간됨은 그 성품에서 비롯된다. 사람은 생김보다는 그 인품에 값을 두어야 한다는 말이다.

그런데 소치는 자신의 마음 한구석에서 자꾸 일어나는 불덩이 하나를 끄지 못하고 있다. 그림자처럼 일렁거리며 춤추는 것, 이게 대체 무언가? 알 수 없는 그 무엇이 마음 속 저 깊은 밑바닥에서부터 혀를 날름거리며 치솟아 오르려 한다. 배신에의 유혹이다. 다시 옛날이 그리운 것이다. 그러자면 이들을 한꺼번에 묶어 들어간다면 더 큰 공로를 인정받지 않을까?

백년하청이다. 언제 황하가 맑을 수 있을 것인가? 맑은 정치 정도 정치란 책에서나 있을 수 있는 이야기 아닐까? 그 책조차도 진시황제가 다 불태워 버린 지 오래다. 사람은 현실적으로 살아야 한다. 왜 사느냐가 문제가 아니라 어떻게 사느냐가 문제다.

소치는 갑자기 치솟아 오르는 자신의 현실적 욕심을 억누를 수가 없다. 산채생활도 해 볼 만큼은 해 봤다. 민의의 편에 서서 정의롭게 산다는 것이 도대체 무엇인가? 도적질밖에 더 있던가? 교주라는 작자도 기껏해야 자기 딸을 이용해 연환계나 쓰려 하고 있질 않은가? 그렇다면 그 역시 지나간 수많은 정략가들 하고 다를 바 무엇인가? 자기 욕심을 채우려는 간신배들이나 같은 무리에 속할 수밖에 없질 않는가.

소치의 속맘이 부글부글 끓어 갈등을 일으키고 있을 때 시커먼 연기기둥이 하나 치솟아 오르는 게 보였다.

"아니, 저게 뭐야?"

"한바탕 벌어진 모양인데요."

산을 벗어나 들녘에 이르자 매캐한 냄새가 났다. 바라보니 저쪽 산 너머에서 뭉개뭉개 치솟고 있는 연기가 또 하나 보인다. 산불인가? 산불이 아니라 벌판인지도 모르겠다. 때는 봄을 기다리는 겨울철, 화전민들이 곡식 갈아먹을 땅을 장만하러 일부러 불을 붙여 태우는 화전불일 수도 있겠다.

그러나 그 매캐함이 단순한 풀잎 타는 냄새가 아닌 듯하다. 그런데다가 어디선지 와와! 하고 들리는 함성이 환청이 아닌 것이 확실 했다.

"토벌대가 밀어닥친 것 같은데요?"

소치는 아무래도 길을 돌아가야 할 것 같다 한다.

장량은 그냥 가 보자 한다.

"그냥 가 봅시다. 만약에 저들이 우리 편이라면……."

도와줘야 할 것이 아니냔 것이다. 칼도 한 자루 지니지 않고 다니는 사람이 무슨 수로 저들을 도울 수 있을 것인가? 그렇지만 소치는 군소리 없이 명을 따르기로 한다.

저 연기가 만약 전투상황을 알리는 신호라면 일개 방주에 지나지 않는 자기로서는 장군의 명에 따를 수밖에 없는 것이다. 게다가 인공장군은 신통력을 지니고 있다는 소문을 들은 바 있는 소치였다. 이제 그의 신통력을 한 번 구경하리라. 그런 자를 붙들어 가면 상급은 더 크리라.

그런가 하면 이제야말로 자신을 내쳤던 원수들과 한 판 맞붙어 싸울 기회라는 생각도 든다. 두 갈래 마음이 갈피를 못 잡고 있는 자신을 보며 이게 인간의 본모습인가 싶기도 한 소치다. 그렇지만 일단 소속된 자리의 일부터 추슬러 나가기로 순서를 정한다. 만약에 일이 불리하게 풀려 위험한 순간이 오면 그때 가서 배신을 해도 늦지 않을 거란 생각이다. 비밀의 열쇠는 이미 손아귀에 쥐고 있질 않은가?

소치는 몇 안 되는 소부대원을 가졌지만 그래도 싸움이 무언지 배워 알고 있다. 싸움에 이기자면 먼저 적을 알아야 한다. 지피지기면 백전백승이다. 병서께나 읽은 소치의 전술이다. 그는 먼저 척후병을 보내 상황을 알아오게 한다. 아직 어설픈 조직이었지만 공들여 가르친 보람이 있어 전위대 둘이 말을 타고 전방을 향해 내달린다.

"관군입니다."

이내 돌아온 척후병의 보고다. 관군들이 마을을 불지르고 약탈을 일삼고 있다는 것이다. 황건적을 색출한다는 명목이라지만 잡혀 있는 자들 중에 황건적이 될만한 젊은이는 하나도 없고 아녀자들 뿐이라는 보고다.

"자, 황건을!"

소치는 허리춤에 띠로 메고 있던 황건을 머리에 쓰라 명한다. 새로운 세상을 열기 위해 싸울 때는 황건을 머리에 쓰고 세상에 그 존재를 알린다.

병사들은 소치의 선창을 받아 구호를 외친다.

"부정과 부패를 척결할 때는 황건을!"

소치가 다시 선창을 한다.

"자, 황건을!"

"부정과 부패를 척결할 때는 황건을!"

이를 외칠 때마다 새로운 힘이 솟는 황건 부대다. 모두들 허리춤에 묶고 있던 황건을 쓰고 얼굴에 환칠을 끝내자 또다시 소치가 선창을 한다.

"탐관오리들의 주구가 저기 있다."

"무찌르자. 쳐부수자."

"무찌르자. 쳐부수자."

일단 대오를 정비한 이 소규모 황건 부대는 적을 향해 쏜살같이 말을 내몰아 달렸다. 장량도 이들을 뒤따라 박차를 가하였고 초선이 역시 말을 달렸다.

"멈춰라."

일단 능선에 오르자 장량이 부대를 멈추게 했다. 마침 바람이 저쪽으로 부는 기세라 전세가 유리하게 생겼다. 바로 눈앞에 만행이 벌어지는 현장을 두고 왜 여기서 진군을 멈추는지 알 수가 없는 황건 군사들의 의아한 눈빛이 일제히 장량에게로 쏠린다.

"적은 병기도 전력도 우수하다."

그러니 함부로 대들었다간 이쪽이 오히려 큰 피해를 입을 수 있을 테니 잠시 기다리라는 명이다.

"이게 뭐야? 들어온 놈이 동네 놈 팔아먹는다더니."

우리가 뭐 제놈 부하야? 어디선지 투덜거리는 소리가 들렸다. 자기네들을 오합지졸로 보고 하는 말이 가당찮다는 불만이다. 보아하니 태평교도가 아닌 산적 출신의 황건인 모양이다. 소치가 그를 향하여 일갈한다.

"인공장군께서 말씀하시는데 웬 잡소리냐?"

그러자 불만이 쏙 들어간다.

"말씀하십시오. 아직 규율을 잘 모르는 산적놈들이 뒤섞여 있어서……."

소치의 변명 아닌 변명이다.

"내가 내려가 놈들을 혼란시킬 터이니 그 틈을 이용해서 마을 사람들을 먼저 구하고 그 다음 놈들을 쳐부숴라."

"제가 무슨 재주로……."

어디선지 또 불만의 소리가 새어나온다.

불만 소리를 뒤로 하고 장량은 홀로 언덕을 내달려 적진 속으로 들어간다. 어느 새인지 모르게 초선도 말을 내몰아 장량의 뒤를 따른다. 두 사람 말 모는 솜씨가 마치 비호같다.

"하늘이시여!"

적진 속에 들어간 장량은 갑자기 큰 소리로 하늘을 부른다.

선 자리에서 빙그르 도는 장량의 소맷자락을 따라 약한 바람이 일어나는 듯 하더니 점점 더 큰 구름덩이들이 모여들기 시작한다.

'운신술!'

하늘을 움직여 구름을 모으는 도술이다.

이 구름을 비바람으로 바꾸는 게 질풍노도다.

"질풍노도!"

갑자기 검은 구름이 일더니 일진광풍을 몰고 와 관군들이 있는 마을 쪽으로 휘몰아쳐 내려간다. 참으로 희한한 도술이다.

마을을 노략질 하던 관군들은 갑자기 몰아닥치는 비바람에 놀라 이게 무슨 일인가 싶은데, 바라보니 산언덕으로부터 바위가 굴러내리 듯 내달려오는 황건적의 떼거리들을 보고 혼겁을 한다.

"와아!"

삽시에 몰아닥친 황건적들은 좌충우돌 마구 몰아쳐 관군을 쳐부수고 일부는 넋을 반쯤 잃은 마을 사람들을 구출한다.

"운신술!"

초선은 숙부가 운신술을 부리는 걸 돕는다. 운신술은 구름을 모으는 도술이다. 아직 그 구름에서 비를 내리게 하거나 바람을 불러일으키는 재주는 없지만 구름을 모으는 단계까지 익혀 연습하던 초선이었다.

"네가 운신술을?"

장량은 보면 볼수록 귀여운 초선에게 폭 빠졌다.

"이숙, 저기 좀 봐요."

관군들의 군모가 날아가고 황건 부대의 누런 빛깔의 머리수

건이 바람에 휘날려 마치 승전고를 울리는 깃발 같다. 아수라
장이 되었던 전투는 싱겁게 끝났다. 황건 부대의 일방적인 승
리였다.

"아버님도 도술에 능통한가요?"

"나보단 한 수 위지."

"일숙도요?"

"암, 다들 나보단 고수들이란다."

장량은 이 도술은 나밖에 모른단다 하려다가 거짓말을 한다.
어차피 초선은 저들을 볼 일이 없을 것이기 때문이다. 그러한
그에게 희망을 불어넣어주는 게 뭐 그리 나쁘랴? 이왕이면 환
상을 가지고 지내는 것도 그리 나쁜 일이 아닐 것 같아서였다.

전투는 오랜 시간이 걸리지 않았다. 관군은 미리 겁을 먹고
달아났고 대적하던 자들은 모두 멀건 하늘에 광풍이 몰아치는
도술 앞에서 전의를 잃고 두 손 들어 항복하고 말았다. 그 중
한 병졸이 말하였다.

"우리는 관군이 아닙니다."

부상을 당한 민병의 말이다.

"우리도 못 살아 이 짓을 하고 있지 하고 싶어서 하는 건 아
닙니다."

그러니 부하로 삼아 달라는 것이다.

"이제 이 꼴로 돌아가봐야 돌아갈 곳이 없다는 걸 잘 알지
않습니까?"

소치는 이들을 거두기로 한다.

지금까지의 졸개들도 이렇게 해서 모여진 사람들이다.

"그대들의 뜻을 받아들이겠소. 우리도 첨에는 당신들과 똑같은 사람들이었소. 도적의 씨가 따로 있는 게 아니오. 누구나 먹고 살려다 보면 도적이 될 수도 있는 것이오."

구사일생으로 간신히 살아난 마을 사람들은 이들에게 감사의 표시로 식사대접을 하려했지만 소치는 이를 만류한다. 갈 길이 멀기도 하였지만, 이제 막 살아남은 저들에게 무슨 정신이 있을 것인가.

"여러분 마음만으로도 배가 부르오."

"아이쿠, 이렇게 고마울 데가……."

"그런데 이 마을에 정말로 황건적이 있기는 있는 거요?"

마을 사람들은 잠시 얼떨떨하다.

"웬걸요? 저놈들이 툭하면 황건적을 내놓으라며 행패를 부리고 노략질을 해 간답니다."

"그 자가 도대체 누구란 말이요?"

"동탁의 졸개들입죠."

"동탁은 가렴주구를 일삼는 악독한 놈입니다."

동탁은 광종 중랑장 노식의 후임으로 이 지방으로 왔다. 오자마자 황건적 토벌을 빙자해 수탈을 일삼고 있다. 그는 성질이 포악해 부하들에게도 곧잘 욕설을 퍼부었고 먹고 노는 일 외엔 별 취미가 없는 위인이다.

동탁의 자는 중영, 농서군 임조 태생이다. 젊어서는 영웅호걸과 사귀기를 즐겨했고 환제 말에 황제를 호위하는 우림군을 뽑을 때 군사마에 천거되어 관직에 올랐다. 힘이 장사인데다가 뛰어난 무예로 병주 민란을 토벌해 낭중이 되었다. 활통을 두 개씩이나 어깨에 메고 뛰면서 활을 쏠 정도였고, 왼손 오른손 어느 쪽으로도 활을 쏠 수 있었다. 활솜씨도 뛰어나 수 백간을 넘어 있는 목표물도 정확하게 맞추는 명사수였다.

그는 가는 곳마다 승승장구하여 이내 낭중이 되었다가 얼마 되지 않아 또다시 하동 태수가 되었다. 영전에 영전을 거듭한 것이다. 영전을 할 때마다 뇌물을 수수하여야 했음으로 재물을 긁어 모으는데 혈안이 되어 간 데마다 노략질을 일삼는 탐관오리로 변모해 가고 있는 중이었다.

"그깟 황건적 조무래기들한테 패하고 돌아왔단 말이냐?"

한편, 이 소식을 접한 동탁의 군영에서는 술잔이 날아갔다.

간신히 도망을 가 소식을 전한 군졸은 그 자리에서 목이 날아갔다.

그때 한 전령사가 황급히 당도해 보고를 올린다. 중막골로 나간 토벌대가 참패를 당했다는 패전소식이다.

"내 이놈들!"

감히 동탁을 능멸하려 들다니

내 손수 나가 놈들을 척결 하리라.

동탁은 술을 독 채 들이마시곤 장창을 들고 자리를 박차고 일어선다.

"적토마를 대령하라."

하루에 천 리를 달리는 적토마다. 그 혈통을 따지나마나 늘씬하게 큰 키에 두 눈은 흑진주 같고 두 귀 역시 검붉은 보석을 다듬어 붙여놓은 것 같다. 두 귀가 쫑긋 주인이 말하기도 전에 이미 그 마음을 읽는다. 한번 적진에 들어서면 질풍노도처럼 싸울 상대를 찾아 주인을 모시지만 그냥 있을 때는 양순하기 이를 데 없다.

동탁은 적토마에 높이 올라 소리 높이 외친다.

"원수를 갚아라. 동지들이 죽어갔다."

동탁은 포악한 성미를 가졌지만 부하들에 대한 사랑은 각별했다. 이 날도 그랬다. 나가서 싸우고 있는 병사들은 싸우고 있었지만 본영에 남아 대기하고 있는 병졸들에게는 술과 고기가 내려져 푸짐하게 먹고 있던 중이었다.

개도 돌보는 주인을 좋아한다. 동탁은 대다수의 병졸들이 굶주림에 지쳐 관군이 된 것을 안다. 이들에게 목구멍은 곧 포도청이다. 그러니 일단은 먹여서 말을 잘 듣게 해야 하는 것이다. 부하들은 이러한 동탁의 보살핌이 곧 자기들에 대한 사랑이라 믿는 터였다.

부하를 다루는 데에는 두 가지가 있다. 진심이면 되겠지 하고 마음으로만 사랑하는 경우가 있고, 마음은 없지만 물질적으로 베푸는 경우가 있다. 배고픈 사람들한테는 진심이 통하지 않는다. 진심이 없더라도 배불리 먹이고 따뜻하게 입히는 게 최고다.

동탁은 이미 이러한 처세술에는 도가 텄다. 부하들의 죽음을 헛되이 하지 말라고 동지애를 부추긴다.

"동지들의 죽음을 헛되이 하지 말라. 저들이 구천에서 너희들을 기다리고 있을 것이다."

"옳소."

"옳소, 옳소."

여기저기서 환호성이 오른다. 이로써 출정 준비가 모두 끝난 것이다.

동탁은 아직도 싸움이 끝나지 않은 중막골을 향해 근위대를 이끌고 친히 납신다. 까짓 오합지졸들쯤이야 술 한 잔 마시는 동안 처리하고 승전보를 들으리라 생각했던 게 잘못이다.

"이놈들! 여기가 감히 어디라고"

동탁은 황건적의 기치를 높이 건 한떼거리의 무리를 향하여 큰 소리로 외쳤다.

"내 오늘 네놈들의 목을 모조리 베어 저자거리에 매달리라."

"아하하핫! 바로 네놈이 동탁이로구나. 불쌍한 백성들의 피를 빨아 가렴주구를 일삼는 네 놈이야말로 오늘이 제삿날인 줄을 알아라."

적장도 말 위에 높이 올라 고함을 맞받아 지른다.

그 위엄이 하늘을 찌를 듯하다. 그렇지만 변변히 훈련되지 못한 오합지졸임에는 틀림없다. 전투대형도 제대로 갖추지 못했고 손에 든 무기 역시 관군에게서 탈취한 창과 칼을 든 자도 있었지만, 아직 쇠스랑에 괭이를 든 자도 있었다.

동탁은 콧방귀를 뀐다.

"그런 오합지졸들을 가지고 어떻게 싸우겠다는 게냐?"

"그건 네놈이 걱정할 바 아니다. 우리에겐 하늘이 있다."

"뻔뻔스런 태평교도 놈들아, 말만 앞세우지 말고 이리 썩 나와 동탁의 창을 받아라."

동탁이 장창을 비껴들자 참모 하나가 이를 말린다.

"장군님, 저런 조무래기들한테까지 친히 나실 필요는 없습니다."

저런 것쯤이야 이 참모한테 맡기라며 백마를 타고 내달려 나서는 자가 있다. 미처 말릴 사이도 없이 그는 적진을 향해 돌진한다. 저쪽에서도 누군가 바람을 일으키며 내달려 나오는 자가 있는데 역시 백설 같은 말을 탔다. 양쪽 진영을 사이에 두고 한 중간쯤에서 번쩍번쩍 칼날이 부딪치는 소리와 몇 가닥 빛이 일더니 한 장수가 말에서 굴러 떨어진다. 누가 어느 편인지 분간이 서질 않는다. 몇 합을 도는 통에 각기 자기편 장수가 누구인지를 놓쳐버린 것이다.

아직도 말 위에 남은 자가 재빠른 솜씨로 굴러 떨어진 장수의 목을 칼끝에 찍어 치켜든다. 그 팔뚝으로 피가 주르르 흘러내린다.

저게 도대체 누구인가?

어느 편인가?

거기 따라 싸움의 성패가 좌우될 것이다. 왜냐면 싸움은 기선 제압이 우선이고 일단 사기가 떨어지면 그 싸움은 십중팔구 패하기 마련이기 때문이다.

"와아!"

함성이 울려 퍼지고 황건적의 기치가 높이 올라가 하늘을 찌른다.

황건적의 장수가 승리한 것이다.

"진격!"

황건적들은 기마병을 앞세우고 세찬 기세로 돌진하였고 이에 질세라 동탁의 군대도 전진을 한다. 그 숫자에서도 비슷비슷하다. 온 들판을 새까맣게 덮은 관군과 누런 수건을 펄럭이는 황건적과의 싸움이 벌어졌다. 치고 박고 찌르고 밀고 밀리는 싸움은 한나절 내내 계속되었지만 승부가 가려지지 않는다.

이날 전투에 참여한 황건적의 우두머리는 태평교주 장각이었다. 그가 이끄는 황건 부대는 황건적 최대 규모의 인원으로 동탁으로서도 막아내기 힘겨운 상대였다.

동탁은 아직 술기운에 취한 상태였고 이러다간 목숨부지하기 힘들겠다는 다급한 생각을 하게 되었다. 한낱 농민군으로만 생각했던 저들이었는데 그게 아니었다.

"후퇴신호를 보내라."

일단 후퇴를 하고 보자는 계산이다.

후퇴를 알리는 뿔고동 소리가 산골짜기를 울려 퍼졌다.

"작전상 후퇴!"

"작전상 후퇴다."

후퇴신호가 떨어지자 관군은 우왕좌왕 갈 길을 잃어 전의를 상실하고 말았다. 이 틈을 놓치지 않고 거세게 압박을 가하는 황건 부대다.

장각은 더 이상 동탁을 뒤좇지 않았다.

이날 관군으로 싸우다가 항복을 하고 황건적이 된 자가 수백 명이 넘었다. 이렇게 해서 황건적의 수는 자꾸만 늘어나고 관군의 수는 줄어들었다.

누가 봐도 황건적의 세상이 될게 뻔했다.

난세의 영웅호걸들

혼비백산 도망을 치던 동탁은 자존심이 몹시 상했다. 다시 전열을 가다듬어 황건적을 쳐부수리라.

잠시 숨을 고르고 있는데 저쪽 수풀 속에서 또다시 와아! 하는 함성소리가 난다. 머리에 누런 수건을 쓰고 통색 기치를 높이 든 것으로 보아 황건적임에 틀림없다.

"저건 또 뭐야?"

동탁이 만난 건 소치부대였다.

마을 사람들을 구한 소치부대는 전력이 더 막강해졌다. 포로로 잡은 병사들도 스스로 황건적이 되기를 원했고 저들로부터 입수한 병기도 제법 쓸만해 쇠스랑과 괭이를 창칼로 바꾸어 들었다. 첫 전투에서 개가를 올려 용기백배해 있던 중이다.

이들이 마침 패주해 달아나는 동탁을 만났다.

이들은 당연히 동탁의 퇴로를 막고 섰다. 비록 몇 안 되는 소부대였지만 금방 승리의 개가를 맛 본 뒤였고 인공장군의 도술을 본 바라 자신만만했다.

자라보고 놀란 가슴 솥뚜껑보고도 놀란다고 동탁의 군졸들은 머리에 두른 누런 수건만 보아도 간담이 서늘하다.

"사방에 황건적입니다."

"포위가 된 듯합니다."

포위망을 뚫어 도망을 가고말 것인가, 이대로 죽고말 것인가? 참으로 난감한 동탁이다. 어쩌다가 천군만마를 호령하던 동탁이 이렇게 되었단 말인가? 벌써 전의를 상실한 병졸들은 달아나기에 바쁘고 참모들도 우왕좌왕 하기는 마찬가지다.

"산 위로 올라가야겠습니다."

허우적허우적 산 위를 향해 퇴로를 마련하는데 산 위에는 벌써 두 마리 백마가 서 있다. 마상에 높이 앉은 자가 도술을 부리는 지 그 손끝에서 검은 구름과 바람이 일기 시작한다.

"운신술!"

보아하니 어린애도 끼어 있는데 그의 손끝에서도 구름이 돌돌 말려 흩어져 나온다.

"저것들이 도대체 사람이냐 귀신이냐?"

"황건적이 도술을 부리나 봅니다."

참모 중에 하나가 이제 꼼짝없이 당하게 되었다며 탄식조로 말한다.

"사면초가인 것 같습니다."

병법 중에 가장 마지막 법이 목숨 걸고 도망치는 일이다. 그게 서른여섯 번째 법이다. 삼십육계 줄행랑칠 곳도 없으면 사면초가다. 사면초가를 극복하는 길은 단 하나 그 자리 꿇어앉아 처분만 기다리는 수다. 그건 곧 죽음을 뜻한다. 운이 좋아봤자 노예로 끌려가는 길이다. 아니면 영예롭게 자기 목숨을 끊는 일이다.

"이게 도대체 무슨 꼴이냐?"

손끝에서 일어난 한 가닥 구름이 점점 커지면서 강한 바람을 동반하고 몰아쳐 온다. 그 바람 속에 얼굴을 할퀴는 미친 우박이 숨어 있다. 이 우박들이 얼굴을 후려친다. 일진광풍을 맞받고 있는 동탁은 다급했다.

"무슨 수가 없겠느냐?"

"진퇴양난입니다. 항복하거나 죽거나."

아, 이렇게 죽는구나.

그러나 이렇게 죽을 수는 없었다.

수없이 많은 전투에서 살아남은 동탁이다. 승승장구 여기까지 와서 무모하게 죽을 수는 없는 일이다. 도대체 누구를 위해 죽는단 말인가.

"가자!"

동탁은 적토마의 옆구리에 박차를 가하여 달아나기 바쁘다. 어디로 가야 살 구멍이 있는지도 모르면서 무작정 내달린다. 적토마를 따라올 말이 있을 것인가?

"이랴!"

이에 놀란 참모들도 박차를 가하여 동탁의 뒤를 따른다.

이어 기병들도 뒤를 따라 도주하기 시작한다. 보병들은 갈 곳을 잃고 우왕좌왕 하다가 그 자리에 주저앉고 만다. 이래 죽으나 저래 죽으나 마찬가지가 아니겠는가.

참으로 우스운 광경이다. 산 위에서 이 광경을 바라보고 있던 장량은 큰 소리로 적장을 비웃으며 광풍을 거두고 산을 내려온다.

"이놈, 동탁아. 그래 가지고도 나라를 위해 싸우는 관군이라 하겠느냐?"

그러나 그것도 잠시 뿐 어딘가에서 성난 노도가 몰아치는 듯한 말발굽 소리가 나더니 바로 눈앞을 가로막아 서는 자가 있었다.

"일개 도적의 괴수가 무슨 할 말이 그리 많으냐? 이 장비와 한 판 붙자."

무리의 앞으로 홀로 나와 마상에 높이 앉은 자가 소리를 질러 말한다. 검붉은 수염이 온통 턱을 뒤덮고 머리는 사자 같다. 한눈에 보아도 기운이 펄펄 넘치는 기상인데 장팔사모를 꼬나 쥐었다.

"너는 대체 누구냐?"

소치가 앞으로 나서며 맞받았다.

"나는 장비다. 좀 버러지 같은 네놈들을 토벌하러 왔다."

"우리는 좀 버러지가 아니다. 도탄에 빠진 백성들을 구하려고 탐관오리들을 응징할 뿐이다. 보아하니 너희도 관군은 아닌 것 같은데 길을 비켜라."

"우리는 비록 관군은 아니나 백성들을 도탄에 빠지게 하고 조정에 반기를 든 너희 같은 놈들을 용서할 수는 없다."

이번에는 구레나룻이 허연 인물이 앞으로 나서며 점잖게 타이른다.

"너는 또 누구냐?"

"나는 관우라 한다. 장비의 형이다."

"형이고 아우고 상관없다. 우리는 같은 민병 끼리 싸우고 싶지 않다."

이번에는 장량이 나선다.

아무래도 이들과 맞서 싸워선 안 될 것 같은 느낌이다.

"너희들 대장이 누구냐?"

"대장은 왜 찾느냐? 우린 대장이 따로 없다."

현덕이 앞으로 나오며 점잖게 나무란다.

"만약에 너희들이 잘못을 뉘우치고 황건을 벗어 던진다면 용서받을 수 있겠지만, 싸우기로 작정한다면 목숨부지하기 어려울 것이다."

현덕의 목소리에는 위엄이 있었다.

"싸움은 피하는 게 좋을 듯싶습니다."

소치가 장량에게 하는 말이다. 아무래도 이번엔 승리를 보장할 수 없을 것 같다는 귀띔이다.

그도 그럴 것이 현덕의 부대는 질서정연하게 대오를 갖추고 있지는 않았지만 의기로 불타오르는 듯한 기세가 엿보였고 앞장 선 세 장수들 역시 악독한 면이 보이지 않는다. 굳이 저러한 민병대와 싸울 이유가 무언가?

"보아하니 그대들도 우리와 같은 의분을 느끼고 살기 위한 싸움에 뛰어든 것 같은데 서로 길을 비켜감이 어떨지요?"

장량이 앞으로 나서며 존댓말을 써 하는 말이다.

현덕이 보니 장량은 무기도 들지 않은 빈 손이다.

"너는 황건적이 아니더냐?"

"황건적이라는 말은 탐관오리들이 붙인 말이지 우린 도적의 무리가 아니다. 더더군다나 백성들의 적은 아니다."

현덕이 들으니 그럴싸한 이야기였다. 비록 거짓말이라 하더라도 굳이 이런 자들과 싸워 목숨을 앗을 일이 아니란 생각이 들었다.

"그렇다면 왜 관군을 죽였느냐?"

"살기 위해 방어했을 뿐이오."

성미 급한 관우가 앞으로 나서며 외친다.

"형님들, 말로만 그럴 것 있습니까? 저놈들을 당장에 쳐 죽입시다."

"아우야, 좀 참아라. 저들도 저들대로 까닭이 있다 하지 않느냐."

장량은 어디서 이런 착한 의병들이 나타났나 싶어 말을 좀 더 시켜보기로 한다. 현덕 역시 저들이 나쁜 짓만 일삼는 도적의 무리가 아니란 느낌이 든다. 게다가 아까의 신통술을 본 터라 함부로 싸움을 걸었다간 피아간에 적잖은 인명피해가 있을 것이란 예감이다. 사람을 죽이고 죽는 것만이 싸움이 아니다. 안 싸우고 안 죽이고 이기는 게 진정한 승리다.

"그래, 너희들이 살기 위해 방어를 했다 치자. 그렇다면 어찌하여 저 자들은 포로로 잡았느냐? 당장 저들을 풀어줘 집으로 돌아가도록 하라."

현덕의 이 말을 들은 포로가 말한다.

"아닙니다요. 소인들은 그저 제 스스로 장군님께 부탁을 한 것뿐입니다."

"그래, 너희들은 밥이나 먹으려고 도적의 무리에 빌붙었단 말이냐?"

관우가 황건적에 붙은 민병대에게 질책을 한다.

"밥 벌어먹는 게 얼마나 힘든 일인지 알기나 합니까?"

한 젊은이 말한다. 죽기 살기로 일해도 먹을 게 없고, 죽기 살기로 싸워보았자 먹고 살 길이 없다. 그러니 어쩌란 말인가? 관군이건 도적이건 아무데라도 빌붙어야 먹고 살 것이 아닌가라는 말이다.

"목구멍이 포도청이라지 않습니까?"

"저, 저놈이 그래도……."

"놔두게나. 오죽이나 배가 고팠으면 도적의 무리에 가 붙었
겠나?"

따지고 보니 더 이상 싸울 상대가 아니란 생각이다.

현덕은 아우들을 달래 저들을 그냥 지나치게 하자고 한다.
비록 황건적을 토벌하기 위해 도원결의를 맺고 중원으로 나온
저들이지만 이들과는 싸울 상대가 아니라는 생각이다.

이들 삼형제는 각기 태어난 날은 다르지만 한날 한시에 죽기
로 혈맹을 한 의형제들이다. 그중 현덕이 나이가 가장 많아 맏
형이 되었고 관우가 중형, 장비가 아우가 된 사이다.

이들은 성질도 각각이어서 장비가 불이라면 현덕은 물이고
관우는 그 중간이었다.

"오늘 너희들의 죄과를 따져야 마땅하겠으나 그냥 보내주겠
다."

현덕의 너그러운 판단이다.

"고맙소이다. 우리도 선량을 괴롭히는 무리는 아니오."

장비는 현덕의 이러한 너그러운 처사가 자못 못마땅하다. 이
런 식으로 도적들을 다 놔주고 나면 어디 가서 싸운단 말인가?
팔이 근질거려 참을 수가 없다. 힘이 남아돈다. 그 힘으로 괜
히 나뭇가지를 댕강 날려 버리는 장비다.

관우는 생각이 좀 다르다. 과연 큰형님다운 면모가 있다고 생각하는 터라 장량에게 엄하게 꾸짖어 한 마디 한다.

"우리 현덕 형님의 마음이 너그러워 그냥 보내는 줄 고맙게 알라."

장량도 쓸데없는 싸움을 피하는 게 피아간의 손실을 줄일 수 있는 상책이라 생각하던 차라 이 제의를 정중하게 받아들인다.

"알았소이다, 언젠가 보답할 날이 있었으면 좋겠소."

일촉즉발의 싸움을 넘긴 두 패거리들은 서로의 갈 길을 가기로 한다.

"꼭 그렇게 생각한다면 그 포로들을 우리에게 넘겨주시오. 저들을 고향으로 데려다 주겠소."

현덕의 제의다.

"아까도 말했지만 이들은 포로가 아니오. 스스로들 결정하도록 합시다."

장량은 민병대들이 제 가고 싶은 대로 가도록 하자고 한다.

"그럼 그렇게 하도록 합시다."

현덕도 그 말에 일리가 있다고 생각한다.

"자, 우리를 따라 고향으로 돌아가고 싶은 사람들은 이쪽으로 오시오."

관우가 큰 소리로 외쳤다.

장비가 다시 우렁찬 소리로 외친다.

"고향으로 돌아가고 싶은 사람은 이리로, 도적이 되고 싶은 자는 저쪽으로…….”

그러나 현덕의 진영으로 돌아가는 자가 몇 되지 않았다. 민병대에 대한 푸대접을 이미 받아본 저들이었고 돌아갈 고향 또한 없는 저들이었기 때문에 차라리 황건적에 속하겠다는 것이었다.

“어허, 저런 놈들 봤나? 집에 데려다준대도 싫다는 놈들이 있나?”

“집이 어디 있소? 돌아가 봤자 쑥대밭뿐인데.”

그렇다. 고향을 잃어 돌아갈 곳이 없는 자들의 신세다. 그러니 다시 민병대가 된들 도적이 된들 뭐가 다를 것인가? 차라리 도적이 되어 배나 불리고 살자는 생각이다.

“잠깐!”

서로 길을 비켜 지나가려던 장비가 장량 일행을 멈춰 서게 한다. 그의 눈길이 초선에게로 쏠려 있다.

“저런 어린애를 데리고 싸우러 다닌단 말이냐? 애들은 집으로 보내라.”

“이 아이는 싸우러 다니는 게 아니오.”

장량의 말이다.

“애야, 이리 오너라. 집으로 데려다 줄 테니.”

장비의 이 말에 초선이 잠자코 있던 입을 열어 단호하게 말했다.

“난 여기가 집인 걸요?”

"오호라, 목소릴 들으니 필시 남장 여장부 같은데 저놈의 동
첩이라도 된단 말이냐?"

괜히 심술보가 터진 장비는 욕설을 퍼붓는다. 아직도 힘쓸
일이 남아있을까 괜히 트집을 잡아보는 것이다.

"말을 삼가시오. 얘는 내 질녀로 노예사냥꾼들에게 붙잡혀
가던 것을 구해 집으로 데려가는 중이오."

"아하, 여태껏 노예사냥꾼이 남아 있단 말은 못 들었다."

장비는 아무래도 그냥 지나치기가 서운한 모양이다. 한판 붙
어야 직성이 풀릴 것 같다. 관우가 이를 저지한다.

"아우야, 그만 가자."

"적을 보고도 그냥 지나치는 형님들의 속셈을 모르겠소. 그
나마 저런 여식아까지 끼고 다니는 도적놈들을."

"노예상인들에게서 구출해 오는 질녀라지 않느냐?"

"그 말을 참으로 믿소?"

황건적을 쓰고 관군을 해하는 것을 뻔히 보고도 그게 적이
아니라면 누가 적이냔 장비다. 이 생각은 관우도 마찬가지다.
그러나 현덕은 달랐다. 적이긴 하지만 저들과 목숨을 걸고 싸
울 이유는 없는 적이란 것이었다.

"그러니까 형님의 말씀은 싸울 적과 싸우지 않아도 될 적이
있다는 말씀입니까?"

현덕은 난세를 만나 먹고 살기 어려워 도적의 무리에 가담한
자는 난리가 끝나면 곧 선량으로 돌아서게 된다는 이야기를 한

다. 그러니 그러한 자들은 굳이 적으로 몰아 죽여서는 안 된다 한다. 그런 사람들을 적으로 간주하려 든다면 하나도 살아남을 백성이 없다는 말이다.

"이런 걸 덕치라고 한다."

덕으로 다스리는 나라라야 백성을 기둥으로 삼은 복지국가가 된다.

관우는 과연 큰형다운 넓은 발상이라 감탄한다. 왕손이라더니 과연 나라를 경영할 만한 인물이다. 난세에는 영웅이 탄생하는 법이다. 과연 큰형은 왕후장상의 씨다. 때는 아직 잘 모르겠지만 언젠가는 그날이 오리라. 큰형의 존재가 달리 보이는 관우다. 관우도 사람의 상 정도는 볼 줄 아는 인물이다.

"그러니 인으로 오를 다스려야 한다."

이런 말은 최고경영자만이 할 수 있는 소리다.

관우는 자기가 사람 하나는 잘 찾았다고 생각한다. 사람은 줄을 잘 서야 하는 법이다. 하지만 장비는 아직도 씩씩거린다.

"그러면 어디 가서 한판 붙는단 말이냐?"

힘이 남아도는 장비는 저 혼자 저만큼 말을 내달린다. 아무래도 형들의 처사가 맘에 들지 않았다. 어제도 그랬다. 황건적과 한 판 붙어 큰 전과를 올렸는데도 관군의 지휘관은 겨우 술한 잔으로 민병대를 대접했을 뿐이었다. 이에 불만을 품은 장비가 큰 소리를 쳐 이럴 수는 없는 일이라 했는데 형들은 오히려 장비를 나무라며 이를 말렸다. 뭐가 두려워 저들에게 빌빌

매는 것인가. 관군을 만나면 관군에게 황건적을 만나면 또 황
건적에게 손을 내미는 형들이 도무지 맘에 들지 않는 장비다.

이렇게 제 혼자 분을 삭이지 못해 앞서 말을 내달리던 장비
가 갑자기 말머리를 돌려 형들 곁으로 되돌아왔다.

"앞에 적군이 있습니다."

"적군?"

"아까는 황건적도 동지로 삼았으니 이번엔 패잔군이 적군이
지 뭡니까?"

장비는 저들이라도 싹 쓸어버리고 싶은 기분이다. 관군에게
당한 어제의 홀대를 생각하면 관군조차도 적군으로 보이는 모
양이다.

이렇게 해서 현덕은 쫓겨 달아나던 동탁을 만났다.

동탁은 아직도 숨이 턱에 차서 씩씩거리며 나무 그늘 밑에
앉아 숨을 고르다가 뒤따라 온 군사들이 황건적이 아님을 보고
묻는다.

"그대들은 어느 소속인고?"

그래도 태수라는 자존심은 있어 관등성명부터 묻는다. 아마
도 황실에서 내보낸 지원군인줄 알았던 모양이다.

"황군인가?"

이들이 아니었으면 소치 일행이 뒤쫓아 따라왔을 것이고, 하
마터면 죽을 뻔한 고비를 넘긴 사람답지 않게 사뭇 거만한 어
투다.

"어느 소속이냐고 묻질 않느냐?"

이번엔 참모가 버럭 소리를 지른다. 아직도 어깨에 박힌 화살을 빼지도 않은 다급한 상황인데도 동탁의 위엄을 드높이기 휘해 안간힘을 쓰는 모습이다.

"우리는 탁현에서 온 민병대입니다."

현덕이 조용히 답한다.

"민병대?"

동탁은 어이가 없다는 듯 웃는다. 조정에서 보낸 황군인 줄 알았던 이 자들이 일개 민병대라니 말이 되는가? 저런 오합지졸들한테 관군이 구원을 받았다면 개가 들어도 웃을 일이 아닐 수 없다.

동탁은 자존심이 팍 솟구친다.

"알았다. 물러가 있어라. 그대들에 대한 상훈은 나중에 따져 볼 것이니라."

이 무슨 기막힌 소리인가? 누가 상을 받고자 여기까지 달려왔단 말인가? '걸음아 날 살려라' 하고 도망 가는 관군이 있기에 안위가 궁금해 좇아왔을 뿐이질 않는가?

"이런 쳐 죽일 놈이……."

동탁의 시건방진 소리를 듣다 못한 장비가 칼자루에 손을 대는 것을 관우가 말린다.

"이러면 안 되네."

"안 되기는 뭐가 안 돼? 오나가나 나만 갖고 놀아."

장비가 아주 삐져서 돌아간다.

현덕은 동탁의 위인 됨됨이를 이미 들어 알고 있는 터였다. 동탁은 광종 중랑장 노식의 후임으로 이 곳으로 부임을 했다. 노식은 현덕의 스승이었다. 노식은 억울한 누명을 쓰고 유배를 떠났다. 그 떠나는 모습을 본 현덕이다. 그러니 그 자리를 차지한 동탁이 기꺼울 리 없다. 마음 같아서는 단칼에 목을 잘라 스승의 원수를 갚을 수도 있다.

그러나 현덕은 사리분별이 분명한 인물이다. 공은 공, 사는 사다. 동탁은 엄연한 관군의 지휘관이고 자신은 일개 민병대원일 뿐이다. 의분을 참지 못하여 스스로 의병을 모아 나라를 위해 싸우는 입장이라면 당연히 관군을 도와야 하고 저들의 지휘권자의 말을 들어야 마땅하다.

"저리 물러가라니깐……."

동탁의 부하가 현덕 일행을 몰아낸다. 그늘이져 햇빛을 가린다는 것이다. 물론 그늘이 지면 춥다. 이렇듯 떨고 있는 패전의 몰골을 보이고 싶지 않은 심정은 알겠지만 사람 대하는 그 태도가 너무 심했다.

"정말 개새끼들만 모여 사는 세상이구만?"

장비는 여전히 못마땅하다.

출전하는 곳마다 전과를 올렸지만 아무도 저들을 인정해 주는 사람이 없는 것이 못내 서운하다. 꼭 인정을 받으려고 나선 싸움은 아니었지만 이래저래 사기가 떨어지는 것은 사실이다.

다 같은 승전인데도 관군들에게는 술과 고기가 돌아가고 의병들에게는 냉대뿐이니 지휘관으로서는 이보다 더 못할 짓이 없는 것이다. 먹는 음식 가지고 차별대우를 받으면 누가 의병 노릇하기를 바랄 것인가. 지금까지 차별대우를 받았는데 오늘 또 그렇다.

"형님, 이 따위 싸움 나는 이제 더 못 하겠소."

장비는 더 이상 의병 노릇은 못해 먹겠다고 투덜댄다.

"속이 끓기는 나도 마찬가지다."

관우 역시 마찬가지였다.

어제도 그랬다. 황건적을 무찌르는데 큰 공을 세웠지만 부대의 소속이 없었음으로 그에 상응하는 접대를 받지 못했다. 다만 술은 흥건히 마시도록 해주었음으로 장비의 기분은 흡족했었다. 그런데 오늘은 이게 뭔가? 관군의 우두머리인 동탁의 목숨을 구해 줬는데도 술 한 잔도 대접해 주지 않는단 말인가?

"에잇, 더러워서……."

장비는 동탁의 군영에 더 있다면 저 혼자라도 떠나겠다는 결연한 의지를 보인다.

"그래 우리 다 같이 이 곳을 떠나자."

현덕도 서운함은 마찬가지였다. 도대체가 인간들이 인간다운 데가 없다. 아무리 난리통이라 해도 인간이 인간다운 면모를 저버리면 그게 뭔가? 짐승이나 다를 바 없다. 짐승과 어찌 생사를 함께 건 싸움을 도모할 것인가.

"어제도 했던 맹서입니다요?"

"알았다, 가자!"

누가 알아주기를 바라고 싸우는 싸움이 아니다. 그렇지만 목숨 걸고 싸워 받는 대접이 이런 홀대라면 더 이상 생각할 게 없다.

"사나이는 자기를 알아주는 자를 위해서 목숨을 바친답니다."

"그러이. 돌아가세."

"형님, 탁월한 선택이십니다."

도원결의를 맺은 세 사람이다. 이들은 결연히 전장을 떠나자고 한다. 도대체가 서무공덕인 일을 위해 목숨 걸 필요가 있겠느냔 것이다.

세 사람이 이렇듯 의견일치를 보아 전장을 떠나고 있을 때 장량 일행은 교주 장각이 이끄는 황건 부대가 여기서 머잖은 중막골에서 승전을 하고 술잔치를 벌이고 있다는 소식을 전해 듣고 말머리를 돌렸다.

"교주님이 인근에 있다니 이게 무슨 우연의 일치인가?"

"그러게 말입니다."

장량과 소치는 이거야말로 천우신조라고 주고받았다.

"하늘은 언제나 우리 편입니다."

"그래야죠. 그래야 하구말구요."

소치는 호방하게 말했지만 아직도 마음 한구석에는 이럴까

저럴까 하는 궁리가 사라지지 않는다. 아직 대세는 결정되지 않았다. 초장에 잘 나가다가도 파장되면 판세가 뒤집어질 수도 있다.

싸움에 가장 중요한 것은 군비다. 우선 먹고 입어야 하는데 관군에겐 끊임없는 보급품 조달이 가능하지만 황건 부대에게는 자체 조달의 길 뿐이다. 그걸 어떻게 조달할 것인가. 관군을 이기고 빼앗아 써야 한다. 승패는 병가지상사인데 항상 이기란 법은 없다. 그럴 땐 어떻게 대처할 것인가. 하는 수없이 도적으로 돌변하는 수밖에 도리가 없다.

출세를 위해서는 인면수심이 되어야 한다. 얼굴에 철판을 깔고 다시 시작하는 거다. 이러고 다니는 것도 어차피 잘 먹고 잘 살려고 하는 짓이지 백성들을 위하고 나라를 위한다는 것은 허울에 불과하다. 누구나 제 한 목숨 잘 살려고 하는 짓거리가 아닌가.

소치는 조석일변도로 변하는 제 마음을 저도 몰라 하며 괴로워하고 있다. 소치는 이제 마음을 굳힌다. 여차하면 안면 몰수하고 저들 편으로 돌아서면 되는 것이다.

장량은 바로 옆에서 나란히 말머리를 두고 가는 소치의 이율배반적인 속마음을 독심술로 뚫어보며 저만큼 떨어져 말을 몰고 있는 초선에게 다가가 이렇게 말한다.

"드디어 부녀 상봉이 이루어지겠구나."

"부녀상봉이요?"

"교주님께서 인근에 와 계신다는구나."

초선은 제 아버지가 태평교주라는 말을 들어 알고 있다. 그렇지만 어머니는 그런 이야기를 한 번도 한 적이 없어 낯설게만 느껴졌다.

"아버지가요?"

"그렇다는구나."

초선은 자기도 남들처럼 아버지의 사랑을 받고 자랐으면 했을 때가 있었다. 그렇지만 남화노선의 가르침을 따르기에도 바빴다. 배우고 익힐 것이 한두 가지가 아니었다.

"그런데 그 운신술은 언제 배웠누?"

"아직 다 익히지 못했습니다."

"그것도 노선이 가르쳐준 것이더냐?"

"예."

"도술은 무엇에 쓴다더냐?"

"모르겠습니다."

언제 어디서 어떻게 쓸 줄도 모르면서 아이에게 그런 것들을 가르친 남화노선이 궁금하다. 도대체 무엇 때문에 아이에게 도술까지 가르치려 했을까? 장차 저 아이가 무슨 일을 하기를 바랐을까? 참으로 알 수 없는 일이었다.

"숙부님께서도 노선에게서 배우셨어요?"

"그렇단다."

"숙부님은 무엇에 쓸려고 술책을 익히셨어요?"

"글쎄다. 나도 딱히 어디에 쓸려고 배운 건 아니란다."

"그 봐요. 나도 그래요. 그냥 배운 거예요."

볼수록 명랑하고 깜찍한 아이다.

초선은 자신이 조금도 불우한 아이라 생각한 적이 없다고 하였다. 더군다나 애비도 없는 자식이라 그게 마음에 걸렸던 적도 없었다 한다. 다른 집 아이들이 양부모 슬하에 자라는 걸 부러워해 본 적도 없다 한다.

"그러니 아버질 만나도 원망하지 않을 거여요."

장량은 초선이 어린애가 아니란 생각이 번쩍 든다. 저만하면 철이 다 든 어른임에 틀림없다. 볼수록 대견한 아이다.

"장군님……."

소치가 말머리를 나란히 하며 장량을 부르며 하는 말이다.

"우리가 과연 교주님을 찾아가는 게 옳은 일일까요?"

"그건 또 무슨 뜻이지요?"

"교주님께서 일단 초선을 사도 왕윤에게 갖다 맡기라 하셨으면 그 명에 따르는 게 옳지 않나 싶어서요."

그 말도 일리는 있어 보인다.

"그래도 가까운데 있다니까"

"아무리 가까운데 있어도 지금은 싸움 중이고, 한 번 내린 명은 명이지 않겠습니까?"

그건 그렇다.

그러나 이미 소치의 맘 속을 읽은 장량이다.

"그 동안 상황이 변했다면 교주님께서 먼저 전갈을 보내왔을 터인데 말입니다."

듣고 보니 그말 또한 옳았다. 이것도 옳고 저것도 다 옳다. 그런데 어느 게 더 급한 일인 것인가? 초선을 왕윤의 집으로 보내는 일이 급한가, 부녀상봉을 한 후에 보내도 될 것인가?

이때 전초병이 말을 달려오며 다급한 상황을 알려온다.

"앞에 관군입니다."

"관군?"

소치는 일단 수풀 속으로 황건 부대를 매복시킨다. 관군의 수효가 많으면 그냥 보낼 것이고 적으면 칠 것이다.

"일단 숲속으로 몸을 숨겨라."

그러나 소치의 이런 우려는 할 필요가 없는 기우에 지나지 않았다. 전초병이 관군이라 했던 부대는 본대를 찾지 못해 우왕좌왕하던 패잔병에 지나지 않았고 이내 이들 앞에 항복하고 말았다.

"마땅히 항복해 몸을 의탁할 곳을 찾던 중입니다."

그 중에 똘똘해 보이는 한 관군의 말이다.

소치는 가는 곳마다 이럴 지경이면 황건적이 득세할 지도 모른다는 느낌이 또 고개를 치켜드는 속마음을 억누르며 인간은 참 간사한 동물이라는 생각을 새삼스럽게 한다. 때문에 배신의 욕을 일단은 보류해야겠다는 다짐을 하였다.

"어쩔까요? 일단 교주님 먼저 찾아뵐까요?"

"방주님 알아서 하시지요."

장량은 이미 소치의 속을 꿰뚫어 본 후라 소치에게 전권을 맡긴다. 완전히 동상이몽이다. 말머리를 나란히 하고 가는 두 사람의 마음이 서로 다르듯 뒤따르는 병졸들의 마음 역시 각기 다르다. 바람에 날리는 갈대와 같은 마음을 다잡을 수 없는 세상이다. 물결치는 대로 바람 부는 대로 살아갈 수밖에 없는 어지러운 세상이다.

그러나 이게 전부가 아니었다.

얼마 가지 않아 숲속에서 진짜 복병이 나타났고 위세도 당당한 한 젊은이가 마상에 높이 앉아 호령을 한다.

"이놈 황건적들아, 세상에 태어나 무슨 할 짓들이 없어 도적질을 일삼느냐? 어서 쓱 나와 황건을 벗고 무릎을 꿇어라."

그렇지 않으면 당장 도륙을 내겠다고 큰 소리다. 때를 맞추어 좀 전에 거짓 항복을 했던 관군들이 일시에 칼을 뽑아들며 함성을 지른다. 안팎에서 칼부림이 일어나자 꼼짝없이 당하게 된 황건 부대다. 미처 손 써볼 겨를도 없다. 칼날이 서로 부딪치는 소리가 골짜기를 떠나가게 만들고 외마디 고함소리도 뒤섞여 전투의 참상을 더해 준다.

"으하하핫, 이놈들 꼴 좋다. 나 여포를 몰라보다니 꼴 좋다. 으하하핫."

관군의 지휘관인 여포라는 자는 그저 산골짜기가 떠나가라 웃고만 있다. 그 기세가 보통이 아니다. 으하하하핫… 으하하하핫! 아, 음성변도술! 그저 웃고 있는 게 아니다.

그 소리에서 소리가 나오고 또 그 소리에서 소리가 나와 파장을 만든다. 그 파장이 파장을 낳고 파장을 낳아 산천초목을 떨게 하는 음성변도술이다. 음성을 변조해 살상무기로 만드는 도술이다. 어찌 관군에 저런 술사가?

장량은 황급히 운신호성술을 불러내 맞선다. 구름을 불러 소리를 휘감아 날려 버리자는 것이다. 용호상박이다. 음성변도술과 운신호성술, 용과 호랑이가 서로 할퀴고 으르렁거리며 싸우면 과연 누가 이길 것인가?

"운신술!"

초선이도 장량의 옆에서 구름을 불러 모은다.

여포가 이들 둘을 향하여 큰 소리를 쳐 나무란다.

"그깟 운신술로 날 당할 성싶으냐? 게다가 저런 꼬맹이 술사가 뭘 하겠다고?"

으하하핫 으하하핫! 괴기스런 소리와 이를 몰아내려는 바람과 구름이 합쳐 온 산골짜기를 떠나가게 만든다. 관군이건 황건적이건 너나없이 이 괴성소리에 귀가 멀 지경이다.

초선은 젖 먹던 힘까지 다 써서 구름을 불러 모았지만 어쩐지 여포라는 작자의 기에 억눌려 힘을 쓸 수가 없다. 이상하게도 구름을 모아야 될 손바닥이 거꾸로 뒤집히는 것이다. 이게 무슨 조화인가? 마상에 높이 앉은 여포가 웃음을 띠고 자기를 부르는 것 같은 환영을 보기까지 하는 초선이다. 눈을 감았다

떠보지만 마찬가지다. 참으로 신기한 일이 아닐 수 없다.

적장이 어찌 웃으면서 다가 오는가. 사방에서 목이 날아가는 소리가 들렸고 피가 튀어 옷을 적셨건만 적장의 환영은 여전히 웃음으로 보인다.

"이 환영은……."

분명히 초선에게 씌워진 죽음의 그림자였다. 보통 사람들은 서로 칼날을 맞부딪혀 싸우지만 술사들은 서로의 기를 가지고 겨룬다.

어느 한 쪽의 기가 드세면 약한 쪽이 기를 빼앗겨 내공의 손상을 입는다. 내공을 잃는다는 것은 곧 죽음에 이르는 길이다.

"초선아!"

초선이 내공의 손상을 입고 쓰러지려는 것을 본 장량은 얼른 초선을 일으켜 안는다.

이렇듯 황건 부대가 어처구니없이 당하고 있을 때 저쪽에서 와아! 함성이 터지며 원군이 달려오는 소리가 들렸다. 어느 편의 지원군인지 모르겠다. 어느 편 지원군인가에 따라 생사의 갈림길이 달라질 것이다.

벽오동 심은 뜻은

초선은 낯선 곳에서 눈을 떴다.

아직 한 번도 본 적이 없는 방이다. 우선 누워 있는 침상부터가 낯설다. 낯선 정도가 아니라 너무 호화롭다. 능라 보료에 비단이불이다. 어떻게 이런 침상에 누여있게 된 걸까?

방 한가운데는 다탁이 놓여져 있고 아직도 김이 모락모락 나는 찻잔이 있다. 누군가 차를 마시다가 잠시 자리를 비운 것 같다. 벽걸이로 걸려 있는 글씨는 날아갈 듯 가벼운 일필휘지의 초서로 필력이 대단한 사람이 쓴 글씨임을 느끼게 한다.

-정신일도 하사불성.

초선은 아직 한 번도 이런 방을 본 적이 없다. 꿈꾸어 본 적
도 없는 방이다. 그런데 어떻게 이런 방에 누워있을 수 있단
말인가? 어느 부잣집 방 같은데 여기가 어디이며 왜 이런 곳에
있게 되었는지 도무지 짐작이 가지 않는 일이다.

한참을 두리번거리던 초선은 자리에서 일어나 침상에서 내려
서려다가 그만 그 자리에 다시 눌러앉고 만다. 온 전신이 쑤시
고 아프다. 어디인지도 모르게 내려앉은 삭신이다.

"도대체 내가 왜 이러지?"

초선은 저도 모르게 한 마디 내뱉는데 누군가 들어오는 소리
가 났다.

"아니, 벌써 일어났네?"

그 손에 미음죽이 들려 있었다.

"이걸 좀 마셔 봐."

"여기가 어디예요"

초선은 내가 왜 여기 있느냐고 묻는다.

"그런 건 나중에 알아도 되니까 이거나 먹고 우선 정신이나
차려."

미음을 들고 들어온 여자는 초선이 보다 한두 살은 위로 보
였지만 앳되기는 마찬가지다. 얼굴에 홍조가 발그레 도는 것이
이제 한창 피어나는 복숭아꽃 같다.

초선은 말없이 미음그릇을 받아든다.

"넌 행운인 줄 알아."

"행운아?"

"그런 내공 손상을 입고도 이렇게 멀쩡하니 행운 아냐?"

그 정도 손상이면 병신 아니면 황천행이라는 것이다. 그러니 하늘이 점지한 행운아라는 것이 해지의 말이다. 아이의 이름은 해지. 여기는 사도 왕윤의 집이라는 이야기다.

사도 왕윤은 조정 대신으로 장차 궁중에 들어갈 여자들을 여기서 양육하고 있다는 귀띔이다. 장차 내궁에 들기 위한 사전 교육을 받는 곳이랄까. 그런 곳이란다. 운이 좋아 후궁이라도 된다면 그야말로 팔자를 고치는 셈이 된다. 그런 집이기 때문에 여기 온 여자들은 모두 자발적으로 일하고 즐거운 마음으로 봉사한다는 것이다.

"나는 천자의 그늘만 밟아봐도 황홀할 것 같아."

해지는 두 손을 가슴에 얹고 진짜 황홀해 하는 표정을 지어 보인다.

수많은 여인들이 여기서 교육을 받고 황실로 불려 들어가지만 황은을 입는 사람은 고작해야 한두 명 정도로, 그것도 하룻밤 상대가 아니면 의관을 정리하는 일을 맡거나 수랏상을 봐 올리는 수랏간일을 하게 된다는 것이다.

해지의 수다스런 말에는 별관심이 없는 초선은 내가 언제 어떻게 여기로 오게 되었는지를 묻는다. 벌써 열흘이 넘었다는 이야기이고 누군가가 한밤중에 데리고 들어와 맡기고 갔기 때문에 저들이 누구인지는 잘 모르겠다는 것이 해지의 답이다.

"여기서 무슨 교육을 받아?"

"첫째는 예절을 배우지. 궁중에는 궁중 법도가 있으니 그 법도를 모르면 되겠니?"

그러니 궁중예절을 익힌단다. 지금 이 고급스런 방 분위기도 나중에 궁중생활을 할 때 어색하지 않도록 미리 습관을 들이는 것이라고 귀띔해 주었다.

"만약의 경우, 내가 황제를 모신다 해 봐. 이런 비단 금침에 익숙치 않아서 미끄러져 침상에서 떨어질 수도 있지 않겠니? 그러면 어떡할 거야… 황제가 귀엽다고 봐줄까? 촌년이라고 내칠까?"

해지는 황제라는 말만 입에 담으면 그 황홀함을 감추지 못하고 야릇한 표정을 짓는다.

"그런데 내가 왜 이런 곳에 오게 됐지?"

"누군 오고 싶어서 오나?"

여기 오는 사람은 두 가지 부류가 있다. 지방에서 뽑혀 올라온 양반집 규수가 그 첫째 부류다. 저들은 연줄 연줄로 여기까지 올라온다. 딸 덕에 출세를 해 보자는 사람들이 딸을 위탁시키는 경우다. 그 다음은 이민족으로 노예로 잡혀 온 사람들이다. 그 중에는 왕족이거나 그 나라에서는 그래도 지체 높은 집안의 여식일 경우인데 네 경우가 바로 그런 경우가 아니냐고 되묻는 해지다.

"그렇지, 그렇지?"

"뭐가?"

"너도 붙잡혀 가다가 탈출해 온 거지? 보면 다 알아. 너도 나처럼 노예시장으로 팔려 가다가 구출돼 온 거야."

해지는 묻지도 않은 말들을 줄줄 쏟아놓는다.

"나는 토번에서 납치돼 왔어."

여기 온지 일년이 넘었는데 아직 궁궐 안은 구경도 못해 봤단다. 그래도 기후 좋고 먹을 것 많은 이 곳이 좋다고 했다.

"가끔씩 고향이 그립긴 하지만 말이야."

사도 왕윤도 따지고 보면 좋은 사람이라고 말하는 해지는 어깨를 으쓱하며 의미심장한 말을 남기고는 사라졌다.

"아마 오늘밤쯤에는 널 부르실 게다. 더 쉬고 싶으면 나한테 말해. 아직 귀하신 몸 쾌차하지 않으셨다고 말하면 그만이니까."

이건 또 무슨 말인가?

초선은 해지의 말이 이해가 가지 않는다. 잠시 어리둥절해 있는데 옷가지를 들고 들어오던 또다른 아이가 놀린다.

"그 말 이해 못하겠니?"

"무슨 말?"

"너 아직 처녀야? 아직 한 번도 남자를 접해 본 적 없어?"

이건 또 무슨 말인가?

"그러니 그 말뜻도 못 알아듣지."

이 아이의 설명은 이렇다. 궁중에 들어가기 전에 일단 궁중에서 일어날 수 있는 모든 일들을 여기서 미리 해 본다는 것이다. 그 일 중에 왕윤이 직접 교육시키는 게 하나 있다. 처음 온 아이들은 누구나 이 과정부터 거쳐야 한다. 그중에서 방중술이 훌륭하면 여기 남는다. 그런 명기를 남줄 것 있나? 자기 차지라는 것이다.

"네가 여기 남고 안 남고는 네 하기에 달려 있어."

초선은 이제야 앞뒤를 맞춰보기 시작한다. 이미 이런 과정들은 남화노선한테 다 교육을 받은 터였다.

노선은 '황제내경'은 물론이고 탄드라까지 익히게 했다. 탄드라는 천축국 사람들의 일체합일술로 요가라고도 한다. 요가는 남녀가 합환할 때 필요한 기본 동작이다. 이 동작들은 주로 짐승들의 교접 모양을 본 따 만든 것으로 그 동작이 다양하다. 그 모양새대로만 하면 불가능한 합환 자세가 없다.

"옷 갈아입고 기다리셔."

아직 아픈 몸이라 금방 시험에 들어가지는 않겠지만 여태껏 여기 앉아서 누워 있는 얼굴 모습을 들여다보고 있었던 걸로 봐서 특별히 총애할 것 같은 예감이 든다는 아이의 말이다. 그러면서 아이는 이렇게 말했다.

"내 이름은 기아야. 나중에라도 주인님에게 잘 보여 좋은 자리있게 되면 나도 잘 봐줘, 알았지?"

기아는 얼굴이 갸름하니 둥근 계란 같은 생김새에다가 피부는 가무잡잡하다. 이 애 역시 서역에서 잡혀 왔다고 했다. 그러니 이 집엔 온통 이렇게 잡혀 온 아이들로 가득 찼다.

"명색이 가기라는 이름으로 이 집에 있지만, 언제까지 있을
지는 아무도 몰라."

주인한테 총애를 받으면 마님이 싫어해 빨리 쫓겨나고 총애
를 못 받으면 또 금시 다른 곳으로 팔려가게 된다는 것이다.

"난 이 집이 편안한데."

재주가 없어 주인의 총애도 못 받고 마님한테도 잘 보이지
못했다는 기아다.

"넌 올 때부터 주인님 총애를 받고 왔으니 아무래도 가기로
남을 것 같아."

가기란 무언가? 손님들을 위한 위안부다. 노래와 춤 악기 등
으로 이 집을 찾아오는 손님들을 즐겁게 해주는 일을 맡은 개
인 악단 같은 것이다.

얼마나 부자이고 권세가 높으면 개인 연희까지 두고 살 것인
가? 이는 황제가 누리는 궁중생활과 맞먹는 지위가 아닌가? 그
런 집이라면 누구나 눌러앉고 싶을 것이다.

초선은 이제야 이 집이 어떤 곳인지 어렴풋이 짐작이 간다.

초선은 기아가 입혀 주는 옷을 갈아입으면서 사람의 운명이
란 참 알 수 없는 것이란 생각을 하게 된다. 로구호 신산에서
의 철모르던 시절과 노예로 잡혀 오면서 당한 고초와 황건적들
과의 한때가 눈앞을 지나간다.

'그게 네 운명인 게야.'

그렇다. 이제야 이 말이 떠오른다. 그날 싸움이 한창일 때 내공의 화를 입고 엎어졌을 때, 그때 찾아온 구원군은 황건적의 무리들이었다. 그도 다름 아닌 교주 장각이 이끄는 황건 본대였다.

초선은 의식이 가물가물한 상태에서 아버지를 만났었다. 얼굴을 자세히 보려 애를 썼지만 희미하게 들어왔을 뿐이고 그목소리조차 까마득하게만 들려왔다.

'그게 네 운명인 게야.'

유일하게 남아 있는 말이었다. 장각은 분명 그렇게 말했었다.

삼숙 장량이 "이 아이를 집으로 데려가자." 했을 때 장각은 '운명'이라는 말을 되풀이했다. 그런데 아버지는 제 딸을 왜 이집에 의탁시켰을까?

"이제 좀 기억이 돌아오나?"

옷을 갈아입은 얼마 후에 왕윤이 들어와 아까 마시다만 찻잔을 집어든다.

기아가 얼른 식은 찻잔에 다시 따뜻한 차를 따르려 한다.

"됐다. 그냥 둬라."

그 목소리 억양이 어디서 많이 듣던 소리 같다는 생각이 언뜻 든다. 사람은 각자 자기 목소리의 높낮이와 장단이 있다. 저 억양을 어디서 들었더라?

"역시 듣던 대로구나."

왕윤은 찬탄을 마지않는다. 뭐가 듣던 대로라는 건가?

초선은 얌전히 듣고만 있을 뿐이다.

"남화노선께서 널 맡기고 가셨느니라. 이미 오래 전에 우리는 만났어야 했다."

"노선님을 알고 계세요?"

"아다마다."

왕윤은 기아를 나가 있게 한 후 몇 가지 비밀스런 이야기를 들려준다. 이 말을 듣고 있던 초선은 왜 사람들이 자꾸 운명이라는 말을 썼는지 알 것 같았다.

"노선은 내가 잘 아는 분이시다."

왕윤의 이야기는 이랬다.

8천 5백여 년을 이어온 주나라의 기운이 기울면서 드넓은 대륙에는 황사의 바람이 일었다. 천하는 마침내 바둑판처럼 1백여의 크고 작은 나라로 갈라져 이전투구하더니 차츰 일곱 나라 -진, 초, 연, 제, 조, 위, 한-의 세력다툼으로 압축되어 마침내 진이 천하를 통일하였다.

때는 기원전 221년. 그러나 스스로 황제라 일컬으며 절대 권력으로 군림했던 진시황제가 죽자 진나라는 초와 한으로 나누었다가 결국 한의 유방에게 병합되고 만다.

유방이 한나라를 일으킨 지 2백여 년, 그 사이 한나라 역시 차츰 쇠락의 길을 걷더니 결국 왕망에게 무너지고 만다. 왕망은 천하를 얻어 나라 이름을 신이라 했으나 처음부터 강압정치로 민심을 얻지 못했다. 나라 구석구석 반란이 끊이지 않았고 결국 신은 유방의 9대손인 유수에게 나라를 넘겨주고 말았다.

이 유수가 후한 초대 황제인 광무제이다. 광무제는 민심을 얻어 나라를 중흥시키는데 성공했다. 그러나 지금 11대 환제에 이르기까지 외척과 환관들의 횡포로 황실은 허수아비가 되고 말았다. 때문에 사방에서 민란이 일고 백성들은 도탄에 빠졌다. 어떻게 해서든지 나라를 바로 잡지 않고서는 안 된다.

"남화노선이 바로 이 나를 세우신 유수이신 게야."

왕윤은 후한을 세운 광무제가 죽지 않고 신선이 되어 이 나라를 돌보고 있다는 이야기를 한다. 이 무슨 근거로 믿을 수 있는 이야기일 것인가?

진나라를 일으킨 시황제가 불로초를 캐러 동방으로 사람을 보냈단 이야기는 들은 적이 있었지만, 그도 결국엔 죽어 땅 속에 묻혔다. 하물며 유수가 이렇듯 호국신이 되었단 이야기는 들어본 적이 없는 일이었다.

유방이 한나라를 일으킨 지 2백 년, 유방의 9대손 유수가 다시 후한을 일으킨 후 11대 이르기까지 무수한 국난이 있었지만 아직 한번도 죽은 선왕이 나타나 호국신으로 변신해 국난을 극복하게 했다는 이야기는 들어본 적이 없었다. 죽은 자가 어떻게 살아나는가? 그리고 사람이 어떻게 죽지 않고 수백 년을 살 수 있단 말인가.

전설에 따르면 삼천갑자 동방삭이 삼천갑자를 살았다고 하지만 이건 있을 수 없는 일이다. 초선은 남화노선에게 직접 여러

가지 기예와 호신술 둔갑술 같은 무예도 익혔다. 그러한 유수가 남화노선이라면 왜 여태껏 일언반구 한 마디 말도 없었을 것인가. 노선은 그저 배우고 익혀두면 나중에 편리하게 쓰일 때가 있을 것이라는 말을 했을 뿐이었다.

"지금 나라가 어지러운 것은 못된 환관들 때문인 게야."

황건적이 난을 일으킨 것도 따지고 보면 황제의 권위에 도전하는 것이 아니라 실권을 잡고 부정부패를 일삼고 있는 환관의 무리를 물리치기 위해서라는 것이 왕윤의 설명이다. 때문에 자기는 황건적의 두목인 장각과 연줄이 닿아 있다는 이야기다. 그 신의의 표시로 장각은 자기의 딸인 초선을 여기 의탁하고 간 것이라 했다.

"남화노선은 황실을 지키기 위해……."

자기 당대에 외척과 환관들의 횡포를 뿌리 뽑지 못하고 옥좌를 물려준 것이 한이 되어 이제라도 그 근절책을 마련하기 위해 이런 일들을 꾸몄다고 한다. 듣고 보니 그럴듯한 이야기였지만 초선은 그런 일에는 깊이 관여할 문제가 아니란 생각을 한다. 여자는 여자로서의 할 일이 따로 있을 것이기 때문이다.

"이젠 네가 왜 여기 있는지 이해가 가느냐?"

"예."

왕윤은 사리가 분명한 사람인 것 같았다. 그리고 우국충정이 가득한 사람인 것 같은 느낌이 들었다. 초선은 이 사람에게서 아버지의 정 같은 것을 느낄 수 있었다.

"너 역시도 남화노선에게 여러 가지 재주를 익혔다고 들었다."

"부끄럽습니다."

초선은 저도 모르게 상류층 계급에서만 쓰는 말을 흉내 낸다. 흉내 내는 게 아니라 실제로 그렇게 말했다. 아직 한 번도 이런 어투를 써 본 적이 없다. 그런데 왜 이렇게 말이 바뀌는가?

노선이 말했다. 너는 적재적소에 변신을 해야 한다. 보호색을 띄는 벌레들을 보라, 그래야 살아 남을 수 있다. 강자는 강해서 제 홀로 살지만 약자는 변신을 할 줄 알아야 산다. 여태껏 그 훈련을 받아온 초선이었다. 일종의 자기 암시를 받아온 셈이다. 이게 최면술이다. 원격조종으로도 가능한 최면술이 있다는 걸 초선은 안다. 일종의 투시력이다.

"그래, 무엇을 익혔더냐?"

"기예를 좀 배웠습니다."

"그랬었구나. 어디 한 번 그 솜씨를 들어봐도 될까?"

"예."

초선은 이마를 들어 가만히 왕윤을 바라본다.

왕윤은 이러한 초선을 고요히 바라보며 알 수 없는 만족감을 느낀다.

"금을 가져오너라."

왕윤은 금을 가져오라 이른다. 금은 지식계층 사람들 집에나 있는 칠현금을 말한다. 줄이 일곱 가닥이라 칠현금이란 이름이 붙은 만큼 각 가닥마다 내는 소리의 높낮이가 달라 어울려내는 소리가 다양하다. 때문에 높고 낮은 음률을 다 낼 수가 있다.

해지가 금을 들고 들어왔다. 뒤이어 기아가 술상을 들고 따라 들어온다.

"넌 이리와 무릎에 앉아라."

왕윤은 해지를 무릎에 앉히고 기아는 허벅지를 주무르게 허락한다.

이제 초로에 접어든 왕윤이다. 남자가 초로에 접어들면 기력은 쇠해지지만 마음은 더욱 타오른다. 때문에 젊은 여자애들에게서 그 기를 충당하려는 욕심이 들끓는다. 기아와 해지는 지금까지 그런 기를 충당시켜주는 원동력 역할을 해왔던 아이들이다. 소위 말하는 동첩이다.

아직 여성에 눈뜨지 않은 여아를 품고 자면 기력이 생긴다는 것인데 왕윤 정도의 지위라면 두세 명 정도의 동첩이 기를 북돋우고 가기가 흥을 돕는 일은 흉거리가 못 된다.

초선은 이런 자리가 처음이지만 이전부터 그래왔던 것처럼 익숙하다. 이미 수없는 연습을 해왔던 터라 낯설지가 않다. 소리가 깊고 부드러운 데서부터 차츰 고조돼 올라가는 선율을 골라 뜯는다.

선율은 감정을 울리는 가느다란 연결줄이다. 사람의 심성은 본시 이 선율에 의해 변화를 갖는다. 그 변화에 따라 슬픔과 기쁨을 맛본다. 선율이 깊고 부드러운 곳을 지나가면 마음이 평안해지고 높고 가느다란 곳으로 치달으면 마음도 급해진다.

이 완급이 일곱줄 현금의 가락 속에 숨어 있다. 연주자는 이것을 뜯어내는 것이다.

초선의 손가락끝 하나하나가 움직일 때마다 왕윤의 마음 속에서는 자신도 모르는 신음소리 같은 게 흘러나온다. 일찍이 이렇게 그윽한 소리를 들어본 적이 없다. 수많은 궁중 연회에 참석해 본 왕윤이었지만 이렇듯 은은한 선율을 뜯어내는 솜씨를 보진 못했다.

시냇물이 흐르는 소리가 들렸다가 또 때로는 바람 소리 같은 자연의 소리를 내다가 갑자기 천둥번개가 내리치는 듯한 저 소리를 무어라 표현해야 좋을 것인가. 높았다 낮았다 길었다 짧았다. 정말로 거침 없는 탄주다.

"오오, 과연."

칠현금을 한 곡조 듣던 왕윤은 이번에는 비파를 가져오라 이른다.

초선의 비파 소리 역시 이 세상 것이 아니다.

"몸도 성치 않은데 고생했다는구나."

왕윤은 이 한 마디 말을 하곤 자리를 일어섰다. 무언가 깊은 생각이 있는 듯하다.

왕윤이 방을 나가고 나자 해지와 기아가 달라붙어 한 곡조만 더 들려 달라고 조른다.

초선은 이들을 위해 몇 곡조인지도 모를 만큼 금을 뜯었다. 그러다가 서로 어울려 노래를 부르고 춤을 추었다. 누가 먼저

랄 것도 없이 노래와 춤이 저절로 나왔다.

이날 밤 왕윤은 초선을 침소로 불러들였다.

그리고 가만히 묻는다.

"남자를 아느냐?"

"……."

초선은 잠자코 있다.

"합환주를 마셔 본 적이 있느냐?"

"……."

초선은 이번에도 못 알아들은 척 하고 있다.

이미 그런 일은 노선에게서 배워 알고 있는 터였다.

그러나 초선은 말없이 서 있기만 한다.

"그러면 됐다. 이리와 가만히 옆에만 있어다오."

삼천미녀를 다 거느려 본 왕윤이겠지만, 이 순수무구의 여아를 어떻게 요리해야 할지 대책이 안 서는 모양이다. 차라리 이럴 땐 울고불고 흐느끼거나 저항을 하는 편이 훨씬 접근하기가 수월할 텐데 다소곳이 고개 숙인 이 아이를 어찌할 것인가?

개도 도망가는 도둑을 물고 대드는 도적을 물지 가만 있는 사람을 해치진 못한다. 도대체가 부끄러워 입도 벙긋 못하는 이 아이를 어찌할 것인가.

왕윤이 같은 능구렁이도 초선의 내숭 앞에서는 당할 재간이 없다.

"그래라, 정 싫다면 네가 여기서 자라."

결국 왕윤은 침상에서 일어나 방바닥으로 내려갈 작정이다.

"차라리 내가 바닥에서 자마."

"아닙니다. 아니어요."

"······."

이번에는 왕윤이 오히려 놀란다.

"제가 올라가겠습니다."

초선은 살포시 눈을 내려 깔고 침상 위로 한쪽 엉덩이를 걸쳐 놓는다. 그리고는 가볍게 두 발을 들어올려 이불 속으로 몸을 집어넣는다. 왕윤의 살과 닿을락 말락한 사이다.

그 사이 간극에서 마른 풀잎 흔들리는 냄새가 난다. 그것은 마른 풀잎이었다가 젖은 꽃잎이었다가 바람이었다가 다시 은은한 꽃향기로 변한다.

왕윤은 살며시 초선을 끌어당겨 품에 안았지만 더 이상의 아무 짓도 할 수가 없었다.

왕윤은 초선을 동첩으로 생각할 모양이다. 동첩이란 안고 자되 행위는 하지 않는 여아를 말함이다. 하고 싶지만 할 수 없는 도구임으로 참을 수밖에 없다. 그 참음으로써 기를 생산시켜 내는 살아 있는 양생도구다.

동첩이란 하나일 수도 있지만 때론 여럿일 수도 있다. 하나면 따뜻한 질화로가 되고 여럿일 땐 훨훨 타는 놋화로가 된다. 사방에서 이글이글한 잉걸불이 일어 몸을 뜨겁게 데우게 되면, 이 열기로 추위를 이김은 물론 살아 있는 활기를 불러일으키게 되는 것이다. 이게 또 하나의 건강증진술이다. 사람은 뜨거운 곳에서 태어났기 때문에 뜨거운 곳에서 자면 건강이 증진된다.

이보다 더 좋은 양생법이 없다. 세상 부귀공명을 다 가진 자들은 오직 한 가지 오래 사는 길만 생각하게 된다. 그 영화를 천년만년 누리고 싶은 것이다. 때문에 불로초를 찾고 불사약을 구하기 위해 다닌다. 동첩은 살아있는 불로초 같은 것이다. 그러니 아주 귀하게 다룰 수밖에 없다. 다루는 각도에 따라 그 빛과 향기가 달라지기 때문이다.

"초선아."

왕윤은 나직이 초선을 부른다.

"네?"

초선은 약간 겁먹은 듯한 대답을 한다.

"사람은 누구나 자기 욕심이 있단다."

"……."

"그 중에서 아름다운 여자를 보면 품에 안고 싶은 욕심도 있지."

그렇지만 너무 귀엽고 예쁘면 안지 못 하는 수도 있다. 왕윤은 지금 그러한 상태라고 말하고 싶지만, 차마 그 말은 할 수가 없다. 아니다. 할 필요가 없게 되었다. 초선이 먼저 돌아누웠기 때문이다.

초선은 남자들이 뭘 원하는지를 배워 안다. 남자는 욕망의 찌꺼기를 비워 내기를 원한다. 그렇지만 그걸 비워 내지 않고도 비워 낸 듯한 느낌을 받으면 된다는 것을 안다. 그게 최상의 열락이다. 여자에게는 그럴 의무가 있다. 그로인하여 편안히 먹고 살 수 있는 지위를 확보한다면 그보다 더 좋은 일이 없다.

사람은 먹고 살기 위해 무슨 일이든지 해야 한다. 남자는 사냥을 하고 여자는 요리를 한다. 남자는 농사를 짓고 여자는 아이를 기른다. 각자의 업무 분담이다. 이제 초선이 할 수 있는 일은 이 남자를 편안케 해주고 이 남자의 덕을 보는 것이다. 이것도 일종의 변신술이다. 여자는 변신에 능통해야 한다.

노선은 남녀공생의 관계를 이야기하곤 했다. 그중에서도 여자의 할 일은 잠자리 일이라는 이야기도 했다. 남자는 잠자리가 편해야 하루가 편하다. 하루가 편해야 큰일을 할 수 있다. 큰일을 한다는 것은 보다 많은 먹을거리를 가지고 올 수 있다는 힘이다. 여자는 그 편안함을 위해 헌신해야 한다.

초선은 이제 자기가 배운 일을 해야 할 때라 생각한다. 그렇지만 아직 한 번도 안 해 본 짓이라 마음이 굳은 상태다. 마음이 풀어지지 않으면 몸은 따라 굳는다. 초선은 심호흡을 한 번하고 난 뒤 서서히 마음을 풀고 몸을 풀어나간다. 그리고 왕윤의 몸을 만져 본다. 나이답잖게 탄력이 남아 있는 몸이다. 섭생을 잘 해서인지 피부가 매끄럽고 근육질이 잡힌다.

초선은 차츰 손끝에 부드러운 기를 모아 왕윤의 몸을 더듬어나간다. 더운 기운이 인다. 뜻밖의 곳으로 손을 옮기자 왕윤이 움찔했지만 초선은 모르는 척 그곳을 만지작거리고 있다. 오래 머물면 일이 끝나버려 안 되니까 손을 다른 곳으로 옮겨 나간다.

사람 따라 조금씩 다르긴 하지만 만져 좋은 곳들이 있다. 숨은 맥이다. 양기를 소생시키는 맥을 어루만져 주는 것이 중요하다. 그러다가 다시 그곳으로 그리기를 몇 차례 반복할 동안 왕윤은 단전에 힘을 모으고 자기 방출을 막고 있다.

"방중술을 배웠니?"

"네."

"놀랍구나! 너는 내 보배야."

남녀의 정기는 서로 기맥을 달리 한다. 때문에 서로 다른 기맥을 하나로 통합해 나가는 기술이 필요하다. 이른바 음양의 조화다. 이 음양의 조화가 사람의 감정을 극치로 몰아가게 만든다.

감정의 극치가 곧 열락이다. 열락의 세계는 모든 괴로움을 잊게 한다. 이 순간이야말로 환희로운 기쁨을 가져다주는 순간이다. 남자는 이 순간을 위하여 힘든 일들을 한다. 여자는 남자가 힘들게 일한 노동의 댓가를 먹고 살기 때문에 열락의 잠자리를 만드는데 신중을 기해야 한다. 서로의 역할 분담이다.

"이것도 노선께서 가르쳐주셨니?"

"네."

"그러면 노선께서 널 취하셨니?"

"아니요."

"그렇다면 아직까지 숫처녀란 말이냐?"

이 말을 물어놓고 왕윤은 잠시 긴장이 된다. 숫처녀에게서 기를 얻어 채우면 장수할 수 있다. 그리고 근력을 보강할 수 있다.

"노선께서 네게 방중술을 전해 주셨다면 아마 처녀성을 지키는 방법도 일러주었을 터이지만, 그래도 궁금하구나."

"노선께서 말씀 하시기를…."

"말씀 하시기를?"

왕윤은 잔뜩 긴장을 더 한다. 만약에 노선이 이 아이의 처녀성을 앗아갔다면 동첩으로서는 별 가치가 없을 터이고, 그렇지 않았다면 지금 이러한 양생도 소용이 없는 짓에 불과할 것이기 때문이다. 그렇다면 차라리 이 밤에 수욕을 채우고말 일이다. 처녀성을 잃은 처녀들이야 얼마든지 있질 않은가? 그렇다고 아무것도 모르는 숫처녀를 데리고 몸만 데우며 애태우기는 그렇지 않은가?

사람은 몸과 마음이 합하여 사람이라 부른다. 더군다나 마음이 맞지 않는 여식은 그냥 살덩어리에 불과한 물건이다. 이 정도 기예를 갖추고 양생법도 아는 여아라야 동첩다운 동첩이 되는 것이다. 그러다가 차츰 농익으면 저절로 익어 떨어지는 감홍시가 될 것이고, 단물을 실컷 빨아먹고 난 다음에 궁궐로 보내도 된다.

궁중 여자들이란 대개 이런 과정을 거쳐 들어오는 여자들이다. 이런 과정을 거치지 않고 자칫 설익은 여자들은 오히려 천자의 심신을 피로하게 할 위험요소가 있다. 궁중 수랏상을 미리 맛보고 올리는 것과 같은 이치라 하겠다.

"미색은 여자의 생명이라 하셨습니다."

"옳거니!"

"미색은 맑은 생각에서 온다 하셨습니다."

"옳거니!"

"맑은 정신은 처녀성을 더럽히지 않았을 때가 가장 고귀하다 하셨습니다."

"옳거니!"

"그럼으로 저더러 심신을 맑게 하라 하셨습니다."

이 말은 곧 자신이 아직 처녀성을 지니고 있다는 이야기 아닌가? 말을 해도 어떻게 이리 똑 부러지게 할 수 있을꼬?

왕윤은 속으로 찬탄을 금치 못하고 있다. 이런 보배가 저절로 굴러들어오다니…….

초선은 이미 남자의 마음을 호릴 수 있는 지혜를 터득하고 있다. 이로써 왕윤으로 하여금 자신의 몸에 손을 대지 않도록 하는 그물을 친 것이다. 그런데도 왕윤은 이런 초선의 내심은 짐작도 못하고 감격 또 감격이다.

"초선아."

왕윤이 은근한 어조로 초선을 부른다.

"예?"

이번에는 약간 코맹맹이 소리를 내는 초선이다.

"이제부터 너는 내 딸이다."

그러니 그냥 품 속에 안기기만 해 있으란 소리를 여러 번 되풀이한다. 아버지가 제 딸을 품고 자듯 그냥 안고만 있을 각오를 내비치는 왕윤이다. 그러면서도 손을 더듬어 앞가슴을 만져보기도 한다. 가슴에 밤톨만한 돌기가 솟아나고 있는 중이다. 왕윤은 거기다 입술을 한 번 갖다 대보고는 얼른 자세를 고쳐 눕는다. 이러다가 자칫 회가 동해 일을 그르쳐 버리면 어쩌나, 다시는 얻지 못할 옥합을 깨뜨려 버리는 우를 범할 것 같아서다.

"날 아버지라고 불러도 좋아."

"예, 아버지."

초선은 왕윤의 품으로 기어들며 무릎을 세워 은근히 남성을 자극해 눌러준다. 이러 독 오른 뱀대가리 같은 것이 치켜오르는 느낌이 무릎을 통해 전해져 온다. 남자는 이럴 때 가장 뿌듯해 한다. 자신의 물건이 성을 내어 대가리를 쳐들 때 힘을 느끼는 것이다. 그 힘으로 어느 누구든지 깨물어 삼킬 수 있는 자신감을 갖는 게 남성이다.

여자는 시시때때로 자기 남자에게 이 자신감을 심어주어야 한다. 이게 슬기로운 여자의 몫이다. 여자는 자기 남자의 기를 꺾어선 안 된다. 이게 옳은 상생법이다.

"이제 그만 자거라."

왕윤은 이렇게 양생을 취하면서도 머리가 지끈거리는 일을 생각하고 있다. 마치 달라붙어 떨어지지 않는 고뿔 감기의 가래 같은 것이다. 며칠 잊을 만하면 다시 괴롭히고 잊을 만하면 또다시 머릿속을 맴돌아 해살짓는다. 그 일만 생각하면 저절로 한숨이 새어나온다.

"휴우."

안 하려도 나오는 한숨의 바람이 초선의 이마까지 전해진다.

"무슨 근심 걱정이 계시옵니까?"

"아니다. 넌 그냥 자거라."

"아버님 근심이 이리 깊은데 어찌 제가 속 편히 잘 수 있겠습니까?"

"허어, 이렇게 날 생각해 주다니."

왕윤은 이날 처음으로 잠자리를 함께 하는 초선이 이미 수년간을 함께 지내온 친동기 같은 생각이 들 정도로 마음이 편안하다. 정말 이럴 수가 있는 것일까?

"근심 걱정은 털어놓으면 반으로 가벼워진다 하셨습니다."

"그런 말은 어디서 들은 말이냐?"

"우리 고장엔 옛날 말이 많습니다."

"옛날 말이라?"

"내려오는 속담 말입니다."

"속담이라면 만고진리이지."

사람들 입을 통하여 전해 내려오는 말들은 진리로 통한다.

때문에 '옛말 하나도 그르지 않다'는 말이 생겼다.

"한숨 속에는 반드시 말 못할 근심이 있다 하였습니다. 하지
만 나누지 못할 근심은 없다는 말도 있습니다."

"기쁨을 나누면 두 배로, 슬픔은 나누면 반쪽으로……."

"아시면서 그러십니까? 그 근심 걱정을 제게 나누어 반으로
줄이시기 바라옵니다."

왕윤은 초선의 끈질긴 설득에 말 못할 비밀을 털어놓는다.

"지금 조정에는……."

큰 변고가 생겼다. 자칫 잘못하다간 나라가 망할 판국이다.
동탁이란 자가 천자를 바꿔칠 기세인데도 속수무책이다. 이 일
로 골머리가 지끈거리지만 해결책이 없다. 아무도 나설 자가
없다.

만약 동탁을 반대하고 나섰다간 목이 열개라도 모자랄 판국
이니 어찌할 것인가? 그러므로 탄식뿐이란 이야기였다.

일개 노예로 붙잡혀 온 여식에게 나라 정세를 이야기해 무슨
소용이 있으랴만 왕윤은 나라꼴이 이렇게 돌아가서 안 된다는
걱정을 아낌없이 털어놓는다. 어쩐지 딸 같은 이 아이에게 만
은 모든 근심 걱정을 서슴없이 털어놓고 싶어지는 것을 어쩔
수 없다. 아직 한 번도 집에 와서까지 나라 걱정을 해 본 적이
없는 왕윤이다.

"동탁은 저도 봐서 압니다."

"네가 동탁을 직접 봤다고?"

초선은 황건적들과 함께 있었던 것과 동탁이 패해 달아나던 때를 이야기한다. 왕윤은 그런 겁쟁이 동탁이 십상시들에게 뇌물을 주고 대장군이 되었다는 탄식을 한다.

"나라가 이렇게 복잡해진 것은……."

영제의 건강 문제가 대두되면서부터였다. 영제에게는 두 왕후가 있었다. 한 사람은 후궁으로 들어갔다가 귀인이 된 하 왕후로 이름을 변이라고 하는 왕자를 낳았다. 또 한 왕후는 왕 미인으로 협이라는 왕자를 낳았다. 두 왕후의 알력 다툼은 결국 하 황후가 왕 미인을 독살시키는 것으로 끝났지만, 영제가 죽자 다시 그 불씨가 번져 큰 재난을 몰고 왔다.

일찍이 어미를 잃은 왕자 협을 맡아 기르던 영제의 모후인 동태후가 십상시들을 내세워 협에게 천자를 삼도록 은근한 압력을 가하는 한편 하 왕후는 하 왕후대로 자신이 낳은 변을 천자 자리에 올려놓고 싶어 손을 쓰고 있는 중이었다.

십상시들이 먼저 대장군 하진을 궁중으로 불러들여 처치하려는 음모를 꾸몄다. 그러나 영제의 장례식날 하진은 부하 원소에게 무장병 5천을 거느리게 하고 황제의 영구차 앞에서 황자 변을 천자로 삼았다. 그러는 한편 동태후와 십상시들은 협을 진류왕에 봉하고 권력을 잡았다. 한 나라에 왕이 둘이 된 셈이었다.

"이런 변고가 어디 있겠나?"

그러나 이러한 사태는 오래 가지 않았다. 하진이 동태후를 독살시켰기 때문이다. 이어 하진은 원소와 조조 같은 부하들을 이끌고 십상시들을 물리치기로 하였으나 십상시가 선수를 쳐 오히려 당하고 말았다. 이에 격분한 하진의 부하 원소와 조조가 궁중으로 쳐들어가 십상시는 물론 내시들까지 모조리 죽였다. 궁중은 그야말로 쑥대밭이 되었다.

이 틈을 타서 십상시 우두머리 장양은 천자와 진류왕을 인질로 삼아 북망산까지 도망을 갔으나 뒤따라 온 추격대의 압박에 못이겨 스스로 강에 몸을 던져 죽었다. 이로써 혼란이 수습되는가 싶었는데 그게 아니었다. 더 큰 일이 생겼다. 아무도 예상하지 못했던 일이 벌어진 것이다.

대장군 동탁이 슬그머니 야욕을 드러내기 시작한 것이다. 동탁은 난이 다 수습 된 후 뒤늦게 나타나 천자와 진류왕을 호위하여 수도로 돌아오며 진류왕을 천자로 추대하기로 마음을 먹었다. 그리고는 천자를 등에 업고 실권을 쥐어보고자 하는 야심을 품었던 것인데 그 핑계는 이러했다. 난세를 당한 두 왕자의 처세하는 태도를 보니 현재의 천자인 변보다는 협이 훨씬 더 의젓하더라는 것이다.

－그러니 진류왕을 천자로 추대하는 바이오.

동탁은 문무백관들을 모아놓고 이렇게 선포했다.

형주 자사 정원이 이를 반박하고 나섰다. 천자는 하늘이 내리시는 것이지 일개 대장군의 손으로 천자를 바꿔치기 할 수는 없다는 것이었다. 참으로 간담이 서늘한 직언이었다. 이제 막

난을 평정하고 돌아와 아직 피묻은 칼을 든 대장군의 대군 앞에서 감히 아무도 입을 벌리지 못하고 있는 판국인데, 누가 감히 그런 말을 할 수 있단 말인가?

그러나 그 자리에서 정원의 목이 달아나지 않았던 것은 그의 양아들 여포라는 장수 덕분이었는데, 그의 위세가 하도 당당해 대장군 동탁도 감히 그를 죽이지 못하고 잡았던 칼자루에서 손을 뗐다는 후문이다. 그런데 그 여포가 동탁의 부하 이수의 손에 매수돼 양아버지 정원의 목을 베어 들고 동탁의 진영으로 들어가 버린 사태가 일어났다.

"그러니 나라꼴이 뭐가 되겠느냐?"

그뿐이면 또 어떠랴? 이러한 동탁을 죽이려 조조가 칼을 들고 동탁의 처소까지 들어가는데까지는 성공을 했으나 여포 때문에 일을 성사시키지 못하고 겨우 살아 도망을 갔다는 것이다.

그뿐이면 또 어떠랴? 조조가 동탁을 죽이려 들고 들어갔던 보검이 바로 왕윤이 조조에게 빌려준 칼이란 것이다. 그 칼이 바로 인년 인월 인일 인시에 만든 사인검이라 보검의 주인을 알아내는 일은 시간 문제라는 것이었다.

"그 보검이 혹시!"

"알고 있었구나? 노선으로부터 선물 받은 것이다."

남화노선은 그 보검을 교주 장각에게서 얻었고 교주는 그 보검을 직접 만든 아버지 장보고로부터 물려받았다. 그 보검으로 잘리지 않는 물건이 없다 할 정도로 단단하고 예리한 칼날이라 동탁의 목을 베겠다고 호언장담하던 조조한테 빌려주었던 것인데 그게 이제 동탁의 손에 들어가 있으니 왕윤의 목숨도 시간 문제가 아니겠는가?

왕윤은 이제 모든 사실을 털어 놓고나니 속이 시원했다.

"네 말대로 기쁨은 배가 되고 근심 걱정은 반이 되는구나!"

초선이 웃으며 말한다.

"그런 일이라면 너무 걱정 마오소서."

초선은 왕윤의 귀에 대고 한참동안 무언가를 속살거린다. 왕윤은 그저 고갤 주억거릴 뿐이다. 참으로 기가 막힌 묘수가 초선의 입으로부터 나오고 있는 중이다.

연환계

다음날 왕윤은 일찌감치 입궐을 했다.

그는 동탁의 곁을 떠나지 않고 있는 여포를 불러 내어 가만히 속삭인다. 오늘밤 자기집에서 연회를 열 작정인데 모시고 싶다는 이야기다.

그러면서 은근히 덧붙인다.

"장군을 기다리고 있는 사람이 있습니다."

여포는 왕윤 같은 조정 중신이 자기를 친히 찾아와 장군이라고 높여 부르는 바람에 어깨가 으쓱해졌다.

이 날 밤 왕윤은 음식을 거창하게 차려 여포를 대접했다.

한 순배 술이 돌자 왕윤은 손바닥을 탁탁 쳐 집안 가기들을 불러모았다.

"비록 보잘것 없는 솜씨들이겠지만, 제가 기르는 가기들의 솜씨를 장군님께 보여드릴 영광을 주십시오."

"참으로 별말씀을 다 하십니다."

여포는 힘이 장사고 싸움에는 능하지만 이런 일에는 아직 익숙하지 못하다. 더군다나 나비같이 차려 입은 무희들이 나와 춤추고 노래하는 모습을 감상하는 일에는 전혀 문외한이다.

"저 소리통은 무엇입니까?"

"비파라고 합니다."

"아하, 그렇군요. 저게 비파라는 거로군요?"

술에 취한 여포는 드디어 무식을 드러낸다. 비파를 보고 그게 악기인 줄도 모르고 자란 여포의 비천한 신분을 어루만지듯 왕윤이 부드럽게 말한다.

"저 비파를 타는 아이가 어여쁘지 않습니까?"

그러잖아도 여포는 비파를 타는 초선에게 홀딱 반해 있던 터라 몽롱한 눈으로 왕윤을 바라본다.

"혹시라도 장군님께서 저 아이를 마음에 두고 계신다면 드릴까 해서요."

"저 아이를요?"

"제겐 딸 같은 아이입니다만, 장군님 같이 장래가 유망한 젊은이에게 저 아이를 맡겨야 내 맘이 편안할 것 같아서요."

왕윤은 그래서 일부러 장군을 청했노라고 거짓말을 한다.

어리석은 여포는 이 말을 곧이듣고 감지덕지다.

"대인께서 어찌 저 같은 무지렁이한테 이렇게 관대히 대하시는지요?"

"아닙니다. 무슨 별다른 뜻이 있어서가 아닙니다. 이제 동탁 대장군께서 섭정을 맡게 되실테고 그렇게 된다면 실질적인 일은 장군님께서 움직이실 것 아닙니까? 그 실세를 쥘 장군께 딸아이를 미리 맡기는 게 뭐가 이상하답니까?"

왕윤은 자기가 생각해 봐도 어찌 이리 아첨을 잘 하는가 싶게 거짓말을 둘러댄다. 그러면서 여아들을 시켜 계속해서 술잔을 따라 올리게 한다.

"그렇게 되겠지요. 암… 그렇게 되는 건 시간 문제지요."

"그게 다 장군님 덕분 아닙니까?"

"제 덕분이라구요?"

"장군이야말로 대장군의 오른팔 아닙니까?"

아무리 대장군이라 할지라도 오른팔이 없으면 무슨 소용이냐고 부추기는 왕윤이다.

"그러니 그러한 오른팔에게 여식을 맡기는 것은 집안의 영광이지요."

초선은 닿을락 말락 저만큼 떨어져 앉아 비파를 탄다. 가끔 가다 눈을 들어 두 사람을 바라보는데 그 눈빛이 이루 말 할 수 없는 은은함을 띄고 있다. 그 잔잔한 눈웃음이 젊은 여포의 가슴을 꿰뚫고도 남는다.

"아아…."

여포는 이제 눈에 보이는 게 없었다. 아슴아슴 들어오는 초선의 모습뿐이다. 초선은 나긋나긋한 몸매에 걸친 비단옷이 흘러 내릴 듯하고 귀밑에서 뒷덜미로 단정히 묶은 새앙머리가 나풀거린다. 정수리엔 비단벌레가 달린 첩지를 꽂았는데 이 비단벌레가 머리를 움직일 때마다 황홀한 빛을 낸다.

비단벌레는 반딧불이의 일종으로 살아있는 보석이다. 스스로 빛을 발하기 때문에 악기를 연주하려고 머리를 움직일 때마다 그 머리 위에서 오색찬란한 빛을 발하곤 하니 마치 초선의 머리끝에서 영롱한 빛이 새어나오는 듯하다.

비파를 잡은 어깨선이 물오른 수양버들 가지 같아 하늘하늘 춤추듯 하고 가끔씩 이마를 들어 바라보는 그 눈빛이 샛별 같다. 게다가 노래 소리는 어찌 그리 구슬픈지 애절함이 간장을 찢어놓는다.

여포는 형주에 아내를 두고 왔다. 난리통이라 가족을 이끌고 올 여유도 없었고 양아버지 정원의 목을 베는 무례함을 저질렀으므로 이제 다시는 형주로 돌아갈 면목도 잃고 말았다. 그러니 더욱 더 여자가 간절하다.

"가만히 계시는 걸 보니까 제 여식이 맘에 들지 않으시는 모양입니다."

"아, 아닙니다."

여포는 손사래를 쳐서 그 말을 부정한다. 자칫 잘못하다간 굴러온 호박을 빼앗길 새라, 황급히 왕윤의 입을 막는다.

"제겐 과분한 배려입니다. 어찌 제가……."

어찌 왕윤의 뜻을 거절할 것인가? 하고 엎드려 절이라도 할 기세다.

"장군께서 저 아이를 거두어 주신다면 저로선 가문의 영광이겠습니다."

그렇지만, 지금 당장 아이를 딸려 보내는 건 서로간의 체면이 걸린 문제이니, 다음 언젠가 날을 잡아 정식으로 예를 갖추어 딸을 보내드리도록 하겠다는 약조를 하는 왕윤이다.

이날 밤 여포는 술이 가득 취해 적토마에 몸을 의지한 채 집으로 돌아와 다음날을 맞았다. 이 적토마는 동탁이 여포를 자기편으로 꾀어 들이기 위해 하사한 말로 어떠한 경우라도 주인의 안전을 책임지는 명마라 그나마 샛길로 세지 않고 집을 찾아온 것이다.

새벽녘에서야 말에 의지해 겨우 집을 찾아온 여포를 보고 동탁이 한 마디 충고를 한다.

"술이 사람을 잡을 것이야."

그러면서도 자기도 술을 벌컥벌컥 들이키는 동탁이다. 요즘와서 술에 의지하는 날이 많은 동탁이다. 무언가가 자꾸 불안하고 쫓기는 심정이다.

여포가 한마디 한다.

"아버님이야말로 술에 잡아먹힐 사람입니다."

여포는 이제 태연하게 동탁을 아버지라 부른다. 양아버지 정원을 죽이고 새 아버지 동탁을 맞은 지 불과 며칠 지나지 않았는데도 동탁을 아버지라 부르는데 조금도 어색하지 않다.

"네, 이놈이 감히 제 애비를 놀리렸다?"

동탁이 장창을 뽑아 여포를 향해 던진다. 여포는 잽싸게 창을 피해 기둥 뒤로 몸을 숨긴다. 기둥에 꽂힌 창대가 바르르 떨며 휘파람 소리를 낸다. 언제 술에 취해 말잔등에 실려왔을까싶잖게 여포의 몸은 날쌔다. 동시에 또 하나의 창이 날아온다. 이번에는 날아오는 창자루를 맨손으로 잡아 내는 여포다.

둘은 만나던 날부터 이런 식의 창던지기를 즐긴다. 과연 무사다운 놀이다.

"두 부자가 잘도 논다."

동탁의 아내 진미령이다. 진미령은 몸을 가눌 수 없을 정도로 뚱보인데다가 성질이 걸걸하여 남자 못잖다. 어쩐 일인지, 동탁은 무슨 약점을 잡혔는지 이 진미령에겐 꼼짝달싹 못한다. 그러니 여포 역시 깜빡 죽는 시늉을 한다.

"어이구, 어머님은 이 신새벽에 웬일이십니까?"

여포가 머리를 꾸벅거려 인사를 한다.

"나도 술 한 잔 하자꾸나. 너들만 술먹을 줄 아나?"

나도 술먹을 줄 안다는 진미령이다. 밤새 속이 탔다는 이야기다. 이렇게 시작된 해장술로 세 사람은 아침부터 또다시 고

주망태가 되도록 취해 고성방가를 해댔다.

아무도 말릴 사람이 없다.

"궁중이란 이래서 좋은 거야."

나는 새도 떨어뜨린다는 낙양성, 그 중에서도 궁궐 한복판 만세당에 거처를 정하고 들어앉은 동탁의 일가를 간섭할 사람은 이 세상 그 어디에도 없다. 천자를 손에 쥐락펴락 제 맘대로 흔드는 동탁에게 누가 감히 이래라저래라 할 사람이 있을 것인가.

그런데 그게 오히려 무서운 동탁이다. 무인지경에 홀로 남겨져 있는 공포감이 드는 동탁이다. 아무도 맞설 수 없는 절대 권력을 쥔 동탁이 두려워하는 것은 오직 하나, 술에서 깨어나 제 정신을 찾는 일이다. 제. 정신으로 하늘을 보는 일이다. 그 동안 무고한 사람들을 너무 많이 죽였다. 그 원혼들이 일시에 달려들어 머리를 쥐어뜯을 것 같은 불안이 밀려오는 동탁이다.

"너는 이 세상에서 뭐가 제일 두려우냐?"

동탁의 말이다.

"저는 아버님 외에는 두려운 게 하나도 없습니다."

여포의 어리광 섞인 말대답이다.

"여보 마누라 당신은 무에 제일 무섭소?"

"술을 다 다고……."

진미령은 아직 술이 고프다고 큰 소리친다.

"이러고서도 천하대세를 쥔 사내대장부들이라 할 수 있나?

에이 속 탄다. 술이나 더 가져 오너라. 술이나 실컷 마시고
보자."

"어머닌 왜 또 이러십니까?"

여포가 만류를 한다. 여포는 이미 진미령의 속셈을 안다. 술
취한 척 고래고래 고함을 지르면 동탁은 누군가를 시켜 아내를
안방으로 모시라 할 것이고, 미령은 이때다 하고 젊음을 품을
것이다. 이미 다 해본 잘 짜여진 수순 같은 것이다.

"저 여편네에게 술을 실컷 갖다 줘라."

오늘은 웬일인가? 동탁은 아내를 내쫓는 대신 술을 더 갖다
주라 명한다. 그러면서 그 동안 고생시킨 것 만해도 갚을 수
없는 신세란 말을 끄집어 낸다. 동고동락해 오면서 속곳까지
다 팔아 윗사람들 상납하는데 썼으니 그 고생이 오죽했겠느냔
것이었다.

진미령은 서주 부호의 딸로 친정에서 가져온 재물을 몽땅 쏟
아 부어 대장군 자리를 사는데 큰 공헌을 하였다. 그도 그럴
것이 동탁은 황건적의 난을 토평하지 못했을 뿐더러 계속해서
패전만 거듭해 나라 재산을 축내었고 대부분의 병졸들도 잃어
마침내는 모가지가 달아날 판국이었지만, 진미령의 뇌물공세로
오히려 이 대장군 자리를 산 것이다.

요행스럽게도 일이 잘 풀리느라 천자를 사로잡아 역성혁명에
성공을 거두어 이 자리가 있게 되었지만 만에 하나 한 가지라
도 잘못되는 일이 있었으면 벌써 황천 불구덩이에서 슬피 울고

있을 신세라는 걸 알고 있는 그였다.

동탁은 그걸 너무나 잘 알고 있어 아내 앞에서는 꼼짝을 못한다. 게다가 아직도 긁어내야 할 재산이 많이 남아있기 때문이다. 동탁은 내심을 숨기고 우스꽝스런 동작을 취한다.

"나 동탁은 이제 더 이상 여편네 속을 썩이지 않을 것을 맹세하노라."

그러면서 여포에게 너는 무슨 재미로 사느냐? 너도 이제 여자를 가져야 할 때가 되지 않았냐고 한다. 누구든 맘에 드는 여자가 있으면 골라보라 한다. 여포는 차마 어제 저녁에 있었던 초선의 이야기를 꺼내지 못한다. 왕윤과의 밀약이 있었기 때문이다.

왕윤은 '조조란 놈이 제집에 들어와 가보를 훔쳐 갔는데 그게 동탁의 손에 들어가 있다'는 이야기를 하며 그걸 되찾아줄 것을 부탁하였다. 그렇게만 해준다면 자기를 천자를 보필하는 어전 장군으로 천거해 주겠다고 했다.

장군을 임명하는 일 같은 것은 동탁이 직접하는 일이 아니라 조정 대신들의 역할이니 그 일을 자기가 도맡아 해주겠다는 것이었다. 여포에게 있어서는 그 말이 솔깃하지 않을 수 없는 유혹이었다.

왕윤에게는 집안의 가보이겠지만, 동탁에겐 자기를 암살하려 했던 흉기에 지나지 않을 단도가 무슨 소용이 있을 것인가.

"아버님."

여포는 쇠뿔은 단김에 빼라고 이때가 기회다싶어 은근히 그 작업을 시작한다.

"오냐, 아들아!"

"지난번 아버님을 해하려 잠입했던 조조란 놈이······."

"조조? 그놈을 잡았다더냐?"

동탁은 조조란 이름만 대도 화가 불끈 치솟는다. 동탁이 누구인 줄 알고 감히 그 목숨을 노리려 들다니 사방에 조조를 잡아오라는 명을 내린 터였다.

"아직 잡지는 못 했습니다만, 곧 잡아 올리겠습니다."

여포는 조조가 이미 자기 고향땅 진류로 도망간 사실을 들어 알고 있었지만 사실대로 고할 수는 없었다. 동탁의 진노가 발등에 떨어질 일도 뻔한 일이었지만, 지금 그러한 이야기를 꺼냈다간 왕윤의 부탁을 들어줄 기회를 놓칠 것이기 때문이다.

"그놈이 버리고 간 부정 탄 칼은 곁에 두지 말고 버렸으면 해서요."

여포는 은근 슬쩍 말을 돌려 동탁의 의중을 떠 본다.

"그래··· 그 칼이 갖고싶은 게로구나?"

"갖고싶은 게 아니라 그런 물건을 두고 보면 심기가 불편할 것 같아서입니다."

두고 볼 때마다 속상해 하지 말고 그런 흉기는 눈에 보이지 않는 곳에 치워버리는 것이 좋을 것이라는 여포의 말이다.

"그래, 갖다 버려라. 저기 있지 않느냐."

동탁은 아무 의심없이 조조가 두고 간 칼 둔 곳을 턱으로 가리킨다.

"그런데 그 칼이 아무리 봐도 명검인 것 같더라. 버리기 아까우면 호신용으로 써라."

"아닙니다. 아버님……."

여포는 지난번 아버님이 하사하신 청풍명월도로 충분하다고 한다. 동탁은 여포를 자기편으로 끌어들이기 위하여 목숨같이 아끼던 적토마와 항상 품고 다니던 호신용 청풍명월도를 여포에게 뇌물 아닌 뇌물로 바친 터였다. 때문에 조조가 버리고 간 이 단검을 호신용으로 지니고 싶었던 것인데 여포가 저러니 하는 수 없었다.

'제가 감히 대장군을 해하다니요? 이 사인검을 바치러 왔습니다.'

그날 조조가 그랬다. 분명 이 단검을 사인검이라 했다. 조조는 동탁을 죽이러 왔다가 오히려 동탁에게 들킨 바 되자 들고 들어온 단검을 동탁 앞에 불쑥 내밀며 뜻하지 않은 보검을 손에 넣었기에 이를 선물로 바치려 왔다고 둘러댔었다. 그리고는 동탁이 칼을 들여다보는 틈을 타서 줄행랑을 쳤던 것이다.

"아버님……."

칼을 손에 쥔 여포가 은근히 동탁을 부른다.

"왜 그러느냐? 아들아."

의심 많은 동탁은 행여나 저놈 여포가 조조처럼 저 단검으로 자기를 찌르려고 하지나 않나 하는 의구심을 품고 '아들'이라는 말에 힘을 넣어 불러본다. 그러면서 장창을 세워둔 곳으로 눈길을 준다. 그 거리를 한 번 가늠해 보는 것이다.

"이 단검이 아무리 사인검이라 하나 아직 아버님의 목을 베지 못한 것을 보면 아무것도 아닙니다."

"이놈이 이거 무슨 소리를 함부로 지껄이는 것이냐?"

순간 동탁은 소름이 좍 끼치는 것을 느낀다. 양아버지 정원의 목을 베어 들고 들어온 여포가 아닌가? 그런 놈이면 얼마든지 양아버지 하나쯤은 더 죽일 수도 있을 인물이다. 동탁은 육중한 몸을 날려 장창을 꼬나 잡는다. 나도 아직은 이 정도는 된다는 것이다.

그러나 여포는 어린애처럼 혀를 날름거리며 술잔을 핥고 있는 진미령을 앞세워 방패막이를 한다. 둘 다 동작이 재빠르기가 물찬 제비 같다.

"농담도 못 하나요. 아버님?"

그제야 동탁은 마음을 놓고 한 손에 꼬나 잡았던 장창을 담장 옆 고목나무 등걸을 향해 힘차게 내던진다. 창자루가 부르르 운다. 이어 여포가 창 한 자루를 재빨리 빼들더니 제 아비가 맞춘 창 자루 옆에 나란히 꿰뚫어 꽂는다.

"부자가 하는 짓이라니……."

간담이 서늘했던 동탁의 마누라가 혀를 끌끌 차며 어린애 같은 두 부자를 나무란다.

"허구 헌날 애들처럼 창던지기나 하고 살 건가?"

"그러면 뭘 허나? 할 일이 있어야 하지."

동탁은 이제 더 할 일이 남아 있지 않단다. 황건적의 난도 평정이 됐지, 천자도 자기 맘대로 앉혀놓았지, 더 이상 할 일이 뭐가 있겠느냔 것이다.

"만천하를 움직이는 것은 천자고 천자를 움직이는 게 동탁인데 뭐가 그리 걱정이오?"

하긴 그렇다. 세상이 다 제 것인데 뭐가 더 필요할 것인가. 그렇지만 여자 욕심은 다르다. 말 사면 종 사고 싶다고 가지면 더 가지고 싶은 게 사람이다. 하물며 여자임에 있어서랴.

"천자를 움직이면 뭘해? 천자를 움직이는 남자의 여자, 난 이게 뭐냐구?"

"대장군 부인이지 뭐야? 또 뭐가 하고 싶은데? 말만 해. 내가 다 해 줄테니."

"여보, 난 말이야."

대장군 마누라로는 만족할 수 없다는 게 대장군 아내의 말이다.

"그럼 황후가 되고 싶단 겐가?"

"그러면 지금 있는 황후는?"

진미령은 몸을 비비꼬며 앙탈이다.

"그까짓 허수아비들 있으면 어때?"

"그건 아무래도……."

그건 아무래도 곤란하다는 대장군 부인이 하고 싶은 게 무엇일까? 동탁은 아무 생각없이 지껄인다.

"그러면 뭐야? 네가 하고 싶은 게."

성미 급한 동탁이 역정을 낸다. 그제야 더 이상 끌어선 좋은 꼴 못 보겠다는 생각이 들었는지 여자가 이렇게 좋알거린다.

"쳇! 그게 다 나만 좋으라고 하는 소린가? 당신 아들 문제에요. 아들⋯⋯."

아들이라면 이제 일곱 살 난 훈구를 두고 하는 말이다. 동탁은 고향땅에 본처를 두고 진영을 떠돌며 이 여자 진미령을 첩으로 얻었다. 미령은 이제 겨우 또박또박 말을 배운 일곱 살 아이에게 벼슬자리를 하나 주라는 청이다. 그리하여 왕자의 어머니가 '황후마마'라는 소리를 듣는 것처럼 자기도 '무슨 마마' 소리를 듣고 싶다는 것이다.

"마마는 황족에게나 쓰는 말이지."

"황후장상의 씨가 따로 없다고 한 것은 바로 당신이에요. 그렇담 내게 마마님 소리라도 듣게 해줘야 할 거 아녜요?"

"마마님은 지금도 마마님이다."

동탁은 이 무식한 여편네를 어떻게 처리해야 좋을 지 고심 중이다. 도대체가 골치 아픈 건 싫은 동탁이다. 그렇지만 뾰족한 수가 떠오르지 않는다.

그때 여포가 불쑥 나선다.

"아버님 저하고 내기 한 번 할까요?"

"내기? 그거 좋지."

말달리기를 하자는 것이다. 늘 하는 짓거리들이라 누구도 말릴 수 없다. 두 남자는 말이 떨어지기가 무섭게 마상에 올라 휭! 하니 그 자리를 뜨고 만다.

동탁의 아내는 기가 막혀 혀를 차다가 술잔을 들어 벌컥벌컥 마시고는 한 잔을 더 따라 자작을 해도 분이 가시지 않는다.

"개망나니 같은 놈, 저런걸 아들이라고?"

진미령은 여포를 한 번 품어보려다가 보기 좋게 거절당한 일이 있다.

'어머님, 왜 이러십니까? 아무리 나이가 같다 하더라도 어머닌 어머니 아니겠습니까?'

보기 좋게 당했던 것인데 이번에 또 허망하게 당하고보니 더욱 더 울화통이 치민다.

"두 남자가 똑 같다니까."

진미령은 아무나 눈에 띄는 병졸을 하나 불러 술병을 들린 채 자기 방으로 들어간다.

다음날 동탁은 천자를 알현하고 나오다가 왕윤과 마주쳤다.

"대장군님께 문후 여쭈옵니다."

왕윤의 공손한 인사다. 전 같았으면 그저 목례를 하는 정도였거나 모르는 척 지나쳤을 텐데 깍듯이 대장군이란 호칭을 얹어 부르는 것으로 보아 이제는 실세임을 인정하는 눈치여서 동탁은 내심 어깨가 으쓱해진다.

'네까짓 먹물들이 별거 있을라구?'

동탁은 글공부를 한 자들을 싫어한다. 자기가 배운 게 없어서가 아니라 글쟁이들은 대개가 절대 권력 앞에서는 굽실거린다는 것이다. 당당히 싸우지 못하고 비굴한 모습을 보이는 먹물들의 근성이 싫다. 그런데 이 자를 봐라, 이건 또 뭔가?

"대장군님께 청이 하나 있어 기다리고 있었습니다."

왕윤은 허리를 굽힌 채 마치 동탁의 하문을 기다리고 있는 것처럼 서 있다. 동탁은 기분이 좋았다. 이제 이런 조정 중신들이 자기 앞에 굽실거리는 것을 보면 분명히 실권을 잡긴 잡았는가보다 하는 확신이 섰기 때문이다.

문득 어제 일이 떠오른다. 아내는 아들에게 벼슬자리 하나를 얻어줄 것을 부탁하였다. 아무리 귓등으로 흘리듯 듣고 말았지만 해야 할 일은 할 수 있을 때 해야 한다. 아내의 아들이라면 곧 자기 아들이 아닌가. 이 자가 내게 청이 있다면 나도 이 자에게 청을 넣을 수 있다. 청이란 서로 이렇게 자연스레 오가는 것이다.

동탁은 재빠르게 셈을 마친다. 이해득실에 있어 밑질게 하나 없다. 아들의 자리를 부탁하자면 어차피 이 자의 손을 거쳐야 할 것이니 오히려 잘된 일이 아닌가.

이 자가 자기에게 부탁할 일이라면 뻔한 수작일 것이다. 벼슬은 오를 만큼 올라 더 오를 곳이 없는 자이니 기껏 해봤자 사인검에 관한 이야기일 것이다. 조조가 사인검을 훔쳐 달아난

것이지 제 손으로 동탁을 죽이라고 그 흉기를 내준 것이 아니
라고 발뺌을 할 것이다.

동탁은 이미 사인검의 주인이 누구란 것을 탐문해 알아냈고,
그 전말을 조사하려던 참이었던 것인데 보검의 주인이 제 발로
이렇게 찾아와 머리를 조아리는 걸 보니 말고삐를 단단히 쥔
마부처럼 이젠 이 자까지도 마음대로 부릴 수 있겠구나 하는
쾌재가 앞선다. 그러잖아도 눈에 가시 같은 대신들인데 이 자
만 잡으면 이를 기화로 저들을 한 손에 쥘 수 있는 전화위복의
역전 기회가 되지 않을까 싶은 동탁이기도 하다.

그러나 짐짓 이렇게 말한다.

"사도 왕윤께서 저 같은 사람한데 청이라니요?"

왕윤은 얼른 머리를 조아리며 능청을 떤다.

"저 같은 사람이라니요? 이제 대세를 판가름할 분이신데 어
찌 그런 말씀을 하시는지요."

대세를 판가름할 분이라니? 천자를 움직여 세상을 경영하라
는 말인가. 아니면 직접 천하를 경영하라는 말인가? 동탁은 더
욱 기고만장해진다. 자고로 문인은 무인을 무시해 왔었지만 이
젠 아니다. 그 댓가를 톡톡히 치를 때가 온 것이다. 이미 환관
나부랭이들과 말 많은 먹물들을 다 해치운 동탁이 아니더냐?

"아무튼 고맙소. 그런데 나한테 할 말이란 게 무엇이오?"

"오늘이 제 생일날인데……."

집에서 지인들을 불러모아 조촐한 생일 잔치라도 할까 생각

했었는데 세상이 어려운 때인지라 그렇게 떠벌릴 것없이 대장
군님께 술을 한 잔 대접하고 싶다는 이야기다. 이것 봐라. 세
상 모두와 자기 하나를 맞바꾸겠다는 뜻이 아닌가.

동탁은 차츰 기분이 좋아진다. 아침부터 마신 술기운도 이제
사라져가고 있었거니와 다시 한 잔 하고싶어 목이 컬컬하던 참
이라 잘 됐다 싶었다.

"그렇소이까? 딱히 할 일이 남아 있지도 않으니 지금 가시는
게 어떻겠소? 마침 나도 할 말이 있던 참이니……."

"예? 그렇다면 이보다 더한 영광이 없겠습니다."

왕윤은 깜박 죽는 시늉을 하며 미리 대기시켜 놓은 수레를
부른다. 그러면서 덧붙여 이거야말로 가문의 영광이라는 말까
지 잊지 않는다.

"이래도 되는 것이오?"

궁궐 안에서 수레를 탈 수 있는 사람은 황족들 뿐이다.

동탁은 궐내에서 버젓이 수레를 탄다는데 아직 불안감을 느
끼는 모양이다.

"감히 어느 누가 대장군님의 행차를 두고 왈가왈부 하겠습니
까?"

왕윤의 말이다. 조정 중신이 이렇게 말하니 더 할 말이 없는
동탁이다. 마치 황족이나 된 듯한 기분이다.

동탁은 이렇게 하여 수레에 앉아 왕윤의 집으로 향한다. 말
을 타다가 수레를 타는 기분은 정말로 묘한 것이다. 아무리 명

마를 타도 엉덩이가 아프고 말발굽을 내딛을 때마다 딸각거리는 그 진동이 오장육부를 흔들게 한다.

"이젠 말을 탈 나이가 아니라 수레를 타고 편안히 앉아서 다닐 때가 아니십니까?"

대장군 정도 됐으면 이제 그 대접을 받아야 할 때라고 하는 왕윤의 말을 듣고 동탁은 또다시 으쓱해지며 이렇게 말한다.

"내 나라를 위해 몸 바쳐 고생하기는 했소이다. 그렇지만 아직까지 이 사람을 옳게 바라보지 않는 사람들이 많습니다."

동탁은 의외로 솔직한 면도 있었다.

"그럴 리가요?"

"내 사람을 많이 죽이긴 했습니다만 나라를 위해 한 짓이지 나 혼자 잘 살자고 한 것은 아닙니다."

"우국충정이지요. 진작에 대우를 못해 드려 송구할 따름입니다."

이러구러 집안에 들어선 왕윤은 먼저 수레에서 내려 동탁을 맞는다.

그 예가 아주 극진하다. 동탁은 아무런 거리낌 없이 안내에 따른다.

왕윤은 동탁을 모시는 척하며 단칼에 목줄을 끊어버릴까도 생각해 봤지만, 아무래도 '너 죽고 나 죽자'는 극단적인 방법이라는 생각이 들었다. 초선이 말한 계책은 '너 죽고 나 사는' 방법이다. 사람이 아무리 중한 일을 했다 하더라도 나 죽고 나면 무슨 소용일 것인가? 이것도 다 잘 살자고 하는 일일진대 괜히 섣부른 짓해서 목숨을 잃을 필요는 없을 노릇이다. 사람이 목숨 걸고 할 일은 아무 것도 없는 게 아니더냐?

왕윤은 더욱 낮아진 자세로 동탁을 맞이해 들인다.

"누추한 집을 이렇게 찾아주셔서 정말 가문의 영광입니다."

동탁은 왕윤의 극진한 대접에 술이 거나하게 올랐다. 미주는 사람을 잡고 사람은 미주를 부어 마셔 없애버린다. 서로가 서로를 먹어 치우는 관계가 술과 술꾼이다. 술과 술꾼 사이에서 역사가 생긴다. 음주가무 뒤에는 반드시 뒤따르는 것이 있다. 모종의 거래다. 이 거래가 역사를 만든다.

"드세요."

"술이 아주 좋습니다."

"우리 집 가주입니다."

"이런 훌륭한 집안에 살면 얼마나 자랑스럽겠습니까? 저 같은 무인들은 어디 한군데 정착을 못하지요."

"이젠 편안히 지내게 될 겁니다."

동탁은 이 말 속에 숨은 뜻이 있다고 생각한다. 누구나 자신이 아는 만큼만 생각하게 되는 법이라 왕윤의 이 말이 동탁을 외직에서 내직으로 끌어들이겠다는 뜻으로 풀이를 한다. 그렇지만 왕윤은 이 말로 동탁의 종말을 예언하고 있었다. 여기까지 끌려 들어온 이상 나갈 길은 단 하나, 영원한 안식뿐인 것이다.

정말이지 동상이몽이다. 한 자리에 앉아 같은 술을 마시는데 생각은 각기 다르다. 술이 몇 순배 돌고 거나한 기분이 되었을 때 왕윤은 초선을 불러 악기를 연주하게 하고 노래를 부르게 하였다.

"제가 아끼는 여식이옵니다."

동탁은 게슴츠레한 눈으로 초선을 바라본다. 화창한 봄날 버들가지 위에서 노니는 꾀꼬리처럼 현금을 뜯는 초선의 자태가 마치 이 세상의 것이 아닌 듯한 착각을 불러일으킨다. 머리에 장식으로 꽂은 붉은색 빗치개가 빤짝거릴 때마다 마치 불꽃이 움직이며 날아오는 것 같기도 하고 한 쌍의 나비가 서로의 날개를 부딪치며 희롱하고 노니는 것 같았다.

동탁은 붉은 핏빛을 좋아한다. 왕윤은 이미 동탁이 좋아하는 색깔까지 알고 이 자리를 준비했다. 지난날 여포를 이 자리에 불러들였을 땐 오색빛이 도는 비단벌레 첩지를 꽂았던 초선이다. 이번에는 붉은 핏빛 보석을 단 빗치개로 머리단장을 했다. 머리도 좀 더 나이가 들어 보이는 어여머리로 바꾸었다.

　시냇가 버들은 푸른데
　그 가지에 깃든 한 쌍의 새
　이내 몸은 새만도 못한가요
　반겨줄 임이 없네.

동탁은 초선의 노랫가락과 악기 연주에 홀딱 반해 침을 꼴깍
꼴깍 삼키고 있다. 여포가 이 자리에 앉아서 했던 짓과 똑같은
반응이다.

왕윤은 동탁의 거동을 넌지시 살펴보며 이렇게 말한다.

"저 아이가 마음에 드시는지요?"

"……."

"사실은 제가 거짓말을 했습니다."

"거짓말이라니요?"

"실은 저 아이가 제 여식이 아니라, 우리 집안 가기 옳습니
다."

"……?"

동탁은 은근히 초선에게 마음을 빼앗기기는 했지만 왕윤의
여식이라는 바람에 초조해 하던 터에 집안 가기라는 말을 들으
니 귀가 번쩍 뜨이는 느낌을 받는다. 그렇다면 어떻게 해 볼
가능성이 있단 이야기 아닌가. 아침부터 잔소리와 투정을 일삼
던 진미령에 비하면 초선은 마치 하늘에서 내려온 선녀다.

"대장군께서 맘에 들어 하신다면 그저 드리겠습니다."

그저 준다? 집안 가기를 그저 준다. 왜? 무엇 때문에? 동탁
은 이 자가 도대체 무슨 댓가를 바라고 이러는지 그 다음 말이
궁금하다. 반드시 무슨 수작이 있을 것이기 때문이다.

세상에 공짜가 어디 있을 것인가? 이런 아름다운 가기를 데
리고 사는 왕윤 정도라면 갖추고 살 것은 다 갖추고 살 것이

뻔한데 뭐가 모자라 아끼는 가기를 내줄 것인가? 의심 많은 동탁으로서는 그 다음 말이 기다려지지 않을 수 없었다.

그러나 왕윤은 동탁의 내심을 꿰뚫고 있다는 듯 입을 다물고 다음 말이 없다. 하는 수없이 성미 급한 동탁이 먼저 입을 연다.

"나한테 뭘 바라는 것이 있소?"

"바라다니요? 감히 제가 무엇을 바라겠습니까? 단지 한 가지⋯⋯."

"한 가지?"

왕윤은 머리를 조아려 괴로운 표정을 지으며 '한 가지 청이 있다면 이 지위와 집안 사람들의 안위가 걱정된다'는 말을 했다. 이 말을 들은 동탁은 어깨가 으쓱해진다. 이제 바야흐로 천지가 다 제 세상이 된 듯한 확신이 드는 것이다. 사도 왕윤이 이렇게 머리 조아려 목숨 부지를 원해 아끼는 가기를 진상하겠다 할 때부터야 이제 더 이상 뭐가 두려우랴?

"그런 걱정일랑 붙들어 매십시오. 누가 감히 조정 원로를 그렇게 대할 것이오?"

동탁은 호언장담했다.

"이 동탁이 있는 한 그런 불상사는 있을 수 없는 일이오."

동탁은 이 세상 그 어느 누구도 사도 왕윤의 집안 안위를 해할 사람은 없을 것이라 큰 소리친다. 환관들이나 외척 부스러기들을 싹 쓸어버린 것은 저들이 죽을 짓을 했기 때문이지 무고한 조정 대신들을 아무나 죽이는 일 같은 짓은 절대하지 않을 것이란 동탁이다.

"대의명분에 맞지 않는 숙청은 더 이상 없을 것이오."

그러니 조정 중신들도 자기를 좀 도와 달란다. 협이 왕이 되나 변이 왕이 되나 그게 그거지 무슨 차이냐는 것이다. 둘 다 선황의 친자들이라 정통성에 문제가 없는데 왜 그렇게 반대들을 하느냔 것이다.

왕윤은 그런 정치 이야기는 알아서 맘대로 하라고 한다.

"이제 그 일로 누가 뭐랄 사람 누가 있겠습니까? 대장군님 뜻대로 하세요."

왕윤은 그러면서 조용히 귓속말을 한다. 이제 그런 일은 간섭할 사람 없으니 아무 걱정 말고 오래오래 젊게 살아 장생불로나 하라 한다.

"저 아이를 데려가면 장생불로 하실 겁니다."

왕윤은 초선이 장생불로하는 영생법과 방중술을 통달하고 있음을 넌지시 귀띔한다. 초선이 이러고 있는 두 사람을 빤히 바라보며 노래 한 곡을 더 한다.

'시냇물도 합하여 합수를 이루는데 이내 몸은 어이하여 홀로 소리 내어 울어야 하나?'라는 합수머리에서라는 노래였다. 이는 젊은 여자가 자신을 안아줄 임을 기다린다는 뜻으로 남자 품에 안기고 싶다는 노골적인 노래다.

동탁은 한시라도 빨리 저 노래 말대로 초선을 안고 싶은 충동을 숨길 수 없다.

왕윤이 은근히 말한다.

"침실로 술자리를 따로 봐 올리라 할까요?"

"아닙니다. 아닙니다."

동탁은 그런 염치없는 짓이 어디 있을 것이냐며 극구 사양하는 척 한다. 사실은 이 집에서 잔다는 것이 두렵다. 모든 것이 의심에 차 있는 동탁이었기에 비록 술에 취해 있긴 하지만 그래도 남의 집에서 잘 수 없다는 생각이다. 더군다나 여포를 대동하고 나오지 않은 이러한 밤에 아무리 계집이 예쁘다 한들 남의 집에서 지내고 싶지는 않은 동탁이다.

"그렇다면 알겠습니다. 사실은 집이 누추해서 대장군 같은 분을 모실 방도 없습니다."

왕윤은 차라리 초선을 데리고 댁으로 돌아가라고 이른다.

"아무래도 장군님 댁이 편하실 겁니다."

왕윤은 마차를 대령하게 하고 초선을 동탁과 함께 태워 보낸다.

"장군님 잘 모시어라."

왕윤의 배웅을 받으며 초선은 동탁의 처소로 거처를 옮긴다. 이것도 운명이런가. 초선은 말없이 그 운명을 받아들이기로 한다.

백마와 적토마

이날 아침 여포는 동탁의 처소에서 낯선 여자의 그림자를 보았다.

좀처럼 늦잠을 자지 않는 동탁이었는데 해가 중천에 돋도록 기침을 하지 않아 문밖에서 서성거리던 중 문틈 사이로 얼비치는 여인네의 그림자가 보였다. 보였다가 아니라 일부러 보라고 문을 열어 젖혀놓고 있는 것 같은 여인의 모습이었다.

그런데 어디선가 꼭 한 번 본 듯한 느낌이 든다. 여포는 보초를 서고 있는 병졸에게 물었다.

"저 여자는 누구냐?"

"모르겠습니다."

"저 여자가 언제 왔나?"

"모르겠습니다."

"저 여자의 이름이 뭐라더냐?"

"모릅니다."

"그러면 네가 아는 건 도대체 뭐냐?"

여포는 보초를 한 차례 쥐어박고는 궁금증이 생겨 더 가까이 가 보기로 한다. 동탁이 여자를 좋아하는 줄은 알지만, 이렇듯 늦잠을 잘 만큼 여자에 빠져 본 적은 없었다. 그보다는 아무래도 저 여자가 어디서 본듯 낯이 익다는 생각이 궁금증을 더 했다.

여자는 이제 막 잠자리에서 일어난 듯 아직도 머리칼이 헝클어져 있다. 약간 풋내가 나는 듯했지만, 어딘지 모르게 무르익은 데도 있어 보이고 지난밤 잠자리가 퍽이나 만족스러웠던 듯 콧노래를 흥얼거리기까지 한다. 동탁이 자고 있는데도 저렇게 콧노래를 흥얼거릴까? 그렇진 않을 성싶다. 아마 동탁은 다른 방에서 잤는지도 모를 일이다.

여포는 뒤꿈치를 들고 사뿐사뿐 방문 앞으로 다가 갔다. 동탁의 침상은 깨끗이 비어 있다. 그러면 그렇지. 동탁은 이미 일어나 볼일을 보러 갔거나 다른 침실에서 잔 모양이다.

"으흠, 으흠!"

여포는 마음 놓고 헛기침을 했다. 아버지와 아들이 늘 하던 버릇대로 아버지를 더 놀려주고 싶은 마음에서 장난기가 발동한 여포는 방안으로 한 발자국을 내딛으며 '어흥!'하고 호랑이 소리를 내며 대드는 시늉을 했다.

이 소리에 깜짝 놀란 여인이 뒤를 돌아본다.

'아니.'

이건 초선이 아닌가?

여포는 깜짝 놀라 소리를 지를 뻔하였다.

"에구머니나."

더 놀란 것은 초선이었다. 초선은 하도 놀란 나머지 가슴이 콩닥콩닥 뛴다. 그 뛰는 가슴을 쓸어내리느라 한숨까지 내쉰다.

'아아, 드디어 아버지가 해냈구나!'

여포는 그 순간 초선을 아들인 자기에게 주려고 데려온 줄로 생각했다. 왕윤이 그러한 약속을 했고 초선이 본인도 술잔을 채워 그 약속을 지킬 뜻을 비쳤었다. 그런데 그날이 이렇게 빨리 올 줄은 몰랐던 여포는 두 가슴이 방망이질을 해대는 것 같았다.

그러나 이게 어찌된 일인가? 대장군께서 곧 들어오실 거니까 얼른 나가 있으란 것이 아닌가? 그것도 겁에 질린 표정으로 아래 위 입술에다가 검지를 갖다 대며 아무 말 말고 나가 있으란 시늉을 하는 초선이 아닌가.

"아버지는 어디 계시오?"

여포는 동탁이 어디 있는가를 묻는다.

"해우소를 갔는데 곧 올 때가 됐습니다."

이건 또 무슨 운명의 장난이란 말인가? 그렇다면 초선이 간밤에 동탁과 잠자리를 함께 했단 뜻이 아닌가?

'설마하니?'

여포는 초선에게 떠밀리듯 방을 나와 뜰로 내려선다.

'여기 있다가 들키면 큰일 나요.'

자꾸만 귓가를 맴도는 초선의 말이다. 요 며칠 안 와 본 사이에 이런 일이 있었다니 정말 믿어지지 않는 일이다.

여포는 다시 보초를 서고 있는 병졸한테 가서 묻는다.

"여기 보초를 선 지 며칠 됐느냐?"

"사흘째입니다."

아뿔싸, 그렇다면 일이 나도 단단히 난게 틀림없다. 사흘이나 지났으면 벌써 볼 장을 보고도 남음이 있을 일이다.

'그 동안 뭘 했단 말이냐, 여포 너는⋯⋯.'

여포는 지난 사흘 동안 어디서 뭘 했는지를 되돌아본다. 술과 여자들 속에 춤추고 노래하고 놀았다. 그러느라 아버지 침전에 문후 인사 한 번 드리지 못했다. 그 불충으로 이러는 것일까? 아무리 그래도 그렇지, 아버지가 자식의 여자를 빼앗을 수는 없을 일이다.

그러나 차마 이런 일을 동탁에게 직접 대고 따질 수는 없는 노릇 아닌가? 왕윤을 찾아가 자초지종을 물어보는 것이 더 쉬운 일 같았다.

여포는 그 길로 사도 왕윤을 찾아갔다.

왕윤의 말은 이랬다.

"대장군께서 어찌 알았는지 초선을 데려 가겠다고 사람을 보냈더이다."

입궐해서 둘이 서로 만나 인사를 나누었는데, 동탁이 빙그레 웃으며 다가 와 하는 말이 '따님을 우리 아들 봉선에게 준다'고 했다면서요? 그렇다면 애비된 도리로서 나이 찬 아들이 홀로 지내는 것을 더 두고 볼 수 없으니 빨리 데리고 가 짝을 지워 줘야겠다며 데려 갔단다. 그래서 예도 다 갖추지 못하고 초선을 보냈다는 것이다.

"그런데 혹시 뭐가 잘못된 일이라도 있습니까?"

왕윤은 오히려 초선이 아직 집에 당도하지 않았느냐고 묻는다. 그러면 그렇지, 설마하니 동탁이 그런 욕심을 부렸을 리야 없겠지. 아무리 양아버지라곤 하지만 그래도 명색이 아버지인데 자식의 여자를 빼앗을 리가 있겠나 싶어 선걸음으로 되돌아가는 여포였다.

집으로 돌아온 여포는 하마나 자기를 부를까 조바심을 치며 서성거리고 있었지만 점심때가 지나고 저녁때가 되어도 아무런 기별이 없자 점점 부아가 치밀어 오르기 시작한다. 그렇다고 불쑥 찾아가 물어볼 수도 없게 되었다.

그도 그럴 것이 이틀이나 사흘이나 술 퍼 마시고 끼고 논 계집이 바로 동탁의 아내 진미령이었던 것이다. 아무리 진중 여자라 할지라도 동탁의 여자임에는 틀림이 없다. 외직에 오래 근무하다보면 진중에서 현지처가 생기기 마련인데 진미령은 그런 여자다.

동탁은 그런 여자를 별로 중하게 생각지 않는다. 아무에게나 하룻밤쯤 빌려 줘도 좋다고 호언장담을 한다. 술만 취하면 여포에게도 그랬다. 저 여자와 하룻밤 자도 좋다고.

그날 동탁과 말달리기 경주를 하고 돌아와 땀을 씻고 있는데 언제 들어와 있었는지 진미령이 여포의 방에 미리 와 대기 중이었다.

"여포, 너마저도 날 우습게 보느냐?"

"그 그럴 리가 있겠습니까?"

"그러면 왜 지애비와 똑같이 놀고 그러느냐 말이다."

진미령은 동탁에게 긴히 할 말이 있어 찾아갔는데 여포와 둘이서 말달리기 시합을 핑계 대고 달아났기 때문에 아무 말도 못하고 말았다는 것이다. 그러니 그 보상을 해 내라는 것이었다. 그 보상으로 제시한 것이 한 번 안아 달라는 것이었으니 기가 찰 노릇이기도 했지만, 여포는 이 청을 거절할 수가 없었다. 이 여자의 청을 거절해서 좋을 게 하나 없다. 그리고 거절할 이유도 없는 청이다.

동탁이나 이 여자나 예의범절이라든가 도덕심 같은 것은 눈 씻고 찾아보려도 찾아볼 수 없는 인간들이었기 때문이다. 이들은 남녀의 정사를 그저 아무 곳에서나 하면 되는 것으로 아는 파렴치한들이다. 파렴치라기보다는 아예 그런 행위 자체를 누가 보든 말든 상관없이 한다. 따라서 누구하고 하든지 상관이 없다. 말하자면 남녀노소 주인유무 관계없이 청탁불문이다.

언젠가 한번 이와 비슷한 일이 있어 진미령과 동침을 한 적이 있었는데 다음날 아침 동탁은 여포를 불러 그 여자 잠버릇이 나쁜데 이빨 안 부러지고 잘 잤느냐고 물었다.

그게 무슨 말이냐니까 그 여자 잠꼬대만 하면 닥치는 대로 집어 던지고 차는 버릇이 있어 자칫 잘못하다간 이빨 부러진다는 것이었다. 그러면서 동탁은 부러진 앞니를 들어보였던 것인데, 그게 무슨 뜻으로 말하려고 그랬는지 그 진의를 몰라 했던 여포다. 더 이상은 그 여자를 건드리지 말라는 경고였는지 이젠 정말로 귀찮은 존재이니까 알아서 처리하라는 말이었는지 도대체 알 수 없는 동탁이었다.

한 가지 분명한 사실은 둘이서 동침을 한 사실을 그 여자는 자기 남자한테 가서 일러바쳤다는 점이다. 그러지 않고서야 그가 그 사실을 알 리가 없길 않은가? 그렇다고 동탁이 화를 내거나 그 어떤 징계를 내린 것은 아니지만 여포로서는 다시 그런 짓을 되풀이할 용기가 나지 않는 일이었다.

그런데 그러한 여자가 다시 나타나 자기하고 놀아줄 것을 요구한다. 그것도 당당하게 권리 주장을 하듯 한다.

"여자를 이렇게 내 몰라라 할 거야?"

여포는 하는 수없이 여자에게 지고 만다. 속전속결 약식이라도 치러 줘야 할 것 같다. 그래도 워낙이 힘이 좋은 여포인지라 진미령은 늙은 동탁에게서 느끼는 열 배의 감흥으로 코맹맹이 소리를 질러댔다.

"고마워, 날 이렇게 진심으로 대해 줘서……."

그러면서 진미령은 넋두리 같은 하소연을 한다.

"그 늙은이가 미쳤나 봐. 그 아이를 글쎄 내 대신으로 들이려나 봐."

이건 또 무슨 말인가? 그 아이라니 설마하니 초선을 두고 하는 말은 아니겠지? 여포는 순간 정신이 번쩍 든다.

"누가 누구를 들여?"

"아, 글쎄 그 영감탱이가 초선인가 뭔가 하는 계집애한테 홀랑 반해 가지고 이제 날 내쫓으려 하고 있다니까?"

"초선일 첩실로?"

여포는 혼자 중얼거리다가 방을 나간다. 이러고 있을 때가 아니다. 가서 따져야 한다. 이럴 땐 아버지고 아들이고 없다. 체면 따질 때가 아니다.

그러나 여포는 안방으로 곧장 갈 수는 없다. 아무리 양아버지와 양아들이라는 관계라고는 하지만 둘 사이에는 엄연한 계통이 있다. 우선은 집무실에 가서 기다릴 수밖에 없다. 이럴 때일수록 이성을 갖고 일을 처리해야 한다. 만약에 네가 그 일을 어떻게 알았느냐고 묻는다면 뭐라고 대답할 것인가? 진미령이 귓속말로 일러주었노라고 할 것인가? 그것부터가 문제다.

집무실로 들어가려는데 참모장이 다가와서 빨리 지휘관실로 가보란 귀띔을 한다.

"장군님께서 아까부터 찾고 계십니다."

"그래? 벌써 출근하셨나?"

"벌써라니요? 점심때가 지났는데요."

시간이 벌써 그렇게나 되었나. 그러고 보니 진미령이 입이 째져라 흐뭇해 하던 생각이 난다. 아무리 약식으로 했다 하더라도 여포는 기본이 한 시간이다. 늘 자랑삼아 하는 말대로 해구신을 삶아 먹어 그런지 여자를 안았다 하면 둘 중에 하나가 깜빡 죽어야 끝이 나는 여포다. 그러니 진미령이 찰거머리처럼 달라붙어 떨어지지 않으려 애를 썼을 것이다.

진미령이 뿐만 아니라 여포의 품에 한 번 안겨본 여자들은 그에게서 떨어지지 않으려 목숨 걸고 따라 다닌다. 그 이유는 단 한 가지, 그는 두부형이다. 두부는 가면 갈수록 단단하고 뜨거워진다. 처음에는 물렁한 것 같지만 불길이 닿으면 닿을수록 단단해져 마침내는 알찬 불덩어리가 되고마는 속성이 있다. 이게 다 식어서 먹기까지는 끈질긴 인내심이 필요하다. 뜨거운 걸 그대로 삼킬 수 없으니 식기를 기다려야 하는데 여자들은 그 식기를 기다리는 동안을 좋아한다.

아무려나, 그 한탕이 아침나절을 넘겨 버렸단 말인가?

"잘들 논다."

동탁은 여포가 들어서기가 무섭게 창을 집어 던지고는 빨리 출격 준비를 하라고 이른다. 황건적의 무리들이 나타나 준동을 한다는 보고가 들어왔다 한다.

"지금이 어느 땐데 그러고 있단 말이냐?"

여포는 동탁이 집어 던진 창을 뽑아 무기걸이에 되걸어 놓으며 동탁에게 되묻는다.

"아버님은요?"

장군님께서는 거동을 안 하실 거냐며 물었지만 동탁은 말이 없다. 여포가 일부러 대장군님이란 공식 호칭을 두고 친근감 있는 '아버님'이란 호칭을 쓴게 오히려 화근이었나? 동탁은 이미 여포의 속셈을 꿰뚫어 본 듯하다.

이러한 동탁에게 여포는 감히 더 이상 초선에 대해 물어볼 수 없다.

이때 참모장이 들어와 복골(卜骨)에 대한 보고를 한다.

"점괘가 나왔습니다."

복골이란 짐승의 뼈를 가지고 길흉을 점치는 일종의 점괘를 말한다. 국가 대소사는 물론이고 개인의 길흉까지를 알아맞히는 이 뼈점을 동탁은 아주 좋아한다. 점술사의 말을 그대로 믿는 편이어서 점술사가 한 번 아니라고 하면 그 역시 아니라고 하고, 점술사가 길하다 하면 아무리 어려운 조건이라도 그대로 행하고야마는 고집이 있다.

"뭐라더냐?"

"오늘 일진은 나루에 동풍이라 했습니다."

"그게 무슨 뜻이라더냐?"

"나루라 함은 반드시 건너야 할 강이겠고 동풍은 순풍을 뜻한다 하였습니다."

"누가 그걸 몰라서 묻나?"

동탁의 성미가 나오기 시작한다. 결론만 말하라는 이야기다.

"오늘 싸움에는 우리 편에 절대적으로 유리하다는 점성사의 말입니다."

"들었지? 오늘의 운세는 우리 것이야."

황건적들은 끝난 듯하면 다시 일어나고 다 잡았다 싶으면 어디선가 다시 출몰을 해 난리를 치는 통에 도무지 그 진압이 끝날 기미를 보이질 않는다. 해도 해도 안 되니까 동탁은 이제 점술사를 불러 점을 쳐 보고 난 후에 길일에만 친히 출동을 하고 그렇지 못한 날에는 부하들만 내보낸다.

그도 그럴 것이 대장군이 친히 출병을 했다가 만약에 패하고 돌아온다면 무슨 면목으로 사람들을 대할 것인가. 자기가 친히 나서지 않은 싸움에서 지고 돌아오는 것은 부하들 탓으로 돌리면 되겠지만 자신이 직접 나가 싸움을 하고도 패한다면 그게 무슨 꼴이 될 것인가.

동탁은 요즘 이래저래 싸움에 나가지 않는 날이 많다. 그런데 뜻밖에도 오늘은 자진해서 출두명령을 내린다.

"가자!"

몸이 근질근질하니 가서 한 바탕 싸우고 오자는 투다.

"아버님도 출병하시게요?"

여포가 묻는다. 일부러 장군님이란 호칭 대신에 아버님이란 말을 쓴다. 그래야 초선에 대한 말을 물어볼 수 있을 것 같아서다.

"그러면 네가 혼자 가서 싸우리?"

"명령만 내리신다면 불구덩이에라도 뛰어들지요. 이 여포가 무엇을 두려워하겠습니까?"

여포는 어떻게든 동탁의 마음을 사로잡아 초선에 대해 물어볼 기회를 노리고 있다. 이렇듯 애타는 여포의 속을 아는 듯 모르는 듯 동탁은 엉뚱한 소리를 한다.

"그렇게 자신만만이면 네가 혼자 가서 장각이란 놈을 산 채로 사로잡아 오너라. 그러면 내가 상급을 주겠다."

좀체로 없던 제안이다. 나라를 지키는 군병이 싸움에 나가는 것은 당연한 일일텐데 황건적의 두목을 사로잡아오면 상급을 준다는 말은 무슨 말인가. 얼토당토 않은 이야기이다.

여포는 순간 이 늙은이가 나를 떼어놓을 궁리를 대는구나 하는 직감을 받는다. 떼어놓고 뭘 하려고? 할 짓은 뻔하다. 그 짓 밖에 더 있겠는가?

얼른 떠오르는 인물이 초선이다. 분명 초선과 함께 있기 위해 자신을 전장으로 떠나보내려 하는 것이다. 생각이 여기까지 미치자 여포는 온 전신의 피가 거꾸로 역류해 오르는 것 같은 느낌을 받는다.

"상급이라면 딱 한 가지가 있겠습니다만……."

"그게 뭔가?"

"그 상급은 초선입니다."

여포는 하마터면 이렇게 말할 뻔했으나 입을 꾹 다문다. 자칫 잘못해 일을 그르칠 수도 있기 때문이다.

"말해 보라니까?"

동탁의 재촉이다.

"제가 무슨 상급이 필요하겠습니까? 농담입니다."

"네 혹시 여자가 필요해서 그러나?"

이건 또 어떻게 알아서 이런 말을 할까? 아무래도 왕윤의 말이 옳은 듯하다. 동탁이 자기 아들에게 주기 위하여 초선을 데려간 것임에 틀림이 없을 것 같다.

"여자라니요?"

"여자가 필요하면……."

여자가 필요하면? 동탁은 여기서 일단 말을 끊었다가 다시 잇는다.

"진미령이는 네가 가져라. 너도 가히 싫어하진 않는 눈치더구나?"

"예? 무슨 말씀을 그리하십니까."

여포는 동탁의 진심이 무엇인지 궁금하다. 그나저나 잘못하다간 큰 죄를 뒤집어 쓸 것 같아 동탁의 말을 극구 부인한다. 그러면서 어떻게 자식이 어미를 가질 수 있느냐 덧붙인다.

"자식을 탐하는 어미는 있지."

동탁의 말은 싸늘한 돌덩이 같다. 이미 무언가 먹이를 포착한 독수리 같다. 무슨 낌새를 챈 것임에 틀림없다.

"설마하니. 농담이시겠지요?"

"엇, 하하하하!"

그제야 동탁은 크게 웃어재낀다. 여포는 속으로 가슴을 쓸어내리며 이 영감쟁이를 조심해야겠다고 재삼 다짐을 한다.

"아버님!"

"왜?"

그러나 여포는 이번에도 초선에 대한 말을 끄집어 내지 못하고 만다. 짐승도 먹이 앞에선 물불을 가리지 않는다. 배고픈 짐승에겐 자식도 뭣도 없는 법이다. 남자에게 여자란 그 무엇과도 바꿀 수 없는 먹이와 같은 것이다. 이 먹이를 두고 서로 다툰다면 죽음밖에 없다. 좀더 두고 볼 일이다.

사도 왕윤은 분명히 동탁이 자기 아들 봉선과 결혼시켜 주기 위해 데려갔다고 했다. 그렇다면 더 시간을 두고 기다려 볼 수밖에 없는 일이다. 동탁은 워낙 엉뚱한 인간이라 예상밖의 일을 꾸미고 있는지 모른다.

"오늘은 일진이 좋을 것 같아서요."

여포는 이번에도 말머리를 돌린다.

"좋아. 하사주를 가져오너라."

동탁은 출전을 앞두고 언제나 하듯 커다란 뿔잔에 술을 가득 부어 마시고는 부하 참모들에게도 하사주를 내린다. 이럴 때 그는 자기 아내 진미령을 불러 일일이 참모들의 술잔에 술을 따르게 한다. 그런데 이게 어찌된 일인가? 술통을 들고 나온 사람은 진미령이 아닌 초선이었다.

초선은 말없이 술을 따라 참모들에게 돌리고 특별히 이어서 장군만 사용하는 뿔잔에 술을 가득 부어 넘치는 잔을 동탁에게 올린다.

동탁이 단숨에 술잔을 비우고 그 잔을 여포에게 내민다.

"아들에게도 따라라."

초선은 동탁이 시키는 대로 여포의 잔에 술을 따른다. 여포는 숨이 막힐 것 같다. 그날 밤 처음으로 맡았던 초선의 냄새가 코끝을 자극시키고 있었다. 술을 따르는 초선의 손끝이 약간 떨리는 듯하였지만, 아무 내색도 없다. 그저 시킨대로 술을 따를 뿐이다.

여포는 초선의 심장 뛰는 소리를 듣고 있다. 아니다, 그 실은 자신의 심장 고동이 술을 따르는 초선의 귀에까지 들릴 정도로 크게 울린다는 것을 느끼고 있다. 이 무슨 운명의 장난이란 말인가? 초선을 불러 내어 출전식의 하사주를 따르게 하는 것을 보면 분명 초선을 자기 여자로 생각하는 것이 아닌가? 자식의 여자로 생각한다면 이럴 수는 없는 일일 것이다. 여포는 순간 불길한 예감이 적중해 가는 것을 직감한다.

"출사주를 마셨으면 출정식을 해야지 뭣들 하느냐?"

동탁은 의기양양하게 호령을 한다. 초선의 앞인지라 더욱 더 호기롭게 보이기를 원했는지 모른다. 이윽고 출정식이 거행되었다. 동탁이 대군을 이끌고 나갈 때는 의례 막영에서 참모들을 불러모아 하사주를 내린 다음 출정식을 거행한다.

동탁은 중랑장 이숙을 전군의 선봉장으로 삼고 여포를 호위로 삼았다.

동탁은 날아갈 듯 늘씬한 백마를 탔고 여포는 옻칠을 한 듯한 적토마를 탔다. 이 둘은 본시 서역에서 온 동탁의 애마들로 한 쌍처럼 지내는 사이었으나, 적토마를 여포에게 선사한 뒤로는 서로 떨어져 지내야 하는 사이인지라 말들 끼리도 서로 붙어 다니려 한다. 그래서 그런지 두 장군은 어디를 가나 꼭 붙어 다니는 것처럼 보인다.

"누구십니까? 방금 그 여자……."

여포는 이제 더 이상 참을 수 없는 배신감을 느끼며 동탁에게 묻는다.

"여자를 처음 보나? 봐서 알 텐데……."

봐서 알다니 이건 또 무슨 뜻인가? 동탁의 침소에서 훔쳐 봤다는 말인가, 아니면 왕윤의 집에서의 그 일을 뜻하는 것인가. 여포는 이럴 때일수록 정신을 바짝 차려 동탁의 술수에 말려들지 않아야 한다고 다짐을 한다.

"여자를 처음 보다니요?"

"여자가 여자지 뭐겠나! 하하하핫."

동탁은 호탕하게 웃으면 말을 달려 저 앞으로 나간다. 여포도 말을 달려 그를 따라간다. 가면서 생각해도 알쏭달쏭할 뿐이다. 여자가 여자라, 동탁은 여자를 중하게 여기진 않는 인물이다. 한 여자에게 푹 빠져 헤어나지 못하는 성격도 아니다, 그저 닥치는 대로 가졌다가 버리는 성격이다. 아무리 미인이나 명기의 소유자라 할지라도 그 값어치를 모른다. 그러니 지금까지 아내로 데리고 살아 자식까지 낳은 진미령이도 헌신짝처럼 버릴 수 있질 않는가. 그런 걸 생각하면 순진한 여포로서는 용납이 안 된다. 그런데다가 자기 여자로 점찍어 둔 초선이마저도 그렇게 대한다면 용서할 수 없는 일이다.

"꼭 살아서 돌아오셔요."

하사주를 따르며 남몰래 귓속에 속삭여 넣어주던 초선의 말이다. 그날 왕윤의 집에서 속삭이던 바로 그 음성이었다. 동탁의 침소에서 동탁에게 들키면 안 되니까 어서 나가라던 바로 그 속삭임이기도 했다. 초선은 어찌할 수 없는 힘에 의해 동탁이 시키는 대로 하곤 있지만, 그 맘속에는 여포가 살아 있음을 시사하는 말이기도 하다.

여포는 갑자기 초선이 처연하게 여겨지기 시작한다. 그렇게 억지로 붙잡혀 동탁의 시중을 들고 있는 것이라면 그녀를 꼭 구해 내야 했다. 동탁의 손아귀에서 그녀를 구해 내자면 어떻게 해야 하나? 동탁에게 잘 보여 그녀를 양보 받아야 한다.

그러나 동탁이 한 번 잡은 먹이를 놓을 리 있겠는가? 신물이

나도록 빨아먹어야 놓을 것이 뻔하다. 여포는 갑자기 무서운 회오리바람이 몰아치는 것을 직감한다.

여자를 구하자면 동탁을 물리쳐야 한다. 그렇지만 그게 가능한 일인가? 대장군을 이길 수는 없는 일이다. 막 붙어 싸운다면 한번 해볼 만한 일이겠지만 그 뒷일을 어떻게 감당할 것인가? 감히 엄두도 못낼 일이다. 대장군의 지위라는 것은 하늘과 같다. 게다가 천자를 움직이는 위치임에랴?

여포는 눈에 삼삼 밟히는 초선을 때어 내려 말잔등에 박차를 가한다. 바람의 갈기를 일으키며 내달리던 적토마가 어디까지 달렸는지를 가늠할 수 없이 대오에서 멀리 떨어져 나왔을 때 그는 한떼거리의 황건적 무리들을 볼 수 있었다. 황건적은 어딘가로 이동을 하는지 깃발을 앞세우고 행진을 하고 있다.

'저놈들을 도륙을 내리라.'

여포는 적을 보자 지금까지 가졌던 복잡한 감정이 싹 가시는 것을 느낀다. 한바탕 피비린내를 맡으면 정신이 번쩍 들것 같은 생각이다.

"황건적입니다."

여포는 말을 돌려 동탁에게로 돌아가 보고를 한다.

"몇 명이나 되던가?"

"대규모 병력은 아닌 듯합니다."

"그러면 주력부대가 어딘가 따로 있단 말이군."

"그런거 따질 게 뭐 있습니까? 이 여포가 가서 도륙을 내고 오겠습니다."

여포는 병력 오천을 얻어 등성이 위에 포진을 한다. 황건적
들은 적토마 위에 높이 앉은 여포를 보자, 기가 질리는지 그
자리에 멈춰 서서 전열을 가다듬는다.

"황건적은 들어라."

그 고함 소리가 우렁차기 이를 데 없다.

"이 여포가 너희 도적놈들을 산산이 쳐부수겠다. 덤빌 놈이
있으면 나와 봐라."

"네놈이 여포로구나. 자기를 길러준 애비를 죽이고 동탁의
편에 빌붙은 불효한 놈아!"

누런 수건을 펄럭이며 앞으로 나선 자가 있었으니 황건적의
소방주 소치였다. 소치는 무리에서 열 보나 앞으로 나와 여포
를 자극시키고 있다.

"이 소치가 네놈의 목을 베어 천하에 그 악랄함을 알리리
라."

"소치는 또 뭔가? 소인배 양아치라는 말인가? 여러 소리 할
것 없다. 썩 나와서 이 여포의 칼을 받아라."

"이놈 여포야! 네 놈의 극악무도함은 온 천하가 다 알거늘
어찌 뉘우칠 줄을 모르는가? 만약 네놈이 천하 역적 동탁의
목을 베어온다면 네놈 목숨만은 살려두겠다."

여포는 순간 저 놈이 무슨 소릴 지껄이는가 싶다가도 동탁의
목을 베어오라는 말은 귓등으로 들어 넘겨지질 않는다. 동탁은

천자를 갈아치운 자다. 천자는 하늘이 내리는 일이거늘 일개 대장군 맘대로 천자를 갈아치우는 일은 있을 수 없는 일이다.

"너처럼 젊은 놈이 늙은 여우한테 홀려 시녀노릇이나 하면 네 청춘이 아깝지 않느냐?"

"너 소치라는 놈. 네 놈이 제명에 못 죽어 환장이 들었구나."

여포는 성질을 참지 못하고 소치를 향하여 적토마를 내달린다. 그 기세로 봐서 소치의 목숨은 풍전등화 같았다.

그러나 이 어찌된 일인가? 한참을 달리던 여포의 적토마가 갑자기 앞발을 치켜들고 뒷걸음질을 치기 시작한다. 여포는 말고삐를 당겨 그 자리에 우뚝 멈춰 설 수밖에 없었다.

갑자기 땅 속에서 죽창이 솟아오르고 숨어 있던 복병들이 방어진을 치고 그 뒷줄에 매복해 있던 궁수들이 화살을 쏘아 붓기 시작한다. 소치는 저들의 뒤에 서 있었던 것이다. 아무리 날고뛰는 여포라 할지라도 벌떼처럼 날아드는 화살을 쳐 내는 데에는 한계가 있다.

"와아!"

이때를 기다리고 있던 황건적들이 함성을 지르며 진격을 한다. 불각중 매복에 당한 여포는 산등성이를 향해 피해 달아나다가 저만큼서 아군이 진을 치고 있는 산등성이로 달려 오르는 동탁의 백마를 보고는 어찌할 바를 모른다. 후퇴를 할 수도 진격을 할 수도 없는 엉거주춤한 자세다. 말머리는 아군의 편으로 돌려져 있고 자신의 몸은 적진을 향해 뒤틀려 있다. 이 묘한 자세로 대장군 동탁을 마주 본 여포는 진격 명령을 내린다.

"진격! 진격이다."

그러나 동탁의 백마가 벌써 옆에 와 있다.

"다친 데는 없는가?"

"네. 없습니다."

그러나 동탁은 여포의 어깨에 박힌 화살을 부러뜨려 땅바닥에 내던지며 가서 쉴 것을 명한다.

"돌아가서 쉬어라."

"아닙니다. 이 정도론 괜찮습니다."

그러나 동탁은 중랑장 이숙에게 선봉장을 시켜 전방을 치게 한다. 그리고 부장 정충랑과 정충기 형제에게 각각 좌우를 칠 것을 명한다.

"아닙니다. 제가 마무리 하겠습니다."

"됐다. 상처나 돌봐라."

싸움은 힘만 믿고 혼자하는 것이 아니라는 동탁의 여유 앞에, 여포는 분함을 참을 수가 없어 씩씩거려 보지만 어쩔 수가 없다. 팔뚝에서 솟아오른 붉은 피가 소매 끝을 타고 뚝뚝 흘러내린다.

여포는 속옷을 북찢어 상처를 동여매고는 싸움을 관망하고 있다.

이렇게 허망하게 당해 보긴 처음이었다. 그도 그럴 것이 아무런 방비도 없이 적을 너무 얕잡아 본게 화근이다.

"아들아!"

동탁이 느닷없이 여포를 부른다. 그것도 평시에 잘 쓰지 않던 '아들'이라는 호칭을 붙여 부르는 이름이다.

"네, 아버님."

여포 역시 부자지간의 호칭으로 답한다.

"네가 덤벙대는 걸 보니 화가 나도 단단히 난 모양이구나. 무슨 일이 있는 거냐?"

"아버님 눈에는 제가 그렇게 보이십니까?"

여포는 이쯤에서 말을 해 버릴까 하다가 다시 참는다. 동탁의 앞에서 여자 이야기를 먼저 꺼내는 것은 스스로 제 명을 재촉하는 지름길이 될 수도 있기 때문이다. 전쟁터란 사람의 목숨을 마음대로 할 수 있는 곳이다. 싸움이 한창일 때는 누가 누구의 목을 베어 버리건 알 수 없는 일이다. 동탁은 적이고 아군이고를 가리질 않는 성미다. 눈에 차지 않으면 아무나 목을 쳐 버린다.

여포는 이러한 동탁의 잔인함을 잘 알고 있다. 설마하니 아들의 목을 겨냥하지야 않겠지만 성질을 건드려 좋을 것이 하나도 없을 일이다.

"아침의 그 일 때문이냐?"

"아닙니다."

아침의 그 일이라면? 동탁이 뭘 가지고 하는 말인지 모르겠다.

"남자가 까짓 여자 문제로 그러는 게 아니다."

"……."

까짓 여자 문제라면 초선을 두고 하는 말인지 진미령이를 두고 하는 말인지 모르겠다. 도대체가 알 수 없는 동탁의 말을 들으며 여포는 문득 그의 손을 본다. 말고삐를 잔뜩 움켜 쥔 손등에 검버섯이 피어있다. 검버섯이 나 있다는 것은 나이가 든 징조다. 게다가 서 있는 말의 고삐를 잔뜩 움켜쥐고 있다는 것은 무언가 불안을 느끼고 있다는 뜻이다.

저런 자세는 싸움을 지휘하는 대장군이 취할 몸짓이 못 된다. 또한 지금 한창 전투가 치열한 판국에 뒷전에 물러서서 여자 이야기나 하고 있다니 이게 대장군이 할 노릇인가.

여포는 아직 젊은 혈기라 동탁의 하는 짓이 사사건건 못마땅하다.

그러나 어쩌랴. 제 스스로 양부 정원의 목을 베어 들고 동탁을 찾아가 그 수하가 된 자신이 아니던가. 이제 또다시 동탁의 목을 치고 달아날 수는 없는 노릇 아닌가. 어쨌거나 잘 보여야만 한다. 그래야 입신양명할 수 있다.

"아버님, 아버님은 제게 무슨 문제가 있어 보이십니까?"

"아니면 됐고… 이럇!"

동탁은 여전히 장난기 서린 투로 말끝을 흐려놓고 말잔등에 박차를 가해 진중을 향한다. 한바탕 장창을 휘둘러 볼 작정인 것 같다. 호위무사들이 뒤질 새라 따라 나선다. 여포도 백마의 뒤를 바짝 따라 붙는다.

동탁의 백마가 쏜살같이 적진을 향하여 파고들자 관군들은 더욱 힘을 얻어 기세를 부린다. 마상에 높이 앉은 동탁이 장창을 휘두를 때마다 누런 황건이 하늘로 치솟아 오른다. 마치 누런 수건에서 붉은 피가 쏟아져 내리듯 사방을 핏빛으로 물들였다.

여포 역시 동탁의 주위를 맴돌면서 몇 급의 목을 베어 낸다. 마치 천둥번개가 번쩍이듯 종횡무진하는 백마와 적토마에 놀란 황건적들은 파죽지세로 달려드는 관군을 이길 도리가 없다.

"이놈 역적 동탁아…."

이 판국에 동탁을 향해 달려드는 검은 말이 있었으니 황건적 소방주 소치였다. 소치는 교주 장각 일당을 팔아 다시 실세에 붙어보려던 야무진 꿈을 꾼 적이 있었던 인물이다. 그 일로 낙양에 들렀다가 이미 일이 그른 것을 알고 다시 황건적으로 되돌아온 참이었다.

이미 소치가 알고 지내던 십상시들이나 조정 중신들은 동탁의 손에 모조리 죽고 말아 흥정할 곳이 없게 되었다. 뿐만 아니라 동탁이 천자를 내치고 자기 마음대로 진류왕을 옥좌에 끌어다 앉힌 처사를 보고 이 개 같은 경우엔 반드시 응징이 따라야 한다고 마음을 고쳐먹었다. 오늘 드디어 천하 역적 동탁을 만났으니 그의 의분이 들끓지 않을 수 없었을 것이다.

"하늘이 너를 용서치 않을 것이다."

소치는 젊은 혈기만 가지고 동탁을 향해 달려들었지만 이미 그의 상대가 되지 않았다. 동탁의 옆에 가까이 가기도 전에 언제 달려왔는지 적토마에 높이 앉은 여포의 방천화극에 그 목을 내어주고 만다.

여포는 떨어져 구르는 소치의 목을 칼끝에 꿰어 치켜들고 이렇게 외친다.

"무기를 버리고 항복을 하면 목숨만은 살려 주겠다."

오합지졸이라 했던가. 황건적의 무리들은 속속 동탁의 관군 앞에 무릎을 꿇었다.

그러나 이들이 황건적의 주력부대는 아니었다. 소치가 이끄는 부대는 그리 큰 규모가 아니어서 이날 전과는 흡족한 것이 못 되었다.

동탁은 그래도 만족한 웃음을 흘리며 군사들의 노고를 치하한다.

"오늘은 여기서 막영을 한다."

술과 고기가 내려졌음은 물론이다. 그런데 이날 밤 뜻밖의 일이 벌어졌다. 언제 데려왔는지 동탁은 초선을 이 싸움터에까지 데려와 희희낙락 수작을 부린다. 아마도 보급품을 실은 수레에 몰래 숨겨 온 모양으로 초선은 비록 남장을 하고 있었지만 참모들의 눈에 띄지 않을 수 없는 노릇이었다.

막영지에서 장군이 여자를 끼고 도는 것은 옳지 못한 일이다. 자칫 판단력이 흐려질 수도 있고 또 여자로 인하여 군기가 해이해질 수도 있어 이는 당연히 금기시되고 있는 일이다. 그런데도 동탁은 거리낌없이 여자를 꿰차고 노는 버릇이 있다. 아무도 그의 그러한 버릇을 거론해 문제삼을 참모가 없다. 대장군이 된 지금에 와서는 더군다나 그런 일을 괘념할 사람이 있을 리 만무인 것이다.

동탁은 초선에게 술을 따르게 한 다음 그 잔을 여포에게 올리도록 한다.

"오늘의 수훈장이야. 자칫하면 소치란 놈의 칼에 내 목이 달아날 뻔한 것을 내 아들 봉선이 살렸지……."

동탁은 일부러 크게 웃어재끼며 초선이 들으라는 듯 여포의 무용담을 늘어놓는다. 그리고는 이렇게 능청을 떤다.

"봉선이 아니었던들 하마터면 이 동탁의 목이 위태로울 뻔했어."

동탁은 그런 뜻에서 술 석 잔을 연거푸 따라 올리라 한다. 초선은 시키는 대로 술잔을 채워 올린다. 술잔을 올리는 초선의 앞가슴이 코끝에 와 닿을 때마다 여포는 괴로운 숨소리를 낸다. 언젠가 왕윤의 집에서 맡았던 그 냄새다.

사람은 사람마다 그 특유의 냄새가 있다. 이 냄새로 서로의 정을 느끼게 된다. 한 번 느꼈던 냄새를 좀체로 잊을 수 없는 것이 연인들 끼리의 상정이다. 이 냄새를 맡고도 손 한번 잡아볼 수 없는 서로 다른 위치에 있으니 이게 대체 무슨 심술이란 말인가.

여포는 설마했던 일이 기우가 아니라 엄연한 사실로 드러나는데 대한 실망과 초선의 태연한 행동거지에 더욱 놀라움을 금치 못한다. 초선은 전혀 여포를 아는 내색을 않고 언제 봤느냐는 듯 동탁이 시키는 대로 술잔을 따라 올리고는 살포시 동탁의 옆자리에 가 앉는다.

동탁은 다른 참모들에게도 술을 따라 올리게 하고는 초선을 끌어올려 무릎 위에 앉힌다. 워낙 거구라 동탁의 무릎에 올려진 초선의 몸은 마치 어린애 같이 작아 보였다. 그러한 애를 안고 히히거리는 동탁을 보며 여포는 분통이 터져 나오는 것을 참느라 이를 부드둑 간다.

여포는 숨이 막혀 그 자리에 더 있을 수가 없어 군막을 빠져 나온다. 달이 휘영청 밝다. 어찌 이런 일이 있을 수 있단 말인가. 일이 꼬여도 단단히 꼬였다. 그런데 어디서부터 어떻게 꼬였는지 알 수가 없다. 늙은 장수들은 군영의 외로움과 잠자리의 찬 기운을 쫓기 위하여 남장을 시킨 동첩들을 데리고 다니긴 한다.

그런데 왜 하필이면 동탁이 고른 동첩이 자식의 배필감으로 점지해 놓은 초선이란 말인가. 아무래도 알 수가 없는 일이다. 저러다가 단맛을 다 빼먹고 나서야 돌려줄 작정 아닌가? 아니면 영영 자기 차지로 남겨둘 것인가. 여포는 한숨을 내쉬지 않을 수가 없었다.

오동잎에 뜨는 푸른 달

　황건적 토벌에서 승리를 거둔 동탁은 조정 대신들을 다 불러
모아 큰 잔치를 베풀었다. 여태껏 별 전과를 거두지 못했던 그
로서는 이번 작전의 성공이 자랑거리가 아닐 수 없었다. 드디
어 황건적의 뿌리를 뽑았다며 거들먹거리는 동탁의 연회석상에
왕윤도 불려 나와 있었다.

　"태상! 전승을 축하드립니다."

　"고맙소이다. 이 동탁의 술 한 잔 받으시지요."

　동탁은 일부러 왕윤과 친한 척 하며 술잔을 권한다.

　다른 대신들도 억지로 불려 나와 연회에 참석은 했지만 동탁의 하는 짓이 못마땅했다. 겨우 황건적의 소방주 머리 하나 베어왔다고 이런 성대한 잔치를 베풀 게재가 아닌 것이다. 아직도 사방에서 들고 일어나는 도적의 무리가 끊이질 않는데 너무 성급한 잔치를 벌이는데 대한 불만이 중신들의 얼굴에 쓰여 있었다.

그러나 그 누구 한 사람 불만을 토로하는 자가 없다. 완전 무장을 한 채 연회장 주변을 서성거리는 장군의 수하들이 겁나기도 했지만 동탁이 주는 술을 넙죽넙죽 잘도 받아 마시는 왕윤의 돌변한 거동에 의아한 나머지 불만들을 터뜨릴 여유가 없다. 왕윤은 동탁을 몰아내자는 일을 맨 처음 발의한 사람이기도 하고 비록 실패는 했지만 조조에게 보검을 내주어 동탁을 제거할 계책까지 냈던 장본인이다.

그런데 그러한 그가 아무런 불만 없이 동탁이 주는 술잔을 받아 마시니 이건 잘못되어도 뭐가 한참 잘못된 일이 아닐 수 없었다.

"사도께서 왜 저러지요?"

"글쎄올시다. 나름대로 무슨 뜻이 있어 저러시겠지요."

나이 많은 대신들은 왕윤의 속 깊이를 아는지라 이렇게 말했지만, 아직 젊은 중신들은 혹시나 왕윤이 자기들을 배신하고 동탁의 편에 빌붙은 게 아닌가 하고 염려스럽다.

"왕대인이 왜 저러지요?"

"어디 두고 봅시다."

"혹시나 마음이 변한 게 아닐까요?"

"그럴 리야 있겠습니까?"

여차하는 날이면 자신들에게도 불똥이 튈지도 모를 일이라 불안한 젊은 중신들은 저만큼서 동정을 살피기에 바쁘다. 그도 그럴 것이 이들은 하나같이 반 동탁파들이다.

동탁이 자기 맘대로 천자의 자리에 앉힌 진류왕을 못마땅하게 생각하고 황자 변의 복위를 꿈꾸는 신하들이다. 그런 사람들의 정신적인 지주격인 사도 왕윤이 동탁의 곁에 앉아 술을 넙죽넙죽 받아 마시고 있으니 못마땅할 수밖에 없다.

"자, 여러분!"

동탁이 손바닥을 탁탁 치며 좌중의 시선을 집중시킨다.

"오늘 같은 날을 위하여 준비한 연희가 있겠습니다."

무희들이 나오고 음악이 울려 퍼지기 시작한다. 의례 있을 수 있는 주연이지만, 이 날의 연회는 좀 특별났다.

우선 그 규모가 다르다. 황제를 모시고 하는 어전 주연보다 참가하는 무희의 수도 많고 각종 기예의 종류도 다양하다. 황실 연회에서는 잘 하지 않는 칼춤과 창춤이 이채롭다. 칼춤은 그런대로 볼 수 있는 기예였지만, 긴 창을 들고 춤을 추는 건 보통 연회장에선 볼 수 없는 일이다.

"어떻습니까?"

동탁이 으스대며 묻는 말이다. 이 말 속에는 황제도 누릴 수 없는 힘이 자기에게 있다는 은근한 과시가 들어 있었다. 호족들을 훈련시켜 만든 호위무사들이란다.

"대단하십니다."

그러나 이 연회 자리에 단연 군계일학의 인물이 있었으니 초선이다.

초선은 미모단장을 해서 그런지 전혀 다른 인물이 되어 있었다. 왕윤마저도 그 눈을 의심할 지경이었으니 다른 그 어느 누구도 금을 타며 노래하는 여인이 초선이임을 눈치 채지 못한다. 동탁 역시도 노래하는 가녀가 초선이임을 몰라보는 것 같았다. 긴 눈썹에 타래머리를 얹어 가발을 하기도 했지만 하얀 분을 바른 얼굴 위에 분홍색 연지볼을 살짝 찍어 홍조를 띄게한 그 얼굴은 마치 아침 이슬의 영롱함에다가 햇살을 비추인 것 같다.

초선은 노래한다.

누가 밤하늘에서 달을 보았다 하나요.
당신과 함께 달은 이 가슴 속에 있는 것을
아시나요. 달은 언제나 우리를 비추는 것을

초선은 노래도 마음대로 지어 부른다. 그 속에 한없는 뜻을 담고 있다. 그렇지만 그 뜻을 아는 사람은 아무도 없다.

그러나 여포는 이 노래가 지난번 왕윤의 집에서 들었던 바로 그 노래임을 기억해 낸다. 술을 권하면서 불렀던 노래다. 오로지 당신만을 기다릴 것이라는 후렴구가 있다.

　임아, 달은 여기 이 가슴 속에 있는 것을
　임아, 돌아와 달빛 아래 우리 함께 걸어요.

　노래를 하는 몸짓 하나하나가 여포를 처음 만난 날의 모습 그대로다. 어쩌면 일부러 똑같은 미모 단장을 하고 같은 노래를 부르는 것인지도 모른다. 그날의 약조를 상기시켜 주려고 일부러 저러는지도 모른다는 생각을 하자, 여포는 견딜 수 없는 분노를 느낀다. 왜 초선을 이런 자리에 내보내 노래를 하게 만드는가. 동탁의 처사가 점점 못마땅하게 여겨진다.
　초선은 노래를 마친 뒤 금을 두고 자리를 살포시 뜬다.
　여포는 저도 모르게 동탁을 한 번 힐금거려 본 뒤 연회장을 빠져 나간다. 동탁은 술을 마시고 고기 뜯기에 정신이 없다.
　후원에 내려서니 달빛이 훤하게 비춘다. 잘 가꾸어진 정원인지라 나뭇가지에 비친 달빛이 그림을 그리고 있는 듯하다. 저쪽 연못가에서 맹꽁맹꽁 울던 개구리 소리가 멈춘다. 얼른 보니 나무 밑을 서성거리는 그림자가 있었다.
　여포는 가까이 다가가 그림자의 주인을 확인한다. 틀림 없는 초선이다. 다음 순서를 위해 잠시 휴식을 취하는 사람답지 않게 초선이 훌쩍훌쩍 울고 있는 것이 아닌가.
　"여기 나와 계셨습니까?"

여포는 할 말이 없어 이렇게 말했다.

"저를 찾으시던가요?"

초선의 말도 뜬금 없기는 마찬가지다.

"아, 아닙니다."

여포는 만나면 할 말이 많을 듯했는데, 아무 말도 할 수 없는 초선을 앞에 두고 두 손만 비비고 있을 따름이다. 힘은 장사이지만 나약한 여인 앞에서는 맥을 못추는 것으로 보아 여포는 역시 순진한 젊은이다.

초선이 이러한 여포를 향해 애끓는 소리로 말했다.

"저를 좀 구해 주셔요."

"구해 달라니, 그건 또 무슨 말이오?"

"왕사도께서는 처음부터 저를 당신에게 보내기로 약조하셨잖아요?"

왕윤의 집을 나설 때까지만 해도 그렇게 알고 동탁을 따라 왔더란다. 그런데 갑자기 돌변한 동탁이 자기를 가지려 들어 반항도 해 봤지만 별 수가 없이 당하고 말았단다. 몇 번을 죽으려고 해 보기도 했지만, 그때마다 동탁의 눈에 띄어 지금은 마음대로 죽지도 못하고 있다는 처지를 설명하는 초선을 보고 여포는 두 손을 부르르 떨었다.

"더 이상 이런 취급 받기는 싫어요."

초선은 여포의 가슴을 파고들며 하소연을 한다.

여포는 가슴이 미어지는 것 같다. 어떻게 이런 일이 일어날 수가 있단 말인가? 당장이라도 쫓아가 동탁의 목을 베고 초선을 구하고 싶었다.

"그렇다고 당신이 다치는 건 싫어요."

이건 또 무얼 뜻하는 말인가? 자칫 일을 그르쳐 다치기라도 하면 안 된다는 초선의 애틋한 충고다. 이 말을 뒤집어보면 여포의 성한 몸을 기다린다는 뜻이 아니겠는가? 그렇다면 아무도 다치지 않고 초선을 구해 낼 수 있는 방법이 무어란 말인가?

"몇 번이나 죽으려 했지만……."

초선은 짐짓 훌쩍훌쩍 눈물을 삼키며 애원을 한다. 죽어도 진심을 전하고 죽으려 여태껏 기다리고 있었다는 이야기다.

여포가 말한다.

"기다려요. 내 반드시 당신을 구하고 말테니까."

"이제 더 이상 그 사람 냄새 맡기 싫어요."

사람은 사람마다의 그 냄새가 있다. 암수간에는 이 냄새로 서로를 유혹한다. 이는 인간 세계에서만 그런게 아니다. 동물의 세계에서도 냄새로 종족보존을 하는 수단으로 삼는다. 이 냄새가 역겹기 시작하면 무리수가 따를 뿐이다. 어느 한쪽의 일방적인 행위로서는 오래 갈 수 없다.

그러나 힘의 지배 논리에 의하면 얼마든지 일방통행이 가능하다.

초선은 여포의 어깨에 살포시 기댄 채 미리 뿌려둔 소매 끝의 사향 냄새를 펄럭인다. 여포는 취한 듯 초선의 어깨를 어루만진다. 이보다 더 행복한 시간이 있었던가. 여포는 아무 생각도 할 수 없는 몽롱한 자세로 초선의 이름을 부른다.

"초선이!"

"저 여기 있어요."

여포는 두 눈을 감고 온몸을 맡기고 있는 초선을 감싸안으며 이 여인을 위해서는 목숨도 아깝지 않다는 생각을 한다. 잠시, 아니 한동안 두 사람은 그렇게 한덩어리가 되어 달빛을 머금고 서 있었다. 마음 같아서는 어딘가로 숨어들어 청춘을 불사르고 싶지만 다음 순서가 기다리고 있다.

초선은 짐짓 울음 섞인 목소리를 내어 말한다.

"정절 하나 지키지 못한 저 같은 걸 진정으로 용서해 줄 수 있나요?"

"용서라니요? 당치도 않은 말……."

여포는 조금만 참으란 소리를 거듭한다.

"이 여포를 믿으시오."

"그날이 언제이든지 간에 초선은 그날만을 손꼽아 기다릴 거예요."

초선은 한숨 섞인 소리로 말하고는 기어이 터지는 울음을 참을 수가 없다. 여포가 손을 내밀어 눈물을 닦아준다.

한바탕 기예가 끝났는지 박수소리가 터져 나오고 비파 소리가 들린다. 그 다음이 초선의 노래 순서다.

"전 이제 들어가 봐야 해요."

"걱정 말아요. 내 꼭 당신을 구해 줄 테니."

여포는 초선이 간 길과는 반대로 후원 뒤쪽으로 돌아간다. 갑자기 온몸이 달아올라 견딜 수가 없다. 불같은 것이 치솟아 아랫도리를 달군다. 그는 재빠른 걸음걸이로 내당을 돌아 진미령의 처소로 들어간다.

진미령은 부하 장졸을 데리고 희롱을 하고 있다가 얼른 쫓아내고 여포의 눈치를 살핀다. 그러면서 옷을 주섬주섬 주워 입으려 한다.

"됐어. 그냥 있어."

다탁에 놓인 주전자 술을 벌컥벌컥 들어 마신 여포는 신발을 벗지도 않은 채 바지춤만 내려 제 볼일을 본다. 어찌나 그 힘이 우악스러운지 하루에 백 남자 마다않고 거시기만 크면 붙잡고 늘어진다는 진미령이 오히려 고통스러울 지경이다.

"무슨 일이 있었어?"

한바탕 일이 끝나고 나자 진미령이 여포에게 묻는다.

"동탁이"

"왜? 그 애송이 땜에?"

"애송이, 애송이 하지 마. 초선이가 왜 애송이야?"

초선을 두둔하는 여포를 보고 진미령이 놀린다.

"너, 애송이를 좋아하는구나?"

여포는 초선과의 관계에 대해 자초지종을 이야기한다. 이제 동탁과는 결별 상태이니까 진미령에게는 아무 이야기나 해도 상관이 없다. 진미령은 본시부터 그런 여자다. 그저 아래 위 먹을 것만 주면 어느 남자나 다 좋아하는 여자다. 하여 남자라면 지위고하를 가릴 것 없이 잠자리로 불러들인다.

동탁과의 사이에 어쩌다가 자식이 하나 만들어졌지만 서로가 미련이 없다. 희한하게도 동탁은 여자를 혼자만의 소유라는 생각을 하지 않는다. 부하 누구에게나 제 여자를 빌려준다. 빌려주는 게 아니라 공유하게 한다. 이게 동탁의 특별한 점이기도 하다. 여자는 자기 아내가 아니면 공유하는 거라고 생각한다.

그런데 놀랍게도 초선에 대해서 만은 아직 그럴 기미가 보이지 않는 것을 보면 언제까지 붙잡고 있을지 알 수가 없다. 이게 진미령이를 미치게 만드는 요인이기도 했다. 벌써 한 달이 다 되어가건만 초선은 동탁의 독과점품이다.

이런 점에서는 진미령이 여포보다 한 수 위다.

"그렇게 쉽지가 않을 걸?"

"뭐가?"

"동탁의 손아귀에서 그 년을 빼내는 일이 수월치는 않을 거란 이야기야."

"그 년 그 년 하지 말라고 내 말했지? 한 번만 더 욕을 했다 간 아가리를 확 찢어놓을 테다."

"아따, 겁나서 어디 살겠나?"

그러면서 진미령은 초선을 되돌려 받을 수 있는 계책이란 건 단 한 가지 뿐임을 전언한다. 동탁에게 자기 아들을 황제의 자리에 올려 달라고 터무니 없는 간청을 하던 미친년답지 않게 그럴듯한 대안이다.

여포는 바지춤을 올리기 전에 다시 한 번 진미령을 눌러주고는 방을 휭 하니 나온다. 그 사이 무슨 일이 있었느냐는 듯 진미령은 아까 좇아낸 부하 장졸을 다시 부른다. 아직 덜 채워진 객고를 풀 심산이다.

연회장에 돌아온 여포를 본 동탁이 반갑게 말한다.

"넌 어딜 그렇게 나돌아 다니다 이제 와?"

중대한 발표가 있을 거란다. 그러한 자리에 아들이 없어서야 되겠느냐는 이야기다. 여포는 이 중대 발표라는 게 혹시 초선을 아들의 배필로 주려는 것이나 아닌지 잔뜩 기대를 하고 듣는다.

"좌중하신 여러 손님들……."

동탁은 두 손을 흔들어가며 초선을 앞자리로 불러 자기 옆에 세우고는 이렇게 말 한다.

"오늘 같은 날."

동탁은 술이 취했다. 술에 취하면 그 육중한 몸을 이기지 못하는데 묘하게도 초선의 몸을 짚고 서 있다.

"여러분 앞에서 이런 중대 발표를 하게 된 것을 가문의 영광으로 생각합니다."

여포는 동탁의 이 뜻밖의 발표에 순간 칼자루로 손이 갔지만 초선이 고개를 옆으로 살래살래 흔드는 것을 보고 손목의 힘을 풀었다. 둘 중에 그 누구도 다쳐서는 안 된다는 초선의 말이 귓가를 맴돈다. 지금 이 자리에서 동탁의 목을 친다면 간단하다. 그렇지만 그 뒷감당은 누가 할 것인가?

초선은 자기와 함께 백년해로 하고 살기를 원하지 동탁의 손에서 풀려나는 것만을 원치는 않는다고 했다.

그러나 초선을 '아내로 맞아드리겠다'는 동탁의 중대 발표는 여포를 자극시키기에 충분했다. 여포는 얼굴색부터 확 바뀌어 붉으락푸르락 한다. 그뿐인가, 한 자리 제대로 서 있지도 못하고 이리저리 발길을 옮기다가 칼자루에 손을 대보기도 한다.

왕윤은 여포가 안절부절 못하고 자리에서 왔다갔다 하는 모습을 보고 속으로 쾌재를 부른다. 일이 제대로 되어가고 있다는 증거다.

'역시 초선이야.'

그는 혼자 쾌재를 부르며 연회석을 빠져 나온다. 여기 더 머물러 있다간 무슨 꼴을 볼지 모를 일이다. 혹시라도 여포가 분기를 참지 못하고 이 자리에서 거사를 결행해 버린다면 그만이 겠지만, 만에 하나 실패를 해 버린다면 그 불똥이 또 어디로 튈지 모른다.

아무리 썩어빠진 동탁이라 할지라도 대장군 밑에는 그를 따르는 오십만 정병이 있다. 이는 그 누구도 감당하지 못할 대군이다. 그의 모가지 하나 떨어졌다고 해결될 일이 아니다. 이 없으면 잇몸으로 산다고 그가 없으면 제2, 제3의 동탁이 나올 수 있다. 이런 일은 순리대로 풀어야 제대로 된다. 순리대로라면 여포가 조용히 동탁을 죽이고 파문을 일으키지 않는 방법이다.

연회를 마친 동탁은 기분이 좋아 곧장 초선을 잠자리로 불러들였다.

"어떠냐? 오늘 내 발표가……."

"황공하옵니다. 신첩은 그저 민망할 뿐이옵니다."

"민망하다니, 그게 당할 말이냐?"

"저 같은 천비를 그렇게나 후대해 주시는데 더 이상 할 말이 무에 있겠사옵니까?"

"그런가? 초선이 흡족하다면 됐다."

동탁은 초선이 좋아한다면 달이라도 따다 줄 수 있다고 한다. 하늘에 있는 달을 어떻게 따다 준답니까? 초선이 눈을 흘긴다. 동탁은 또 이에 홀딱 반해 이렇게 말한다.

"네 소원이 있으면 말해 보아라."

"소원이 따로 있을 게 뭐가 있겠습니까? 대장군을 얻었으니 천하를 얻었는데요."

"천하는 아직 내 것이 아니다만 마음만 먹으면 그 다 네게 줄 수도 있느니."

동탁은 서슴없이 천하를 운운한다.

초선은 왜 이 자가 없어져야 할 인물인지를 알 것 같았다. 한 나라에 태양은 오직 하나, 황제 한 분뿐인 걸로 배워왔다.

그러한 초선에게 동탁은 천하를 얻어줄 수도 있다고 큰 소리다. 이 무슨 불경스런 망발인가?

　－너는 나라를 바로 세우는 일에 씌어질 것이니라.

　남화노선의 말이 문득 귓가를 스치고 지나가는 초선은 이제야 자신의 정체성을 느끼기 시작한다. 그리고 남화노선의 정체도 알 것 같아진다.

　남화노선은 황실의 정통성을 지키기 위한 준비를 해왔던 것이다. 그리고 그러한 장애물을 없애는 수단으로 써먹을 병기로 초선을 길렀던 것이다. 초선이 뿐만 아니라 수 없이 더 많은 아이들을 기르고 훈련시키고 있었다는 이야길 들은 것 같다.

　초선은 어렴풋이 자신의 운명을 깨닫고 있었다. 그리고 그 운명을 받아들이기로 작정을 했다. 아무도 운명에서 벗어날 수 없다는 것을 초선은 내다보고 있었던 것일까, 아니면 그렇게 길들여져 왔던 것일까? 요 며칠 사이 초선은 자신에게 닥치고 있는 운명의 실체를 절실히 느끼고 있는 중이었다.

　그 중에 가장 강력한 힘은 여포에게서 받은 말할 수 없는 이끌림이었다. 이는 자석처럼 저절로 끌리는 힘이어서 필설로는 형언할 수 없는 것이었다. 동탁의 품에 안겨 있으면서도 여포의 품으로 착각할 만큼 여포는 가까이 자기 마음 속에 들어와 있었다.

　그날 왕윤과 함께 연환계를 꾸밀 때만 해도 그런 생각은 짐작도 못했던 일이었다. 여포에게 술잔을 따라 올릴 때까지만 해도 설마하니 그런 감정이 자신에게 생기리라곤 예상치 못했던 초선이다.

"뭘 하고 있느냐? 이리 들어오지 않고……."

동탁은 이불자락을 들어 초선이 그 밑으로 기어들어오기를 재촉한다.

"무에 그리 급하시옵니까. 신첩은 아직 더 볼일이 남았습니다."

"볼일은 시종들에게 시켜라."

"아이참, 그런 볼일이 아니라니깐요."

초선은 일부러 동탁의 애간장을 녹이고 있다. 그러면서 불빛을 앞으로 받고 서서 창문에 그림자가 비치게 자세를 취했다. 그리고 짐짓 우는 시늉을 해 그림자 모양을 만든다.

동탁의 침소를 향해 눈이 뚫어져라 지켜보던 여포는 초선의 울고 서 있는 그림자를 보고 눈에 쌍심지를 돋운다. 그런 가운데 언뜻 동탁이 초선을 낚아채가는 모습이 얼비쳐드는 것을 보고는 두 주먹을 불끈 쥐고 탱천하는 분기를 누를 수가 없다.

이튿날 아침 초선은 일부러 퉁퉁 부은 눈을 해 가지고 여포 앞에 나타났다.

"아니 왜 그리 얼굴이 부었소?"

"동탁에게 얻어맞았어요."

"설마하니 때리기까지 한단 말이요?"

"말도 말아요. 어젯밤 우리 둘이 후원에서 만났던 일을 누가

고자질을 했는지 꼬치꼬치 캐묻지 뭡니까?"

"그래서요?"

"제가 그 이야기를 실토 하기야 했겠습니까?"

그렇지만 대충은 눈치 채고 있는 듯하니 조심하라고 일러주는 초선이다.

초선은 여포의 품에 살짝 안기듯 다가가 슬픔에 젖은 한숨을 내쉰다. 초선의 한숨 소리를 듣는 여포는 가슴이 찢어지는 것 같다.

"내 기어이 요절을 내고 말리다."

여포는 일찌감치 승상부에 등청하여 동탁을 기다린다.

"봉선이 여기 있었구나."

"예. 간밤에 드신 술은 깼습니까?"

여포는 한나절이 지나서야 등청한 동탁에게 술은 깼느냐고 묻는다. 내가 언제 술취해 할 일을 등한시하는 거 봤느냐 반문하는 동탁이다.

"간밤에 아버님이 하신 중대발표 말인데요."

여포의 말에 동탁은 귀를 기울인다.

"그래, 내 아들 봉선이가 거기 대해 할 말이 있다 이 말인가?"

"굳이 할 말이라기보다는……."

동탁은 다음 말을 기다리는 눈치다. 자기가 생각해도 그런 말을 왜 했는지 알 수 없는 동탁으로서는 그 반응이 자못 궁금하다.

"조정대신들이 어떻게 생각할까 싶어서요."

여포는 말을 돌린다.

"허어, 그 놈들이 뭐라던 난 상관 않는다. 지 놈들이 감히 이 동탁이 하는 일에 감 나라 배 나라 할 처지인가. 중원 천지에 동탁이 겁낼 것이 무에 있겠는가? 너도 이제 큰소리 치고 살아라. 눈치 볼 것 없다."

동탁은 하늘 아래 겁날 것이 하나도 없다고 큰 소리다.

여포는 동탁의 간덩이가 부어도 보통 부은 게 아니라 생각하며 그 자리를 물러나온다. 동탁의 집무가 시작되면 여포는 그 자리에 있을 필요가 없다. 낮동안만은 업무에 바쁜 채 자리보전 하고 앉아 있는 동탁이다. 그래도 체면 치례 하나는 잘 하는 동탁이다. 그 덕분에 이 자리까지 오른 동탁이 아니던가.

여포는 그 길로 초선을 찾아간다.

"어인 일로 이 시간에……."

어려운 걸음을 했느냐는 초선은 시종일관 웃음을 잃지 않는다. 여포는 웃는 여자가 좋다. 여태껏 살아오면서 여자의 따뜻한 정을 받아보지 못한 여포다. 아마 어머니의 정을 느껴보지 못하고 자라서일 것이다.

"초선이 심심할까 봐……."

"심심할 여가라도 있었으면 좋겠어요."

"그럼 초선에게도 해야 할 일이 있단 말이오?"

"있다마다요."

초선은 짓다만 누비옷을 들어보이며 추위가 오기 전에 이걸 만들어야 한다고 한다. 바느질 솜씨가 있나 보다고 여포가 칭찬을 하자, 이 옷을 누구 줄려고 만드는 지 아느냐 묻는 초선이다. 여포는 의례 동탁의 옷이려니 생각했다.

"이 옷은 서방님 드릴 옷이에요."

초선의 말에 여포는 저도 모르게 두 주먹을 불끈 쥐었다 편다.

"늙은이를 위해 이 고생을 한단 말이에요?"

"늙은이라니요? 어디를 봐서 우리 서방님이 늙었어요?"

아첨을 해도 이렇게 할 수가 있나? 그만 여포는 성이 나려는 것을 참는다. 그런데 초선이 여포를 가운데 두고 한 바퀴를 빙 돌며,

"어디 보자, 치수가 맞으려나."

한다. 마치 눈대중으로 잰 치수가 맞나 안 맞나 자신의 몸통에 견주어 보는 초선이다.

"그 늙은이 몸통 하고 나 하고 같아요?"

여포의 볼멘 소리에,

"누가 누구하고 다르다는 거예요?"

초선은 그런 소리 말라며 자신의 엄지손가락을 여포의 입술에 살짝 갖다 붙인다. 두려움이나 경계의 눈빛 같은 건 조금도 없는 순진무구한 그 자체다.

"이 옷의 주인은 바로 당신, 봉선이 서방님 거랍니다."

초선은 왕윤의 집에서 사도가 맺어준 인연이 참 인연이라며 동탁과의 관계는 언젠가는 풀어질 일시적인 악연일 뿐이라는 말로 여포를 충동인다.

"믿지요? 내 말."

여포는 어디서 무슨 행운으로 이렇게 귀여운 새가 날아들었는지 꿈같다는 생각을 한다. 초선은 여포의 탄탄한 어깨를 짚어 옷의 치수를 다시 점검해 보며 어깨 치수를 더 늘려야겠다고 혼잣말처럼 한다.

"이 백포를 입으면 하늘을 나는 구름 같을 거예요."

초선은 하얀 백포를 걸쳐 입고 적토마 위에 늠름히 올라앉은 장군의 모습을 상기해 보라고 한다. 마치 한 마리 큰 용이 하늘을 향해 날아오르는 것 같을 거라 한다.

여포는 체격에 있어 뒤떨어진다면 서러워 할 인간이다. 여태까지 그 어깨 힘으로 살아온 처지다. 이 정도의 어깨 힘이 아니면 아무도 방천화극을 휘두를 수 없다. 방천화극은 오십 근도 넘는 쇠를 달구어 만든 장창으로 양날 옆에 나뭇잎 같은 가지가 달려 있다.

"승천하는 용이 보여요."

초선은 여포의 품을 재다가 그 가슴에 얼굴을 묻고 황홀해 한다.

여포도 초선을 껴안고 어찌할 줄을 모른다. 그렇지만 아직 여자 다룰 줄을 잘 모르는 여포라 그 다음을 어찌해야 할 바를 몰라 쩔쩔매고 있다. 여자란 힘으로만 밀어붙이는 게 아니다. 더군다나 자기가 진정으로 좋아하는 여자 앞에선 꼼짝 못하는 게 남자다. 초선이 역시 남자 다루는 데에는 초심자다. 힘만 세고 덩치만 큰 이 숫보기를 어떻게 해야 할지 얼른 궁리가 떠오르지 않는다.

그러나 이런 일은 알건 모르건 자연스럽게 이루어지게 돼 있는지 둘은 누가 먼저랄 것도 없이 얼싸안은 채 침상을 향해 쓰러진다. 마치 거대한 나무둥치가 하늘하늘한 가지 하나를 달고 바람에 쓰러지는 것 같다. 두 몸이 쓰러지자 바람결이 이를 어루만져 주었고 서로 떨어지지 않으려는 몸부림이 시작된다.

황소 같은 여포의 짓누름에도 가쁜 숨을 몰아쉬며 참고 있는 초선은, 여자의 몸은 아무리 덩치 큰 남자의 몸도 받아들일 수 있다는 말을 생각한다. 여자는 밑에 깔려도 견딜 수 있도록 신체 구조가 발달해 있다 했다. 그렇지만 위에서 덮어 누르는 힘이 너무나 육중하다.

'그럴 때는 낙타무릎의 자세를 취하게 해야 한다.'

낙타는 엉덩이를 땅에 붙이고 앞다리 무릎을 반만 꺾어 앉아 주인을 태우거나 물건을 싣게 한다. 남자의 무게가 배 이상 나갈 때는 이 자세를 취해야 여자가 상하지 않는다. 일명 씨름 자세라 하기도 한다. 남자들이 서로 바지춤을 잡고 씨름을 시작하기 전에 두 무릎을 땅에 꿇었다 일어서며 씨름을 시작하는 자세와 같다.

그러나 이 모든 자세 변화를 지금까지 하던 행동을 중단하고 고칠 수는 없다. 자연스럽게 하던 짓을 계속하면서 바꾸어 나가야 한다. 일단 연속동작이 멈추어 버리면 열정이 식어 버리기 때문이다. 그러니 하던 짓은 계속하되 자세를 바꿀 것, 그것도 위에 탄 물건이 모르게 이걸 자연스레 바꿀 수 있도록 넌지시 하는 게 아랫 것이 할 일이다.

초선은 뱀장어 꼬리 걸기를 한다. 뱀장어는 그 꼬리 힘이 세다. 어디든 꼬리를 걸면 거꾸로 기어올라가 그곳을 입에 물고 또 꼬리를 거꾸로 올리는 동작을 되풀이하여 결국엔 그 절벽을 뛰어넘는다.

초선은 몸을 웅크려 여포의 배 밑을 빠져 뒤로 돌아나간다. 서로 어긋 맞춰진 자세다. 그 사이에도 위에 것은 방아 찧기를 계속해야 하고 방아고는 빠지지 않아야 한다. 이렇게 되면 위에 것이 아래 것을 떠받쳐 들어 올린 자세에서 무릎을 세우지 않을 수 없게 된다. 그리고는 다시 한 번 뒤집는다. 뒤에서 걸타 앉는 자세로 바뀐다. 드디어 네 발이 포개지도록 엎혀진 편안한 자세가 된다. 이렇게 한 바퀴 도는 걸 물레방아라 한다.

여포는 초선이 태워주는 물레방아를 한번 타 보고는 천지가 팽 도는 것을 느끼고는 그 자리에 벌렁 드러눕는다. 천하의 여포도 초선의 물레방아 태우기에는 못 이기겠는 모양이다. 가쁜 숨을 몰아쉬며 숨을 헐떡거린다.

"서방님……."

여포는 초선의 목소리를 꿈결엔 듯 들으며 여태 놀아왔던 지난날들의 서투른 유희와 여자들에 대한 생각이 바뀌기 시작한다. 이토록 황홀한 절정은 처음인 것이다.

"기분이 좀 풀어졌어요?"

"……."

여포는 부끄러워 대답을 할 수가 없다. 언제 그렇게 되었는지 자신의 아랫도리는 걸친 것 하나 없이 벗겨져 있었고 초선이 물수건을 가지고 부끄러운 곳을 닦아내고 있었기 때문이다. 처음 둘이서 끌어안고 뒹굴었던 것은 알겠는데 그 다음은 어떻게 해서 합해졌는지 모르겠다. 그런데도 황홀 그 자체였다.

'이런 호사라면 난 죽어도 좋아.'

여포는 초선을 위해서라면 목숨도 아깝지 않다는 생각이다.

초선은 제 할 일을 다 했다고 잠들려 하는 여포의 물건을 수건으로 싹싹 비벼 다시 세우고 그 위에 올라앉는다. 그리고는 칠천팔심을 행한다. 한 번은 얕게 또 한 번은 깊게 각기 일곱 여덟 번씩 반복하는 걸타고 누르기다. 이러기를 수합, 겨루기를 또다시 몇 합, 여포는 또 한번 소름끼치는 전율을 느끼고 나가 떨어졌다.

일이 끝나자 여포는 머리 숙여 맹세한다.

"내 반드시 그대를 구하리."

"그렇게만 된다면 죽어도 여한이 없으련만……."

초선은 가느다란 한숨을 섞어가며 여포의 애간장을 녹인다.

여포가 돌아간 뒤 초선은 대충 자리를 정돈한 뒤 현금을 타며 노래를 하기 시작한다. 그 가락에 자신의 신세 한탄을 섞어 부르는 자작곡이다.

해는 서산에 지고, 임을 그리는 마음
타는 저녁놀 같은데 임이시여, 진정 내 임은
누구신지 알 수가 없어라, 세상은 무정하고
갈 길 없는 서러움에 저 혼자 금을 탄다네.

초선은 마음을 둘 데 없어 노래를 지어 부르다가 후원을 한 바퀴 돈다. 산새가 한 마리 포르르 날아와 벽오동 가지에 앉는 것이 보인다. 이어 또 한 마리가 날아들더니 나뭇잎 뒤에 숨은 벌레들을 찾아 먹는다.

문득 초선은 행복한 가정을 이루고 사는 꿈을 꾸어본다. 그렇지만 언감생심 그게 당할 말인가? 언제 내쳐질 지도 모르는 노예의 몸이 아닌가. 지금은 어쩌다가 동탁과 여포 두 남자의 사랑을 한 몸에 독차지 하고 있는 듯하지만 이게 언제까지 갈 것인가? 머잖아 탄로가 날 것이고 그날이 오면 신세가 어떻게 바뀔지도 모를 일이다.

초선은 갑자기 불안한 마음이 든다. 아무리 대궐 같은 집에 살고 있지만 자신은 의지가지 오갈 데 없는 신세다. 지금은 막강한 권력자들과 희희낙락 살고 있지만 이건 시한부 정해진 시간이다. 일의 성패에 따라 달라질 그 뒷일은 아무도 모른다.

'내가 네 애비다.'

잠시 만났던 아버지에 대한 기억도 확실치는 않고, 자신을 왕윤의 손에 넘겨준 숙부에 대한 기억조차도 이제 가물가물해진다. 그리고 어느 게 진실이고 가짜인지조차도 알 수 없을 만큼 모든 일들이 너무 숨가쁘게 돌아간다.

들리는 소문에 의하면 이미 황건적 소탕이 끝났고 그 괴수도 죽었다 했으니 피붙이라고 나타났던 저들이 다 죽었다는 이야기 아닌가. 그런데 또 한쪽 소문을 들으면 황건적의 세 두목들은 마치 귀신과 같은 신통력들을 지니고 있어 도무지 잡을 수 없는 존재들이라 한다. 잡아놓고 보면 딴 인물이라는 것이다. 그러니 저들에 대한 미련도 가질 수 없는 초선이다.

"이럴 때 남화노선은 어디 계시나요?"

초선이 이런저런 무상함을 떨쳐 버리려 남화노선을 찾을 때 동탁이 나타났다.

"어디 있나 한참을 찾았지."

동탁은 뒤로 가만가만 다가와 초선을 끌어안은 채 그 목덜미에 입을 맞춘다.

"인기척이라도 하고 오셔야 신첩이 놀라질 않죠?"

초선이 눈을 흘기며 아양을 부리자 동탁은 흡족한 듯 껄껄 웃으며 소매 속에 감춰 온 물건을 한 주먹 내민다. 금은보화로 장식된 목걸이며 팔찌 비녀 같은 부녀자들의 노리개다.

"어머나! 이걸 다 제게 주시는 거예요?"

초선은 좋아 죽겠다는 듯 동탁의 품을 파고든다. 제가 생각해도 어느 게 자기 자신인지 모를 지경이다. 연극을 너무 잘해 자신의 참 위치를 알 수가 없다. 짐짓 아양을 떨어대는 초선을 덥석 안고 내정으로 들던 동탁은 어디서 이렇게 귀여운 것이 글러들었는지 새삼 제 복에 겨워 부르짖는다.

"그뿐이냐? 천하가 다 네 것이다."

"오늘 무슨 좋은 일이 있었나 봅니다."

"좋은 일? 있다 뿐이냐. 이제 곧 천하가 동탁의 것이 될 것이야. 두고 봐라."

동탁은 어린 황제를 한 손에 주무르는 것도 모자라 이제 자신이 보위에 오를 생각이다. 이미 자신에게 맞서거나 맞설 조짐이 있는 정적들을 다 죽여 청소를 한 뒤였으니 어려울 것도 없을 일이다.

이제 남은 것은 죽도록 여색을 탐하는 것, 이에 초선은 더할 나위없는 명기의 소유자로 동탁의 정신을 쏙 빼기엔 충분하고도 남았다.

천리초 십일상(千里草十日上)

한편 동탁을 죽이려다가 실패한 조조는 고향 진류로 돌아와
몸을 피했다. 그는 아버지 조숭에게 낙양에서 있었던 일들을
낱낱이 고하고 도움을 청한다.

"그래, 동탁이 황제를 바꿔치고 제가 천자 위에 군림한단 말
이지?"

"예. 아버지."

"말리는 사람이 아무도 없었단 말이지?"

"누가 그를 말려요?"

그럴 힘이 있는 사람이 없다 한다.

조숭은 탄식을 한다.

"나라꼴이 말이 아니게 생겼구나?"

"그러니까 동탁을 물리칠 계략이 필요합니다."

두 부자는 머리를 맞대고 지혜를 짜 낸다. 머리를 짜 내 이 난관을 극복하지 못하면 동탁의 손에 잡혀 개죽음을 당할 수밖에 없다. 이래 죽어나 저래 죽어나 한번 죽기는 마찬가지 살길을 뚫어 낼 수밖에 없다.

"옳거니!"

궁즉통이다. 궁하면 통한다 했던가. 조숭이 무릎을 탁 친다. 어차피 일이 이렇게 된 바에야 큰일을 한번 만들어보자는 거다.

"너는 아직 근위 교위인 게야."

"예?"

조조는 아직 아버지 조숭의 말뜻을 간파하지 못한다.

"너는 아직 네 직책을 수행하고 있는 거야."

근위 교위가 뭔가? 황제 측근에서 황제를 보필하는 임무다. 그러니 조조는 아직 근위 교위를 맡고 있는 현직생활을 하는 걸로 꾸미자는 것이다. 조조가 동탁을 죽이려다가 들통이 나 도망간 사실은 동탁의 측근 사람들만 아는 일이지 변방에 나가 있는 장군들은 그런 까닭을 알 리 없다는 것이 조숭의 말이다.

"조서를 쓰는 거야."

동탁을 물리칠 연합군을 모으자는 것이다. 이미 엎질러진 물이다. 엎질러진 물에 코박고 죽을 바에야 발버둥이라도 쳐보고 죽자는 것이다.

"가짜 칙서를 써 보내고 죽으나 동탁에 잡혀 죽으나 죽기는 매일반……."

이판사판이면 한 판 붙어나 보고 죽자는 것이다. 한쪽은 억울하게 죽는 일만 남았지만, 다른 한쪽은 잘 만해 성공을 거둔다면 지금보다 더 큰 영달을 얻을 수도 있다.

두 부자는 드디어 모사를 꾸미기 시작한다.

집 앞에 '충의忠義'라는 글자를 쓴 흰 깃발을 내다 걸고 의병을 모집하는 한편, 사방으로 조서를 꾸며 보낸다. 동탁 토벌의 격문은 이렇다.

－지금 동탁이 천자를 능멸하여 스스로 황제의 실권을 쥐고 있으니 이를 물리쳐 즉각 나라의 근간을 세워라.

며칠 안돼 하우돈과 그의 사촌 동생 하우연, 조인과 조홍 형제들이 각각 군사 천 명을 거느리고 조조를 찾아왔다.

조조는 용기백배하여 군사들을 훈련시키고 군비 조달에 힘을 쏟았다.

군비조달의 제일 쉬운 방법은 황건적을 소탕해 그 군비를 빼앗는 일이라 그는 황건적 소탕에 나서 큰 전과를 거두었다. 도적의 떼도 물리치고 군량미도 조달하니 일거양득이다. 이를 본 의리 있는 젊은이들이 사방에서 모여들어 모병에 응한다.

조조는 이렇게 해 막강한 군세를 자랑하게 되었다.

한편 조조의 가짜 조서를 받은 발해의 원소가 삼만 명의 군사를 이끌고 찾아왔고, 남양의 원술, 기주의 한복, 제북의 포신, 북해의 공융, 서주의 도겸, 서량의 마등, 북평의 공손찬, 장사의 손견 등 각처의 인물들이 저마다 군사를 일으켜 작게는 만 명, 많게는 삼만 명의 군사를 이끌고 낙양을 향해 몰려들었다.

이때 북평의 공손찬도 동탁 토벌군에 합류하기 위해 낙양을 향하던 중이었는데 뽕나무밭 속에 노란 깃발을 세우고 있는 한 떼거리의 병사들을 발견했다.

"거기 있는 군사들은 어디에 소속돼 있는 누구인가?"

"우리는 유비의 군사들입니다."

"유비라? 현덕을 말함인가?"

공손찬은 반가운 마음에 뽕나무밭 가까이로 다가갔다. 유비 현덕이라면 스승 노식 선생 밑에서 동문수학한 사이질 않는가? 그런데 난데없이 고슴도치 수염을 한 사내가 불쑥 나서며,

"그러는 당신은 누구요?"

하며 나서는 바람에 뒤로 한 걸음 물러설 수밖에 없었다. 키가 팔대장승만 하고 두 눈알이 부리부리한 게 금방이라도 상대를 칠 기세가 역력하다. 유비의 아우 장비다. 장비는 중산부 안희현에서 감독관을 혼내준 뒤로 숨어 지내는 처지이기 때문에 이 낯선 사람이 혹시나 자기를 잡으러 온 군사가 아닌가 하고 잔뜩 긴장하고 있다.

"나는 북평의 공손찬이라는 사람이오. 현덕과는 동문수학한 글동무라 잘 아는 사이요."

장비의 소란스런 소리를 듣고 유비가 나타났다.

"아니, 이게 누구신가?"

두 사람은 반갑게 얼싸안았다. 서로의 사람됨을 잘 알고 있는 사이들이라 금방 옛날로 돌아가 그간의 이야기들을 나누는 두 사람이다.

"내 여기저기서 자네 무공은 다 들었네."

그런데도 공평한 대우를 못 받고 있음을 한탄하는 공손찬이다.

"양성 싸움을 승리로 이끈 것은 순전히 자네들 덕인데도 말이야."

유비가 양성에서 황건적을 물리치고 얻은 벼슬이 겨우 중산부 안희현의 현위라는 말단 벼슬이었다. 이건 누가 봐도 너무한 처사였는데, 그조차도 수훈에 따른 벼슬의 타당성을 조사하러 왔다는 감독관이 뇌물을 요구하는데 화가 난 장비가 감독관을 패대기를 쳐 버리는 사건이 일어났다.

"그 때문에 이렇게 숨어 지낸대서야 말이 되는가?"

지금 조조가 동탁토벌대를 모집하고 있는데 함께 가자는 공손찬이다.

그러나 유비는 이제 그런 싸움에는 가담하지 않겠다고 극구 사양한다. 목숨 바쳐 싸워봤댔자 아무도 알아주는 사람이 없다

는 것이다. 세상이 그렇게 썩어빠졌는데 의병이 무슨 소용인
가?

옆에서 이야기를 듣고 있던 장비가 불쑥 나선다.

"동탁이 그놈이요?"

황건적 토벌 때 패주해 달아나던 동탁의 목숨을 구해준 일이
있다. 그런데도 관직이 없다는 이유로 그 공훈을 깡그리 무시
당하고 멸시 받기까지 했었다. 그 일만 생각하면 피가 끓는 장
비다.

"그 보우? 그때 놈을 확 죽여 버렸으면 이런 골치 아픈 일은
없었을 거 아니요?"

장비는 호미로 막을 일을 가래로 막게 생겼다며 펄쩍펄쩍 뛴
다. 그때 동탁을 죽여 버렸더라면 이렇게 많은 군사들이 또다
시 싸울 일이 없었을 것이 아니냔 장비다.

"에이, 성질 같아서는……."

한달음에 달려가 동탁의 목을 따 오겠다는 장비다.

"이대로 그냥 두었다가는 한나라의 정통성을 잃을 수도 있다
네."

공손찬은 유비가 한나라의 왕손임을 상기시킨다.

유비는 중산정왕 유승의 핏줄로 경제의 현손이다. 그러니 황
실의 정통성을 빼앗길 수도 있다는데 의분을 느끼지 않겠는가?
공손찬은 유비의 자존심을 건드려 놓고는 먼저 떠난다.

"자, 그럼 낙양에서 보세."

공손찬은 한 걸음 앞서 자기 부대를 따라 갔다.

"그놈의 목을 그때 그만 팍 비틀었어야 하는 건데."

장비는 아직도 혈기를 누르지 못한다.

"지난 일을 되씹으면 뭐 하나? 출발 준비나 서두르게."

유비는 군사를 모아 낙양을 향한다. 다시는 헛된 싸움을 하지 않겠다던 각오도 버리고 동탁 타도에 나선 것은 오로지 황권에 도전하는 동탁의 야욕을 꺾기 위해서였는데 낙양성 부근에는 이미 이런 구국충정으로 가득 찼다.

어디서 어떻게 알고 모였는지 사방에서 병사들이 모여 색색갈의 기치를 높이 들었다. 각지의 제후들이 구국일념으로 이렇게 한 자리 모여보기는 처음이었을 것이다.

이에 조조는 흡족한 마음으로 소를 잡고 떡을 빚어 술잔치를 벌였다.

회의를 열어 명문 출신인 원소를 연합군의 맹주로 삼았다.

원소는 쾌히 이를 승낙했다.

"자, 여러분 힘을 합쳐 나라를 지킵시다."

시국이 이렇듯 급박한데도 동탁은 승상부 안에서 주연을 베풀고 있었다. 바깥에서 토벌군이 시시각각 목을 조여 오는 것을 꿈에도 생각지 못한 그는 주지육림 속에 빠져 몽롱한 정신으로 초선을 부른다.

"초선아."

"예."

"나는 어쩐지 너만 보면 금방이라도 깨물어 주고 싶다."

"신첩 깨물어서는 죽지 않사옵니다. 깨물어 보오소서."

"그런데 어디를 어떻게 깨물어야 할지를 모르겠구나."

초선은 동탁의 말아올린 콧수염 한 가닥을 잡고 콧구멍 속으로 넣으며,

"초선의 여기를 깨물어 보오소서."

하고 장난스럽게 말한다.

"거기를 어떻게 깨무느냐?"

"사람에게는 여덟 개의 구멍이 있습니다. 그런데 여자에게는 한 개 구멍이 더 있지요."

"옳거니, 그 구멍을 깨물어라?"

"그러하옵지요."

동탁은 눈에 넣어도 아프지 않을 초선이 이런 기발난 이야기들을 어디서 알아왔는지 귀엽기만 하다. 게다가 입술로 거시기를 잘근잘근 씹을 때의 그 간질거림을 참을 수 없다.

"오오! 아아!"

동탁은 밤낮을 가리지 않고 여색을 탐하는 버릇이 있어 지금이 백주 대낮임에도 불구하고 초선을 얼싸안고 뒹굴고 있다.

초선은 이러한 동탁을 떡 주무르듯 한다.

여자는 남자의 가려운 곳을 알아야 한다. 미련 곰탱이보다는 여우 새끼가 낫다는 말이 그래서 생긴 것이다. 여자는 가려운 곳을 긁을 줄 아는 여우 새끼가 되어야 한다. 초선은 철저한

백여우가 되어 동탁을 홀려 정신을 못 차리게 한다.

"나리."

"응?"

"나리께서는 이 신첩이 좋사옵니까?"

"좋다마다."

"그럼 신첩의 청을 하나 들어주시렵니까?"

"뭔지 말해 봐라. 초선의 말이라면 내 저 황하라도 다 둘러 마시마."

"정말이시옵니까? 신첩을 그렇게나 좋아하십니까?"

초선은 동탁의 목을 얼싸안으며 억울함을 호소한다. 여포가 넌지시 자기를 넘보고 있어 불안해 죽겠다는 이야기다.

"그놈이 그런 짓을 해?"

동탁은 놀라워 죽겠다는 표정을 짓는다.

"봉선은 내 아들인데 아들이 감히 애비의 여자를 넘봐?"

"그뿐이 아니옵니다."

초선은 여포가 자기뿐만 아니라 진미령과도 놀아나고 있음을 고해 바친다. 그건 이미 알고 있는 사실이라고 말하는 동탁은 '한번 버린 여자와 놀아나는 것은 아무 상관없다'고 말한다. 초선은 그게 아니라 항변했다.

"이 초선이도 언젠가는 그렇게 헌신짝 버리듯 버릴 것이 아닙니까?"

그날이 언제가 될지 두렵다는 이야기다. 그렇게 된다면 여봐란 듯이 여포가 자기를 낚아채 갈 것이 뻔하다 한다.

"초선은 그날이 언제일지가 두려워요."

짐짓 우는 소리를 내는 초선을 어루만지는 동탁이다.

"그런 일은 없을 것이다."

"어찌 그런 일이 없다 하시옵니까? 하루하루가 신첩은 불안하옵니다."

"그러면 내가 문서로 써서 주리?"

동탁은 패물함을 가져다가 열어 보이며 그중 가장 값진 목걸이를 초선에게 선물로 준다. 초선은 '신첩의 마음을 어찌 이런 보석으로 살려고 하시나요.' 하면서 거절하는 척 한다. 동탁은 아직까지 보물 앞에 약해지지 않는 여자를 본 일이 없었음으로 도대체 이 여자를 어떻게 다루어야 할지가 난감하다. 초선은 더욱 슬픈 어조로 말한다.

"신첩은 오로지 폐하의 변함없는 사랑만을 원하지 금은보화 따위엔 마음이 없습니다."

"받아두려무나. 보물도 얻고 사랑도 얻으면 일석이조가 아니겠느냐?"

"그건 그러하옵니다만……."

아들이 어미를 넘보고 있는 한 마음의 평안이 있을 수 없다는 초선이다. 동탁은 동탁대로 이 말을 계산해 본다. 초선의 말대로라면 여포를 제거해야 한다. 그런데 여포가 어떤 여포인가? 세상에서 가장 아끼던 적토마를 주고 사온 아들이다. 여포가 없이는 이 자리를 유지할 수가 없다. 일개 여자 하나 때문에 이 자리를 버려도 좋을 것인가? 어림도 없는 일이다.

그런데 또 한편으로 생각해 보면 그렇지도 않은 일이다. 이런 여자는 세상에 둘도 없다. 얼굴이나 몸매가 그렇대서가 아니다. 몸냄새가 그래서만도 아니다. 이 여자만 곁에 있으면 온 전신이 녹아내린다. 녹아내린 몸과 마음에서 이 세상 온갖 것과도 바꿀 수 없는 오감만족이 찾아온다. 도대체가 정신을 차릴 수가 없을 정도의 향기가 감도는 것이다.

동탁은 이를 바로잡을 정신이 없다.

"도대체 내가 널 어떻게 해주면 좋겠느냐?"

"이미 잘 해주고 계시옵니다."

"?"

무언가 원하는 게 있어야 가타부타 말을 하지, 다 잘해 주고 있다는 여자 앞에서 할 말이 없는 동탁이다. 지금까지의 여자들에 비해 너무나 욕심이 없는 초선이다.

"나리께서 저 같은 미천한 것을 이렇도록 아껴주시는데 무얼 더 바라겠습니까?"

"넌 조금도 미천하지 않다."

동탁은 머잖아 이 세상에서 가장 존귀한 자리에 오를 것임을 천명한다.

"넌 이 세상 어느 여자도 부럽지 않을 자리에 올라 있을 것이다."

"그 자리가 어떤 자리일까요?"

"하나밖에 없는 자리라면 믿어지겠느냐?"

초선은 순간 섬뜩한 느낌을 받았지만 그런 자리가 어떤 자리일까 궁금하다고 한다. 그 자리는 천하에 하나밖에 없는 자리임으로 함부로 발설하면 큰일이 난다고 말한다.

초선은 왕윤이 왜 동탁을 제거해야 한다고 말하는지 이제 확실히 알 것 같은 느낌이다. 동탁은 천자의 자리를 노리고 있는 게 분명했다. 역성혁명을 도모하려는 것임에 틀림없다.

초선은 불현듯 남화노선이 떠오른다. 남화노선은 황실의 정통성을 지키려고 남다른 노력을 하고 있는 예언자다. 예언자는 자신의 예언을 이루기 위해 숨은 노력을 아끼지 않는다. 그 방지를 위해 초선을 이렇게 이용하고 있는 것인데 초선 자신은 정작으로 그 계획을 모르고 있다. 모르면서도 그 계획대로 움직이고 있다. 이게 진정 고수들의 수가 아니겠는가.

"내 뜻대로만 된다면 넌 아무 걱정할 필요가 없다."

"신첩을 그렇게 아껴주시니 이 은혜를 어찌 다 갚을 날이 있을까요?"

초선은 동탁의 무릎 앞에 꿇어 흐느끼기 시작한다.

동탁은 눈물을 닦으며 초선을 안고 또 안는다. 몸이 으스러질 정도로 조여드는 동탁의 팔 힘에 숨이 막히는 듯했지만 아무런 감정도 느끼지 않는다. 나이 탓일까? 아니다. 왕윤에게 안겼을 때와는 전혀 그 질이 다르다.

왕윤이 말했었다.

"나는 너를 안을 때마다 기쁨으로 가득하다."

그 이유로 초선에게선 젊은 기가 넘쳐 난다 했다. 그 기를 받으면 몸과 마음이 평안해진다고 했다.

본시 남녀란 서로 반쪽씩의 기를 지니고 있어 서로 합해야만 하나의 온전한 기가 이루어진다. 그 합일된 기가 평안과 안녕을 가져온다. 그런데 아무나 하고 그 기가 합쳐지는 것은 아니다. 서로 어울리는 기가 따로 있다. 먼저 마음과 마음이 통해야 한다. 서로 바라보는 눈이 같아야 한다. 갈 길이 하나라야 한다는 것이다.

여자는 남자의 품에 안겨서도 자기를 사랑하는 남자를 그린다. 비록 몸은 여기 있어도 마음은 다른 데 있을 수 있다는 이야기다.

"초선아."

"예, 태상 전하."

초선은 일부러 태상 전하라는 호칭으로 맞받는다. 이 말에 흐뭇한 동탁은 초선의 몸을 껴안고 침상을 뒹군다.

"어디서 이런 복덩이가 굴러들어왔을꼬?"

"하늘에서요."

초선은 동탁의 쭈글쭈글한 목덜미를 쓸며 당장이라도 이 목을 따 버릴까도 생각했지만 '아생연후살타'라는 말을 또다시 떠올린다. 내 살길을 먼저 열어놓고 남을 죽인다는 말이다. 바둑에서 흔히 쓰는 말이긴 하지만 실지로 이 말은 살수들이 가장 먼저 생각할 요건이다.

이 반대말로 '너 죽고 나 죽자'는 말이 있지만, 여간 독한 마음먹지 않고서는 할 수 없는 짓이다. 내 한 목숨 바쳐가며 이 늙은이를 죽일만한 가치가 있는 것인가. 그 정도는 아니다. 목숨과 바꿀 만큼 가치있는 것이 뭐가 있을 수 있을 것인가. 이 세상에서 목숨과 바꿀만한 것은 아무것도 없다.

'그 일은 여포에게 맡기면 될 것이니라.'

왕윤은 동탁을 제거하는 일은 여포에게 맡기면 된다 하였다. 그런 일은 직접 처리하지 않아도 두 남자 사이를 이간질시켜 틈만 벌여놓으면 동탁의 목숨쯤은 저절로 해결된다는 말이다.

이 무렵 왕윤은 여포를 불러 술대접을 하고 있었다.

여포는 이미 왕윤과 자리를 함께 한 적이 있는지라 봉의정에서 있었던 일을 숨김없이 이야기한다.

"태사가 내 딸을 범하고 장군의 아내를 빼앗았다니 이는 천하의 웃음거리요, 하늘이 노할 일입니다. 일이 이렇게 될 줄 알았으면 장군께 직접 딸애를 주었어야 하는 건데 다 제 불찰입니다. 그런데 사람들은 전후 사정도 모르고 태사를 욕하기 전에 이 어리석은 왕윤을 비웃을 것이 틀림없어 잠이 오질 않습니다."

왕윤은 짐짓 노기 띤 음성으로 여포의 마음을 떠본다.

여포 역시 흥분한 상태로 이렇게 말한다.

"사도께서 잘못한 건 없습니다. 내 이 늙은이를 그냥 두지 않겠습니다. 세상이 아무리 난세기로서니 아들의 여자를 훔쳐가는 늙은이가 세상 어디에 또 있겠습니까?"

"태사를 그렇게 욕하시면 되겠습니까? 다 이 늙은이가 일을 잘못 처리해서 그리 된 것이니 만큼……"

책임은 자기한테 있다는 왕윤은 마지막으로 한 번 더 여포의 심중을 떠본다.

"이 늙은이가 그만 실언을 한 것 같소. 이러다가 이런 말이 태사의 귀에라도 들어가는 날이면……."

어쩔 것이냐고 잔뜩 겁먹은 소리를 해 본다.

"사내대장부가 언제까지 이런 수모를 겪으며 허리 굽혀 살 수는 없습니다. 나도 이젠 나대로 이 일을 처리 하겠습니다."

여포는 분을 이기지 못해 씩씩거리며 금방이라도 일을 저지를 태세다.

왕윤이 드디어 여포를 부추긴다. 그러면서 또 약을 올린다.

"장군의 용맹이나 기개를 본다면야 동태사보다 훨씬 위지요. 그렇지만 동태사는 양부로 삼은 의부가 아닙니까?"

여포는 이미 양부 정원을 죽이고 동탁에게 빌붙은 전력이 있는 터다. 그 점을 늘 흉거리로 여기고 있는 여포는 이제야말로 그 약점을 만회할 수 있는 기회라 생각하는 모양이다.

"이왕 한 번 저지른 일인데 두 번 못할 일 있겠습니까? 그렇지만 후세 사람들이 여포를 두고 아버지를 두 번씩이나 죽였다는 손가락질 받을까 그게 마음에 걸릴 뿐입니다."

왕윤은 여포의 결심이 확고한 것을 엿보고 단단히 끈을 조인다.

"사실 따지고 본다면 장군의 성씨는 여씨이고 태사는 동씨가 아니오? 그러니 부자지간이라 할 수는 없는 일이지요. 게다가 이미 며느리가 될 여인을 빼앗고 장군의 몸을 향해 창을 던졌다면 그걸로 부자지간의 정은 끊어진 게지요."

"그 일만 생각하면 치가 떨립니다."

"그럴만도 하시겠습니다."

"사실 따지고 보면 양부니 양자니 하는 건 장군을 자기 밑에 묶어두려고 하는 수작이지 다른 뜻이 있겠습니까?"

여포는 무릎을 탁 치며 이제야 무언가 깨달아지는 게 있는 모양이다.

"맞습니다. 적토마를 주고 보물을 내릴 때부터 알아봤어야 하는 건데……."

여포는 동탁에게 매수된 것을 이제 깨닫는다.

"이 여포가 참으로 생각이 짧았던 모양입니다."

왕윤은 이제 마음 놓고 자신의 속뜻을 말하기 전에 간담이 서늘한 엄포를 놓는다.

"장군께서 만일 역적을 해하고 한나라 황실을 살리신다면 장군의 이름이 청사에 길이 빛날 것입니다. 만약 동탁을 돕는다면, 천하 역신이라는 오명을 뒤집어 쓸 수밖에 더 있겠습니까? 부디 장군께서는 현명한 처사를 하시기 바랍니다."

여포는 왕윤의 이 말을 자리에서 일어나 절을 하는 자세로 받는다.

"이 여포를 한 번 믿어보옵소서."

여포는 조정 대신이 이렇듯 엄연하게 말하는 데에 기가 눌렸는지 자기 잘못을 깨달았는지 허리를 굽혀 절을 하며 고한다. 그 말소리에 비장함이 깔려 있다.

"이미 마음을 정한 이상 변함은 없습니다. 사도께서는 의심치 마오소서."

왕윤이 다시 다짐한다.

"한나라의 사직이 장군의 힘으로 다시 바로 서게 되었소. 이일은 우리 두 사람만 아는 비밀로 해둡시다."

왕윤은 조정 대신들과 상론한 끝에 상세한 계획을 전달하기로 하고 여포를 돌려보냈다.

여포는 대장군의 자리가 눈에 선하다. 이 정도의 공로라면 대장군의 자리 하나쯤이야 따 놓은 당상이 아닐 수 없다. 거기다가 하늘하늘한 초선을 품어안는 꿈을 그려보니 높이 앉은 적토마의 걸음이 오히려 느림보 거북이 같다.

여포를 돌려보낸 왕윤은 조용히 측근들을 불러모아 이 일을 상론한다.

"여포를 매수하였으니 동탁을 제거할 기회가 한 발 더 가까워왔습니다."

여포가 동탁 제거에 찬동했다는 이야길 들은 사례교위 황완이 이렇게 말한다.

"동탁을 혼자 궁으로 불러들이는 겁니다."

"무슨 명목으로요?"

"황제께서 병환이 낳으셨으니 동탁을 부를 만도 하지요."

마침 황제께서 병환 중이었던지라 병세가 호전되어 동탁을 청한다면 거절할 명목이 없다는 이야기였다. 그건 그렇게 속여 넘길 수 있는 일이겠다. 그렇지만 동탁이 다음 단계의 계획까지 쉽사리 속아 넘어갈까?

"그게 통할까요?"

복야사 손서의 말이다. 워낙 의심이 많은 동탁인지라 만약 호위무사들을 대동하고 들어온다면 어떻게 처리할 것이냐는 의문이다. 그렇다고 이쪽에서도 그만큼의 무사들을 동원할 능력이 없질 않은가? 아무리 여포가 이쪽으로 기울었다 할 지라도 동탁의 군대를 당할 수는 없는 일이 아닌가.

"동탁이 가장 신임할 수 있는 자를 끌어들여야 합니다."

그 자의 입을 통하여 동탁을 유인하자는 이야기다.

"황제가 은밀히 동탁을 불러 보위를 물려줄 의사를 밝힌다고 하면 제 아무리 의심 많은 동탁이라 할지라도 우쭐한 마음에 그냥 달려올지도 모릅니다."

일단 의견들이 모아졌다. 이숙을 불러 동탁을 유인해 내자는 이야기들이다.

한번 미오성으로 들어간 동탁은 무슨 꿍꿍이속인지 미동도 꼼짝 않고 틀어박혔으니 유인책도 필요하겠다. 이미 연합군의 공세를 일차 받은 동탁으로서는 성문을 굳게 닫은 채 꼼짝도 않는 것이 상책이라 생각하는 모양이다. 그도 그럴 것이 애터지게 싸우지 않아도 결국에는 이길 게 뻔한 관군이 아닌가 말이다. 지금까지 수 없는 싸움에 패하고도 관군은 말살되어 본 일이 없었던 것이다. 그는 싸우지 않아도 이기는 게 나라 편이라는 걸 십분 이용하는 능구렁이가 되어 연합군을 오합지졸들이 모인 반란군쯤으로 생각하고 있는 모양이었다.

"이숙은 동탁의 동향 사람이기도 하고……."

"가장 신임을 받는 인물이긴 하지요. 그렇지만 만약 이숙이 거절을 한다면?"

"그땐 하는 수 없지요."

왕윤이 목을 베는 시늉을 한다.

이로써 일단 모의가 끝났다.

밤중만하여 황완 손서는 물론 여포도 자리를 같이 한 곳에 이숙이 불려왔다.

"단도직입적으로 말하겠소."

왕윤이 거두절미하고 거사계획을 발표한다.

이숙은 일단 일행을 둘러본 다음 무슨 일이 일어날 것 같은 직감을 하고 마음을 가다듬는다. 자칫 잘못했다간 무슨 위험이

닥칠지 모르겠다는 느낌이다. 그도 그럴 것이 여차하면 목을 따 버릴 태세로 두 눈알을 부라리고 서 있는 손서와 황완의 거동을 보고 가위가 눌렸다.

"이 계획을 알고도 동참하지 않는 사람은 그 누구를 막론하고 살아 남지 못할 것이요."

황완의 말이다.

거절할 수 없는 입장이다.

거절할 수 없는 입장 정도가 아니라 그 역시 동탁의 눈 밖에 나 동탁에 대한 괘씸한 마음을 주체할 수가 없던 터라 굳이 반대할 이유가 없었다.

"좋소이다. 나도 기꺼이 이 일에 동참하겠소."

이숙은 화살 하나를 부러뜨리는 것으로 뜻을 같이 하기로 맹세한다.

"그렇게만 된다면야 한실로 봐선 일등공신이지요."

왕윤은 이숙에게도 일등공신을 약속했다.

다음날 이숙은 기병을 거느리고 미오성으로 갔다.

굳게 내 건 성문이 열리고 이숙이 들어가자 동탁은 무슨 일이냐고 묻는다. 아무도 믿을 데가 없던 동탁으로서는 심복 이숙의 내방이 반갑기 그지없었지만, 또 한편으로는 몹시도 의심스럽고 궁금하다.

그러나 이숙이 넙죽 엎드려 절을 하며, '황제가 동탁에게 선위할 것을 결심했다' 하자, 그만 입이 헤! 하고 벌어진다. 그런

데다가 왕윤을 비롯한 조정 대신들이 모두 이에 찬성했다 하자
열린 입을 다물 줄을 모른다.

"왕윤이도 찬성을 했단 말이지?"

동탁은 왕윤이 이 일에 찬성을 했다는 것이 듣던 중 반가운
말이다. 그렇게 도도한 왕윤이 어떻게 저토록 허망하게 그 콧
대를 꺾을 수 있었을까? 하지만 아무래도 상관없다. 권력 앞에
약해지지 않는 자가 없을 일이다. 이미 딸애까지를 내준 왕윤
이 아니던가?

동탁은 이숙의 말을 믿어 의심치 않는다.

"차비를 하도록 이르겠습니다."

이숙은 지체없이 차비를 서두른다.

동탁은 천하 운세가 자기한테로 넘어오는 감격을 노모에게
먼저 가 전한다.

"이제 천하를 다스릴 운이 제게 온 모양입니다."

구순 노모는 어쩐지 이 말이 탐탁지 않다.

"간밤에 꿈자리가 시끄러웠는데 조심하거라."

"꿈은 반대라잖아요."

동탁은 늙은 노모를 위로한다. 그리고는 초선에게로 간다.

동탁은 초선을 번쩍 들어안으며 흥분한 어조로 말한다.

"너를 귀비로 만들어 주마."

"귀비요?"

초선은 드디어 일이 성사가 돼 가는 느낌을 받았지만 짐짓

놀란 체한다.

"그래, 드디어 이 동탁이 천하를 쥐게 되었다."

초선은 일부러 눈에 눈물을 글썽이는 척하며 그 자리에 엎드려 축하를 드린다.

"감축드리나이다."

"다 네 덕이다. 네가 오고부터 모든 일이 이렇게 순조롭게 풀리는구나."

동탁은 이 모든 일이 초선의 덕이라며 감격해 한다.

초선은 동탁에게 황금빛 도포를 입혀 내보낸다. 어디서 봐도 그 위엄이 돋보이라는 뜻일까? 아니면 어디서 봐도 눈에 쉽게 띄는 표적이 되라고 한 것일까?

미오성을 몰래 빠져 나온 동탁의 수레는 장안성에 이르러 문무백관들의 영접을 받는다. 반신반의했던 일이 현실로 나타나자 동탁은 기고만장해서 간밤의 꿈이야기를 한다.

"커다란 용이 바람을 일으키며 내 몸을 감싸는 꿈을 꾸었다네."

"길몽입니다. 이제 곧 등극하실 것입니다."

이숙은 허리를 굽혀 황제를 떠받들 듯 동탁을 모시고 궐내로 들어간다.

역시 동탁은 기분이 좋았다.

이숙이 말한다.

"이제 보위에 오르시면 천하가 다 전하의 것이 되옵니다."

"그래, 탐나는 것이 있단 말인가?"

"제가 감히 그걸 입에 담겠습니까?"

이숙은 어떻게 해서든 감언이설로 동탁을 안심시켜 중문 안까지 모셔 가야 할 막중한 임무를 띠고 있다. 일단은 호위무사들로부터 격리시켜야 한다.

동탁은 이숙의 속맘도 모르고 탐나는 것이 있으면 말해 보라 한다. 황제의 자리를 물려줄 이 기쁜 소식을 제일 먼저 전해준 이숙에게 뭐라도 보답을 하겠다는 뜻이겠다.

그러나 이숙은 잠시 후면 죽을 사람이 무슨 말이 저리 많을까 싶은 생각으로 아무렇게나 말한다.

"꼭 말씀을 하라 하신다면……."

"그래 뭔가? 자네 청이면 뭐든지 다 들어주겠네."

"이제 초선이를 여포에게 물려주심이 어떨지요?"

"초선이를?"

동탁은 이 뜻밖의 말에 기분이 상하려 한다. 이숙이 동탁의 눈치를 살피며 얼른 말을 돌린다.

"이제 궁에 들어가시면 널려 있는 게 여자입니다."

그러니 여포의 기분을 풀어줄 겸 초선을 여포에게 물려주는 아량을 베풀라 한다. 그러면서 지난날 봉의정에서 있었던 일을 상기시킨다.

"여포는 그 일로 몹시 상심하고 있는 것 같습니다."

여포를 동탁의 수하로 끌어들인 이숙이 아닌가? 그러한 자가 초선을 여포에게 물려주라 함은 지극히 당연한 일이라 여겨지면서도 동탁은 초선에 대한 미련을 버리지 못한다.

"다른 부탁은 없는가?"

차마 그 말만은 못 들어주겠다는 막말은 하지 않았지만 동탁의 마음 속은 이미 훤히 드러나보인다. 초선을 포기할 생각은 없는 것이 분명하다.

"초선이 그렇게 매력적인 까닭이 어디 있습니까? 소인은 아직 여자 고르는 눈이 없어서요."

이숙은 동탁의 여자 보는 눈을 추겨 새우는 척 은근 슬쩍 묻는다.

"자고로 여자란 말이야. 잠자리가 좋아야 한다네."

"그걸 모르는 남자가 어디 있겠습니까? 잠자리가 어떠했는지 그게 궁금합니다."

동탁은 잠시 머뭇거린다. 그것은 말로 설명할 수 없는 일이다.

"자네 지렁이를 아는가?"

"지렁이요?"

웬 난데없는 지렁이란 말인가.

"지렁이 스무 마리를 올려놓으면 어떠하겠는가?"

지렁이 스무 마리를 어디다 올려놓는단 말인가? 어디다 올려놓든지 스물스물 길 것이 틀림없다. 그 징그러움이 오죽이나 할 것인가? 그런데 한편으로 생각해 보면 그 스물스물한 징그러움이 자극일 수도 있겠다.

"초선의 그 깊숙한 속에는 수많은 지렁이가 들끓고 있다네."

동탁은 이걸로 초선의 명기를 설명하려 했다. 지렁이가 우글우글 들끓고 있는 그 속에다가 거시기를 담그고 있으면 저절로 힘이 막 솟고 가라앉는다는 것이다. 이 무슨 해괴한 이야기들인가? 명색이 보위를 물려 받으러 가는 수레 속이 아닌가? 그런 엄숙한 행차 중에 이런 이야기가 과연 있을 법한 일인가?

"알겠습니다. 저는 또 그렇게 끔찍이 아끼시는 줄은 모르고."

그냥 장난삼아 데리고 노는 여자인 줄로 잘못 알았다고 하는 이숙이다.

동탁은 아무리 영웅호걸이라도 여자를 위해서는 목숨 바쳐 싸운다는 이야길 한다.

"여자는 남자를 싸우게 해."

"그래서 경국지색이란 말이 있는가 봅니다."

동탁은 이 말을 못 알아듣는다. 경국지색이 그저 잘 생긴 여자를 두고 하는 말인 줄로만 생각하는 모양이다. 경국지색이란 말이 무슨 뜻인가? 여자로 인해 나라를 팔아먹을 수도 있다는 이야기가 아닌가?

오나라 부차와 월나라 구천이 서로 싸울 때의 일이다. 구천은 패하여 항복하고 부차의 신하가 될 것을 약속한다. 그러고 나서 구천은 미인계를 써 요조숙녀 서시를 부차에게 바친다.

요조숙녀라는 말은 『시경』에 나오는 말로 '군자의 좋은 짝'이란 뜻이다. 부차는 서시에게 폭 빠져 정사를 돌보지 않는다. 그 틈에 구천이 공격하여 부차를 멸망시킨다. 경국지색이란 말은 이렇게 해서 생겨 난 말이다.

이런 고사 하나도 모르는 자가 한 나라의 군주가 될 수는 없을 일이다. 이숙은 여차하면 왕윤 일당의 모사를 고하고 한 자리 차지할 수도 있을 거란 기대를 마지막까지 가지고 있었지만 동탁의 사람됨이 이러할진대 더 이상 볼게 없다는 생각으로 굳어진다.

성 안은 온통 폐허와 같다.

"이제 수도를 장안으로 옮길 거야."

동탁의 엉뚱한 말이다. 여기저기 불 탄 흔적이 남아 있는 낙양성을 두고 새 수도를 건설할 꿈을 내비치는 동탁의 옆모습을 올려다보며 이숙은 자신의 운명이 어디로 어떻게 빨려 들어가는지도 모르고 헛된 꿈을 되뇌고 있는 한 인간에게서 연민을 느끼기 시작한다. 그래도 한때는 의지하고 지내던 동탁이 아니던가.

"대역사가 시작되겠습니다."

"이제 한실의 운명은 다 했어."

한나라 황실의 성씨가 달라질 것이라는 동탁의 예고다. 이때 저쪽으로부터 한 노인이 흰 건을 쓰고 긴 장대에 매단 깃발을 양쪽에 들고 가는데 하얀 천에 입 '口'자가 쓰여 있다.

동탁이 묻는다.

"저게 뭔가?"

이숙이 자세히 보니 입구 자가 두 개인 건 분명히 여포의 '呂'자이고, 흰 천은 여포의 '포'자를 뜻하는 파자로 동탁이 여포에 죽임을 당할 것임을 예언하는 것 같은데 동탁은 아무것도 알아차리지 못한다.

"아마도 미친놈인가 봅니다."

이숙의 말을 듣던 동탁은 불현듯 여포가 눈에 떠오른다. 봉의전에서 초선을 희롱하던 그날의 모습니다. 그를 향해 동탁은 방천화극을 집어 던졌었다. 그 이후로는 아직 눈앞에 나타나지 않던 그가 왜 갑자기 눈에 선연하게 떠올랐을까?

동탁은 순간 불길한 예감이 휙 스치고 지나간다.

그러나 수레는 이미 대궐문을 지나 중문을 들어서고 있었다. 호위무사도 궐문 밖에 떼어놓은 상태다. 중문 안을 들여다보니 조복을 갖춘 군신들이 양 옆으로 조례를 갖추고 서 있는 모습이 보인다. 그제야 안심하고 중문을 들어서는데 이건 또 웬일인가? 왕윤과 황완 등이 칼을 뽑아들고 서 있는 게 보였다.

"이놈 역적 동탁아! 칼을 받아라."

왕윤은 동탁을 노려보며 큰 소리로 외친다.

그러나 동탁이 왕윤 같은 문사한테 질 무사가 아니다.

"이놈 왕윤아, 이게 무슨 짓이냐?"

동탁이 되받아친다.

왕윤도 지지 않는다.

"한나라의 황실을 어지럽힌 죄를 묻겠다. 어서 나와 칼을 받아라."

말이 떨어지기가 무섭게 황완의 칼날이 동탁을 겨냥하고 날았다. 뒤이어 무사들의 칼날이 번쩍거렸다. 동탁은 쓰러질 듯 다시 일어나 큰 소리로 여포를 부른다.

"봉선아, 내 아들아 어디 있느냐?"

동탁은 칼에 찔리긴 했으나 아직 치명상은 입지 않았다.

이때 방천화극을 든 여포가 나타나 좌중을 둘러보며 큰소리로 말한다.

"천자의 조칙이다. 역적은 어명을 받들어 창을 받아라."

소리와 함께 여포의 방천화극이 번쩍하는가 싶더니 동탁의 목을 꿰뚫었다. 한 마디 변명도 없는 조용한 죽음이었다. 이때 동탁의 나이 쉰 네 살, 아직도 더 살 날이 많이 남은 헌제 초평 3년 임신 4월 23일이었다.

바깥 궐문 밖에서 동탁의 외마디 고함소리를 들었는지 그의 심복 부하들이 뛰어들었다. 함께 있던 문무백관들도 이게 대체 어찌된 영문인지 몰라 우왕좌왕한다. 이를 본 여포가 큰 소리로 다시 외친다.

"천자의 조칙을 받들어 역적 동탁을 죽였다. 나머지 사람들에 대해서는 그 여죄를 묻지 않겠다. 물러들 가라."

잠시 정적이 흘렀다.

동탁의 횡포에 대해선 누구나 치를 떨었지만 한 나라의 대장군이 이렇듯 처참한 죽음을 당해도 되는가 싶던 장수 중에 하나가 만세를 선창한다.

"만세!"

처음 얼떨떨하던 모든 장수와 관원들이 만세를 따라 부른다.

"만세!"

"만세, 만세, 만만세!"

이로써 동탁의 전횡이 끝났다.

초선의 연환계도 이렇게 끝났다.

그러나 아직 끝난 것은 아무것도 없다. 끝은 항상 또다른 시작을 알리는 신호일 뿐이다.

여포는 동탁을 처치한 공로를 인정 받기도 전에 미오성으로 말을 몰아 달렸다. 진압군보다 먼저 가서 초선을 구해야 한다. 여포는 달리는 적토마에 채찍을 가해 바람을 일으킨다. 말갈기의 휘날림과 함께 불어 닥치는 뜨거운 열기가 입 안으로 훅훅 들어왔다.

초선은 후당의 한 방에 조용히 앉아 있었다.

"초선아!"

여포가 달려가 초선을 껴안는다. 얼마나 기다렸던 이 날이던가. 그러나 초선은 눈물 어린 눈으로 여포를 바라볼 뿐 한숨을 짓는다.

"왜 그래? 나야."

"그걸 누가 몰라서 그래요?"

"기다리고 기다리던 날이 왔으면 기뻐해야지 왜 눈물은 글썽이고 야단이야?"

초선은 그래도 웃지 않는다. 웃지 않을 뿐더러 탄식을 한다.

"저 같은 몸으로 장군님을 다시 뵈올 수 있을까요?"

차라리 동탁에게 몸을 더럽혔을 때 차라리 죽고 말았어야 한다는 말을 또 되풀이하는 초선이다. 여포는 초선이 그러나마나 끌어안고 어서 이곳을 떠나자 한다. 곧 진압군이 들어닥칠 것이고 보나마나 피비린내가 진동을 할 것이 뻔했기 때문이다.

"아무 걱정 마라. 우선은 여기를 무사히 빠져나가는 게 급선무다."

여포는 초선을 적토마에 태우고 쏜살같이 미오성을 빠져 나간다.

이제 막 진압군이 미오성을 향하여 돌진하는 모습이 보인다.

숲이 우거진 곳에 당도한 여포는 그때 서야 말을 세우고 쉴만한 곳을 찾아 개울가로 간다. 마침 물가에 큰 바위가 있어 말을 숨기기에 적당한 장소를 발견하였다. 비록 동탁을 죽이는 공훈을 세우기는 하였지만 토벌대 중에는 아직도 여포를 동탁의 부하로 생각하는 장수들이 있을 것이기 때문에 당분간은 몸조심을 해야 할 일이었다.

초심(初心)

　여포는 초선을 숲속 바위 위에 앉혀놓고 그래도 내 여자라고 되뇌어본다. 아무리 동탁과 살을 섞은 여자라 하지만 그게 무슨 대순가? 여자의 몸이란 물 위에 배 지나가기다. 더군다나 동탁에게 억지로 끌려가 고초를 당하고 온 여자가 아닌가. 따지고 보면 그 전부가 자기 때문이라 생각하는 여포다.

　초선은 짐짓 그러한 나날을 괴로워하는 척하면서도 속으로는 이 남자 역시 제거의 대상이라는 것을 잊지 않고 있다.

　"동탁이 위험 인물인 것처럼 여포 역시 위험 인물이야."

　왕윤이 그랬다.

여포는 힘이 세고 싸움은 잘 한다. 그렇지만 포악하다. 포악
할 뿐더러 의리라고는 눈곱만큼도 없다. 양부를 쥐새끼 죽이듯
죽인 인간이다. 그러한 위인을 어떻게 좋아할 수 있겠는가? 알
고서는 할 수 없는 짓이다.

그런데도 초선은 은연중에 이 남자에게 끌린다.

여포의 여자 다루는 솜씨가 여간 아니었기 때문이다. 아니
다. 솜씨야 별 것 아니었다. 그 물건이 특별 났다. 만에 하나
있을까 말까한 자라목이었다. 자라는 딱딱한 등껍질 속에 그
목을 감추고 산다. 그렇지만 일단 한 번 목을 길게 내뽑으면
자유자재로 움직인다. 그런데다가 그 이빨로는 놋젓가락도 끊
는다. 천하무적이다. 초선은 그런 유연함과 단단함이 함께 섞
여 있는 여포의 물건을 머릿 속에서 지워 버리지 못한다.

"이제 고생 끝 행복 시작이야."

여포는 바위 위에 올라 앉혔던 초선에게 뜨거운 입김을 불어
넣는다.

여자는 이러면 쓰러지게 마련이다. 자기를 좋아한다는데, 행
복하게 해주겠다는데 싫은 여자가 어디 있을 것인가? 설사 그
게 빈말이라 할지라도 여자는 남자의 감언이설을 좋아 한다.
누가 달콤한 말을 마다할 것인가.

"기다렸어요."

"얼마나 이날을 기다렸는지 몰라요."

초선은 여포의 드넓은 가슴으로 파고들며 코맹맹이 소리를

질러댄다. 남자들은 여자의 이 소리를 좋아 한다.

"얼마나 기다렸다구요."

"나두야."

둘은 어느 새 몸과 마음이 하나가 되어간다.

초선은 문득 흐르는 개울 속에 몸을 담그고 싶은 충동을 느낀다. 물 속에서 한 번 해 보고 싶은 것이다. 남화선사는 물속에서 하는 것을 즐겼다. 물은 물과 만나 더욱 부드러워지는 것이라 하였다. 물은 물끼리 불은 불끼리 만나야 더욱 활활 타오른다 하였다.

"잠깐만요."

여포는 초선이 너럭바위에 몸이 짓눌려 불편해 하는 줄 알고 몸을 일으켜 세운다. 초선은 나 잡아봐라 하는 듯 개울물 속으로 퐁당 뛰어든다. 미처 벗지 못한 옷가지들이 바위에 걸쳐진 채로 물살을 타고 흐느적거린다.

초선이 드디어 옷을 완전히 벗고 물 속에 잠긴다.

'저게 사람인가 인어인가?'

여포는 눈부신 초선의 알몸을 보며 황홀해 하지 않을 수 없다. 초선은 인어처럼 물 속으로 빨려들어가며 여포를 향해 환하게 손짓한다.

여포 역시 황급히 옷을 벗어 던지고 물 속으로 들어간다. 이미 자라목이 저절로 뻐근하게 일어서 있다. 이리하여 둘은 수중합환을 한다. 수중합환은 몸집이 큰 남자가 여자를 짓눌러

괴롭히지 않고서도 할 수 있는 자세라 남녀의 차이가 아주 클 때 행해지는 비법이기도 하다.

여포는 초선이 시키는 대로 무릎 위에 여자를 가벼이 떠안아 들이는 자세를 취하고 앞가슴을 만지는 동시에 뒤로부터 깊숙이 음부를 파고든다. 여자는 앉은 그대로 물 위에 유영을 하는 자세라 자유롭게 앞 팔을 움직여 헤엄을 칠 수 있다.

초선은 앉은 자세 그대로 목을 돌려 여포의 입술을 받아들인다. 전신이 완전 합일이 된 상태다. 어디 한군데 물 샐 틈이 없다. 물 속에 있으면서도 물 샐 틈 없는 게 수중합환의 묘미다.

여포는 생전 처음으로 행하는 이런 장난에 처음은 놀라며 어리둥절했지만 차츰 탄력을 받아 요령이 생기기 시작한다.

여포의 자라목은 한 뼘도 넘게 커 초선의 몸집으로 봐서는 받아들일 수 있을 것 같지 않았지만, 그게 더욱 뼈근함을 느끼게 한다.

"이제 앞으로 안아줘요. 이 상태대로요."

모든 시름이 가시는 듯 몽롱한 여포에게 초선이 말한다.

이 자세를 유지하면서 뒤로 들어가 있던 물건을 앞으로 돌리는 데에는 상당한 연구가 필요한 여포다. 그 바람에 여포가 물 속으로 꼴까닥 빠져들어가 물을 먹었다. 그래도 여포는 한 번 들어간 걸 빼지 않으려 발버둥이다. 남녀의 합환에는 일단 들어간 물건이 빠지면 재미없게 된다.

초선은 안간힘을 쓰고 있는 여포의 몸을 밀치듯 빙그르 한 바퀴 돌며 몸을 뒤집어 앞으로 향한다. 이 무슨 놀라운 재주란 말인가? 여포는 그저 놀라울 따름이다. 여태껏 수많은 여자들과 놀아본 여포다. 그런데도 물 속에서 하는 짓도 그러려니와 이렇듯 몸을 자유자재로 운용하는 여자는 처음 본다.

"으음!"

언제 일이 끝났는지 저도 모르게 신음소리를 내지르는 여포다. 절로 감탄사가 터져 나오는 여포의 목을 껴안은 초선은 배시시 웃으며 이렇게 말한다.

"좋아요? 이 초선이……."

여포는 할 말을 잊고 고개만 끄덕일 뿐이다.

"그렇담, 나 하고 한 가지 약속해요."

"약속?"

"네. 약속."

여포는 천하를 손아귀에 쥘만한 힘을 가졌으면서도 여자 앞에선 사족을 못 쓴다. 그러나 초선은 남자를 휘어잡는 힘이 있었다. 도대체 무엇이 여포로 하여금 꼼짝달싹 못하게 하는 힘을 가지고 있는 것일까?

여자의 약속이라는 건 뻔하다. 나 외에 다른 여자를 친하지 말 것과 나 혼자만 사랑해 달라는 독점욕이 대부분이다. 혹 가다가 패물을 요구하거나 친정 식구들을 먹여 살려 달라는 구걸형이 있지만, 그런 물질적인 것은 차라리 쉽다. 물질을 줘버리는 것은 쉬운 일이다.

그토록 애를 태우다가 얻은 이 여인의 요구가 도대체 무엇일까. 궁금하지 않을 수 없다. 따지고 보면 의부 동탁의 목을 베고 구해 낸 보물이다. 그런 여인이 하는 요구란 게 도대체 무엇이란 말인가.

그러나 초선은 이렇게 말한다.

"꼭 건강하게 살아 있어야 해요. 알았어요?"

초선은 당신이 건강하게 지내는데 따라 자신의 안녕도 지켜진다는 이야기를 한다.

"이제부터 난 당신의 일부이니까."

당신이 없으면 나도 못 산다는 이야기를 하는 초선은 함초롬하게 피어난 한 송이 들꽃 같다. 여포는 수많은 세월을 들판에서 찬 이슬을 맞고 살아왔다. 이젠 풍찬노숙보다는 따뜻한 방안이 그립다.

"이제 널 버려두지 않을 거야."

여포는 다시 한 번 뜨거운 포옹을 하고 초선을 말에 태운다.

이제 왕윤을 보러 갈 참이다.

이 거사 계획은 왕윤으로부터 나왔으니 그 상급을 받을 곳 역시 당연히 왕윤이라는 생각이 드는 여포였다.

여포가 초선을 구해 낙양성으로 돌아왔다는 소식을 들은 왕윤은 동탁의 죽음을 슬퍼하는 자들을 색출하여 처단하는 일을 지휘하고 있었다. 이 일은 동탁의 지지자들을 뿌리 뽑는 일로 당연히 필요한 조치였으나 여기저기 말들이 많았다. 이왕에 동탁이 죽고 그 가족이 몰살 당한 판국에 그 지지자들까지 처단하는 일은 언어도단이라는 이야기들이었다.

그중에 채옹이라는 자가 있었다. 채옹은 당대 문장가로서 명망이 높은 학자였는데, 동탁의 처참한 주검을 보고 눈물을 보였다 하여 끌려 나와 문초를 당하고 있었다.

"나는 동탁을 지지하여 운 것이 아니요."

"그럼 무엇 때문에 울었소?"

"동탁과 한때 잘 지냈던 옛정을 생각해 눈물을 떨군 것이지 그의 역적 행위를 두둔해서가 아니요."

채옹은 극구 변명을 하고 있었고 심문을 하는 관리는 어찌할 바를 모른다.

그때 마침 왕윤이 지나가다가 이 취조 과정을 보고 한 마디 거든다.

"어찌됐건 간에 동탁의 주검을 보고 눈물을 흘린 자들은 다 역적의 편이니라."

왕윤은 강경하게 말했다. 이로써 채옹의 머리는 허공중으로 날아 올라갔다.

태부 마일제가 혀를 끌끌 차며 이를 슬퍼했다.

"아까운지고. 채옹의 박식함을 따를 자가 없는데."

'마일제는 채옹을 살려두고 역사를 기록하게 하였으면 좋았을 텐데' 탄식을 했다. 그렇지만 왕윤은 그 옛날 효무제가 사마

천을 불쌍히 여겨 살려두어 사기를 기록하게 하였더니 후일 비방하는 글을 써 후세에 전하게 했다는 고사를 들었다.

그래도 뜻있는 자들은 채옹을 불쌍히 여겨 울며 왕윤의 목숨도 오래 가지 못할 것이라 수군거렸다.

어쨌건 이러할 즈음 여포는 초선을 데리고 왕윤을 찾아왔다.

왕윤은 일단 여포를 정중하게 모셨다.

"장군 덕으로 한나라 황실이 제대로 체통을 찾았습니다."

"제가 뭐 한 일이 있나요?"

"무슨 겸손의 말씀을……."

왕윤은 속으로 이 자를 물리칠 방도를 생각했지만 차마 지금은 때가 아니라 마음먹는다. 아직 동탁을 죽인 여파도 채 가시기 전에 여포조차 한꺼번에 없애 버리려든다면 다시 한번 평지풍파가 일 것이 뻔하다. 아직까지 많은 군사들이 여포를 믿고 따른다. 이제 동탁이 죽었으니 당연히 그 자리를 여포가 지켜야 할 것이다.

그러자면 연합군과도 상의를 해야 할 것이다. 비록 연합군의 손을 빌리지 않고 역적 동탁을 무찌르긴 했지만 전국의 군대가 전부 낙양을 둘러싸고 있는 상황이 아닌가? 자칫 잘못하다간 더 큰 국난을 겪을 수도 있을 것이다.

여포도 이런 상황을 잘 알고 있다. 아무리 머리가 둔하다 할지라도 자기는 여태 동탁의 심복으로 있었고, 동탁이 역적이었다면 그 역시 역적일 수밖에 없는 현실이다. 비록 동탁의 목을 베긴 했지만, 다른 장수들이 자기를 어떻게 받아들일지는 알 수 없는 일이다. 자기를 공로자로 인정하도록 하던지 그대로 역적의 하수로 두던지 하는 것은 전적으로 왕윤의 태도에 달려 있었다.

왕윤은 두 가지 마음이다. 여포를 때려잡고 초선을 되찾든지 초선을 여포에게 맡기고 여포를 대우해 높은 자리 앉히든지 둘 중 하나다. 그렇지만 왕윤은 아무래도 자신이 없었다.

한때나마 그로인하여 행복을 느낄 정도로 애지중지 아끼고 사랑하던 초선을 만족하게 해줄 자신이 없는 것이다. 이빨 빠진 호랑이가 초선을 위해서 무슨 일을 더 할 수 있을 것인가? 그럴 바에야 차라리 여포에게 주어 제 갈 길을 찾도록 해주는 것이 옳은 일이 아닐 것인가. 그렇지만 차마 남주기에는 아까운 초선이다.

이렇듯 마음의 갈피를 잡지 못해 심란해 있는 왕윤의 심중을 꿰뚫어본 초선이 이렇게 말한다.

"간밤에 꿈을 꾸었어요."

"꿈이라?"

"유성이 흘러오는 곳으로부터 한 가닥 빛이 흘러들더니 저를 빨아들이는 거였어요."

"유성이 흐르는 곳으로 빨려 들어갔다면 태몽인 게로구나."

왕윤은 일찍이 점술을 배운 적이 있는 사람이라 해몽을 그런 식으로 했다. 그렇다면 역적 동탁의 씨앗을 가졌다는 이야기가 된다. 아니면 여포의 씨앗을 가졌는지도 모를 일이다. 아무튼 자기의 씨앗을 가진 것은 아니라 생각하니 이제 취할 길은 하나로 모아진다. 죽은 동탁에게 보낼 수는 없는 일이고 산 여포에게 보내는 일밖에 없을 일이다. 아니면 가련한 목숨을 거두는 수밖에 없을 노릇이다.

"여장군께서는 저를 아껴 거두시겠다고 말씀하십니다."

초선의 어조는 단호하다. 자기를 여포에게 맡겨 달라는 이야기 아닌가. 이미 여포와 가진 관계를 저렇듯 비유로 이야기할 때부터 자기를 이제 그만 놓아 달라는 간청이 젖어 있는 말뜻이라는 걸 못 알아듣는 왕윤이 아니다. 그렇지만 초선을 이대로 보내기엔 아까운 왕윤이다. 남주기는 아깝고 나 먹기는 버거운 상대다.

그러나 초선을 여포 옆에 붙여두면 자연적으로 든든한 자식 하나를 두는 것과 같다는 실리부터 따지는 왕윤이기도 하다.

"그렇다면 다행이구나."

왕윤은 처음 계획과는 약간 빗나가는 것 같은 느낌이 들기도 하고 또 혹시나 초선이 여포에게 너무 빠져 당초의 간계까지를 다 까발릴 것이 아닌가 하는 염려도 버릴 수 없다. 그렇지만 당분간은 아무 일 없을 것 같은 생각이다. 초선이 여포에게 폭빠져 시시콜콜 지난 이야기를 할 때쯤이면 세상은 또 달라져 있을 것이기 때문이다.

"이제 장군께서 이 늙은이의 명예를 되찾아주셨습니다."

왕윤은 여포에게 예를 갖추어 인사한다. 왕윤이 동탁에게 당한 수모를 씻어준데 대한 감사를 올린다고 하니 여포는 그게 진심인 줄 알고 흥감해서 어쩔 줄 모른다.

"아, 아닙니다. 오히려 제게 이런 큰일을 맡기신 장인어른께 감사드립니다."

여포는 서슴없이 왕윤을 장인이라 부른다.

이렇게 두 사람은 서로의 속셈을 감춘 채 다시 한 패가 되었다.

이 날 밤 왕윤은 조조와 원소 등의 연합군을 만나 여포의 공로를 인정하도록 설득하였다. 이들도 쾌히 승낙을 하여 이를 받아들였다.

이로서 일단은 난국이 평정되었다.

하마터면 동탁에게 찬탈 당할 번한 옥좌에 다시 앉은 황제는 이들의 공과를 따져 각기 드높은 자리들을 주어 임지로 돌려보냈다. 이로써 동탁의 꿈은 일단 막을 내렸다. 항간에는 이런 노래가 유행을 했다.

왕업 이루면 왕이요.
성령 이루지 않아도 부자는 될 수 있었거늘
누가 하늘의 뜻에 사사로움이 없음을 모르는가.
미오성 세우자 패망을 했구나.

동탁이 욕심을 지나치게 부리다가 망한 것을 한탄하는 노래다. 허욕을 부리지 않았던들 평생 부자로 살 수는 있었을 텐데 왜 하늘의 뜻을 그르쳤을까 하는 생각은 만고진리다. 그러나 아직 동탁을 잊지 못하는 동탁 부하 이각 곽사 장제 번국 등은 서쪽으로 도망을 쳐 후일을 도모하기로 했다.

왕윤은 이들을 그냥 둘 수가 없었다. 화근은 불씨부터 미리 없애야 한다는 주장이었다.

"어떻게 해서든 놈들을 잡아 처단하라."

그러나 저들은 한 수 더 뜬다.

"왕윤이 서량주로 쳐들어와 우리를 다 죽이려 한다."

서량주 백성들은 앉아서 당하느니 차라리 나가 싸우다가 죽자는 이각과 곽사의 말을 믿고 자진해서 군사가 되었다. 결사항전을 외치며 모여든 군사가 십만 명이나 되었으니 이각과 곽사는 신바람이 나 장안을 향해 진격해 들어가기 시작했다. 또다시 황사바람이 일기 시작한 것이다.

이에 놀란 왕윤은 여포를 불렀다.

"왕사어른 안심하십시오. 저깟 쥐새끼들 하루 아침에 물리치겠습니다."

여포는 큰소리를 친다.

그러나 저들도 만만치 않다. 싸움은 장수 혼자 하는 게 아니다. 이미 저들은 앉아 당하느니 죽음으로 가족을 지키겠다는 결사항전의 결의를 다지고 나온 결사대들이다.

여포는 이숙과 함께 군사를 몰고 성문 밖으로 나갔으나 첫 전투는 관군의 패배로 끝나고 말았다. 선봉을 섰던 이숙이 우보에게 당해 삼십여 리를 후퇴했던 때문이다. 화가 난 여포는 이숙을 단칼에 베어 버렸다.

여포는 무예에는 뛰어났으나 사람이 우직하여 작전 계획을 짜는 데는 별 재주가 없었다. 때문에 남이 시키는 일은 잘 하지만 자제력이 부족하다. 반면에 이각과 곽사 등 동탁의 옛 부하들은 경륜이 깊어 이러한 여포의 멧돼지 같은 단점을 십분 이용하고 있었다.

이들은 산 위에 진을 치고 산발적인 공격을 퍼부었다. 일대 일로 싸우는 데는 여포를 당할 자가 없지만 미친 듯 달려드는 여포를 향해 소나기 같은 화살을 퍼붓고 숨는 숲속의 궁수들에게는 여포의 힘이 아무리 산을 옮기는 역발산 기개라도 아무 소용이 없는 노릇이었다.

몇날 며칠을 질질 끄는 전투에 짜증이 난 여포는 제 풀에 지쳐갔다.

"이제 여포도 지쳤을 게야."

이각은 곽사와 군사를 양 편으로 나누어 장안성을 공략하기로 한다. 한편으로 다른 군사들을 장제와 번주에게 주어 성 뒤편을 치게 하였다.

"이놈 여포야, 썩 나와서 이각의 칼을 받아라."

드디어 이각이 숲속에서 몸을 드러낸 것을 본 여포는 쏜살같이 적토마를 몰아 들판을 가로질러 똑바로 향한다.

"이놈 여포야, 제 아비를 죽인 파렴치한 놈아."

왼편을 보니 곽사가 말 위에 높이 앉아 여포를 비웃고 있다.

여포는 곽사부터 처단해야지 하는 마음으로 말머리를 돌리려 한다.

"이놈 여포야, 천하에 의리도 없는 놈아!"

이번에는 오른쪽 마상에서 높이 앉은 이각의 아들 이철이 입에 담을 수 없는 욕을 퍼붓는다.

"어떻게 제 어미를 빼앗아 아내로 취할 수 있느냐? 짐승만도 못한 놈아."

이철은 여포가 미오성에 홀로 잠입해 동탁의 여자인 초선을 구해 취한 일을 거론하고 나섰다. 이 말에 앞뒤를 분간할 수 없는 여포는 달리는 말 위에서 방천화극을 겨드랑에 낀 채 등 뒤의 화살 통에서 살 하나를 뽑아 시위를 당겼다.

"저놈이 감히……."

초선을 논급하다니 있을 수 없는 일이었다.

여포는 화가 머리끝까지 치밀어 이철을 향하여 활시위를 당겼다. '으악!' 이철이 화살에 명중하여 말 위에서 나뒹굴어 떨어졌고 추풍낙엽처럼 그의 부하 장졸들이 방천화극의 태풍 앞에 쓰러져 나갔다.

이리저리 치고 베는 여포의 방천화극에 추풍낙엽처럼 떨어져 나간 숫자가 헤아릴 수 없이 쌓여갔지만, 여포의 적토마는 혼자서 너무 적진 깊숙이 들어와 다른 관군이 당도하려면 아직도 멀었다. 이런 악전고투 속에서도 여포는 조금도 지치는 기색이 없다.

"이놈 여포야, 제 아비를 둘씩이나 죽이고 무슨 낯으로 사느냐?"

"이놈 여포야, 제 어미를 취하고도 세상이 부끄러운 줄을 모르느냐?"

이각과 곽사가 양 옆에서 따라 붙는다.

"알고나 말해라. 이놈들아! 초선이는 본래가 내 아내다."

"너는 아내가 따로 있는 몸이 아니더냐? 이 뻔뻔한 놈아."

"그러는 너희 놈들은 아내가 두 셋씩이 아니냐?"

"그래도 이놈아, 제 어미를 취하지 않는다. 너는 진미령이도 취한 놈 아니냐?"

그러니 불륜의 대명사라는 것이다.

싸움 도중에 무슨 말이 더 필요할 것인가?

여포는 방천화극을 휘둘러 이각을 공격해 들어간다. 때를 놓치지 않고 곽사가 여포의 옆구리를 찌르려 든다. 여포는 몸을 잽싸게 돌려 곽사의 투구를 겨냥하여 장창을 내지른다. 곽사가 이를 피하자, 이각이 다시 여포의 옆구리를 겨냥하여 돌진해 왔다. 이러기를 수십 합 막상막하다.

이때 어디선가 뿔고동 소리가 들린다.

"장안을 함락했다."

"장안을 함락했다."

동탁의 잔당들이 내지르는 소리다. 아뿔싸! 이미 때가 늦은 것인가? 적토마가 제 혼자 너무 깊숙이 들어온 것이다. 항상 있어야 할 좌우 호위무사를 떨쳐 버리고 저 혼자 들어온 게 잘못이다. 그래도 항상 승전에 승전을 거듭 했었는데 이번엔 어찌된 일인가? 여포의 그러한 약점을 잘 아는 이전의 동료들에게 그 발목을 붙잡힌 것이다. 적은 외부에 있는 것이 아니라 항상 내부에 있어 그 약점에 덜미를 잡히는 것이다.

여포는 제 살길을 찾아야겠다는 절박한 심정이 된다.

장제와 번주의 군사가 장안을 함락했다는 소식이 온 전선에 전해지자 관군은 소리 소문도 없이 무너져 내렸다. 저들이야 어느 편에 붙든 목숨만 살아있을 수 있다면 아무 상관없는 군졸들이다. 하루에 열두 번도 더 변할 수 있는 게 관군의 장졸들인 것이다.

"이랴!"

여포는 때를 봐서 재빨리 적토마를 날려 포위망을 뚫는다. 우선은 살고 봐야 한다. 어느 전투거나 목숨을 걸고 싸울 만큼 명분이 있는 전쟁은 없다. 이게 여포의 생각이다. 그렇게 수많은 전투와 싸움에서 살아 남은 여포다. 싸움이란 승리 아니면 패배다. 승리한다고 달라질 것도, 패한다고 달라질 것도 없다. 승패에 관계없이 싸움은 끊임이 없다.

그런데 무엇을 위해 이 짓을 하고 있는 것인가?

이번 일은 순전히 초선을 얻기 위한 싸움이었다. 이제 초선이도 얻었으니 목숨 걸고 싸울 필요야 뭐가 있겠는가? 일단 포위망을 뚫는데 성공한 여포는 정신없이 달리고 또 달리다가 혼자 피식피식 웃는다. 도대체가 이게 무슨 꼴인가. 여자 하나 때문에 이렇게 목숨 걸고 싸워야 하는가 말이다. 정처없이 달리던 적토마를 멈춰 세운 여포는 비로소 모든 일들이 부질없다는 생각을 한다.

한편 장안성이 동탁의 잔당들에게 함락되었다는 급보를 받은 왕윤은 천자를 모시고 피신을 하려던 찰나 장제와 번국과 마주쳤다. 그중에 번국은 일단 항복을 하여 목숨을 건졌던 동탁의 휘하 참모로 왕윤이 채옹을 죽이는 그 잔인함을 보고 발길을 돌렸던 채옹의 친구다.

"이제 친구의 원한을 풀 때가 되었구나."

왕윤은 변변한 저항도 못해 보고 번국의 손에 목이 달아나고 말았다.

이 소식을 들은 초선이 왕윤의 시신을 수습해 갔다.

마땅히 초선도 죽임을 당해야겠지만 그 아름다움에 반했는지 아무도 그를 해하려는 자가 없었다. 그도 그럴 것이 이들 동탁의 심복이었던 자들에겐 초선이 아무런 원한 관계를 가질 이유가 없었고, 어쩌면, 오히려 이 난이 평정되고 나면 어떻게 해서든지 초선을 한 번 안아보고 싶은 꿈들을 품었을는지 모를 일이다.

번국이 오히려 초선의 일을 도왔다.

"자네 속셈을 알 길이 없네 그려."

장제의 말이다.

"왕윤이 죽어 마땅하지 초선이 무슨 잘못이 있겠는가?"

번국은 초선의 애통해 함이 당연하다고 한다. 초선이 비록 동탁의 여자였었지만, 왕윤이 기른 애이고 보면 딸이 그 애비의 시신을 거두어가는 것은 당연하다고 했다.

"초선에게 맘이 있는 건 아니고?"

장제의 이죽거림에 번국이 이렇게 받는다.

"자네에게도 기회가 있을지 아나?"

둘은 웃었다. 까짓 여자 하나 못 나눠 가질 게 뭐가 있겠느냐 사내들 끼리의 암묵적 합의다. 어지러운 시국이 좀 안정되고나면 초선을 어떻게 해볼 심산들이다. 이들은 그만큼 여자의 진가를 모르는 순진한 남자들이다. 여자란 나누어 가질 수 있는 그런 물건이 아니질 않는가? 게다가 초선에겐 목숨을 내건 여포가 있다.

밤중만 하여 여포는 목숨을 건 잠입을 시도한다. 초선을 찾아 함께 피신해야 하겠다는 일념이 다시 적진을 향해 뛰어들도록 만든 것이다. 무엇이 여포를 이토록 만들었을까? 자신이 생각해도 알 수 없는 일이다. 정말로 초선을 사랑했던 것일까? 그렇지 않고서야 목숨 걸고 성 안으로 다시 들어오는 이런 짓은 하지 않았을 것이다.

천자는 이각과 곽사의 무리들에게 옹위된 채였고 왕윤은 이미 저들 일당에게 죽음을 당했다는 이야기다. 더 이상의 보복 조처는 아직 없었고 성내의 백성들은 이놈이 하나 저놈이 하나 다 같은 나라라 별반 관심이 없다. 그토록 오랜 학정에 시달려 온 사람들이라 누가 천자의 자리에 올라 무슨 일을 어떻게 하든지 관심 밖이다.

여포는 아직도 연기와 타는 냄새가 나는 뒷골목에 몸을 숨긴 채 집으로 가는 길을 따라 걷는다. 적토마는 사람들의 눈길에 쉽게 띌 수 있음으로 성 밖 고묘에 숨겨두었다. 옷도 평복으로 갈아입어 별로 특별할 것도 없는 차림새다.

그런데도 여포를 알아보는 사람이 있었다.

"여장군님 아니십니까?"

그는 동탁의 참모로 있던 자라 여포와는 아주 가까운 사이였다. 그 역시 아까까지만 해도 이각의 무리들과 싸움을 벌이고 있던 금위군이다. 군복을 벗고 걷는 것으로 보아 그 역시 가족을 찾아가고 있음이 분명하다.

"자네가 여길 웬일인가?"

"집을 찾아가는 길입니다."

집에는 아내와 어린 식솔들, 그리고 나이 많은 노모가 있다는 것이다. 이제 저들을 찾아 피난길에 오를 예정이란다.

"시국이 이래 가지고서야 더 이상 여기 머물 수 있겠습니까?"

머잖아 보복이 단행될 것이고 동탁의 부하였던 자신을 그냥 둘 까닭이 없다는 것이 그 자의 이야기다. 여포 역시 같은 신세가 되었다고 말하고는 그 자와 얼른 헤어졌다.

"자, 다시 보세."

"장군님도 조심하세요."

여포는 도둑고양이처럼 골목길을 돌고돌아 집으로 찾아 들어간다.

그러나 집은 텅 빈 채 사람이라곤 그림자도 비치지 않는다. 이미 온 집안은 쑥대밭이 되어 있고 노략질 당한 흔적이 역력하였다.

여포는 먼저 초선이 기거하던 안방을 들여다본다. 혹시나 편지라도 써 두고 갔을까 싶어서다. 서운하게도 아무런 흔적을 남기지 않았다. 그렇다면 아직도 떠나지 않았을지 모른다는 생각이다.

'그래, 그게 어디 있더라.'

여포는 단검을 뽑아 봉해 놓은 벽장 안을 뜯어낸다. 벽장 속에 숨겨둔 보화를 꺼내기 위해서다. 어딜 가나 재물이 있어야 한다. 여태껏 목숨 걸고 싸워 온 게 무엇 때문인가. 재물을 모으기 위해서다. 부자가 되기 위해서다. 부자가 되어야 잘 살수 있다. 인간은 무엇으로 사는가? 돈이 있어야 산다. 벼슬도 권력도 다 돈을 긁어 모으기 위한 수단과 방법이다.

벽장 속을 뜯어 내자 숨겨둔 패물함이 나왔다. 정원의 목을 베고 동탁에게 하사 받은 금은보화도 있고 왕윤에게서 받은 보석들도 있다. 이게 다 남의 목숨을 담보로 얻은 것들이라 생각하니 진저리가 쳐지는 그였지만, 그래도 그것들을 쓸어담아 어깨에 메고 나오는 여포다. 이것만 있으면 어딜 가도 산다. 그런데 초선은 어디로 갔단 말인가? 이 금은보화를 다 주고도 못 바꿔올 초선이다.

'초선이.'

여포는 혼자 나직이 초선이라는 이름을 되뇌며 집을 나오다 말고 잠시 우물가에 앉았다. 우물가 수양버드나무에서 한 쌍의 꾀꼬리가 서로 희롱하며 노는 것이 눈에 들어온다.

'이놈들아, 네놈들은 그렇게 좋으냐? 나는 임을 잃고 이러고 있다.'

'초선이, 도대체 어디 있는 거야.'

여포는 지금처럼 막막한 때가 없었던 것 같다.

이제 어디로 간단 말인가? 누구에게 가 의탁할 것인가? 그는 지향없이 헤매고 다닐 자신의 앞날이 처량하여 정신이 아득하다. 어쩌다가 이런 신세가 되었단 말인가.

그러나 마냥 이러고 있을 수만은 없다. 여기는 적진이다. 어제의 동지가 오늘의 적이 되고 또 오늘의 적이 내일의 동지가 될 수 있는 난국이다. 그는 낙양성을 불지르고 장안으로 수도를 옮기던 때를 떠올려 본다. 그때는 기세도 당당하던 동탁의 아들이었다. 그런데 이제 그 동탁의 목을 베고도 이런 꼴을 당한다. 뭐가 어디서부터 꼬이기 시작했던가? 동탁을 치고 초선을 빼앗으려 했던 그 순간부터 일은 꼬이기 시작했던 것이 아닌가.

한편 왕윤의 시신을 거두어 수습을 하던 초선은 성 밖 고묘 뒤에 적토마가 메어져 있는 것을 발견하고는 부근 어딘가에 여포가 있겠거니 하고 기다리기로 한다.

적토마는 초선을 알아보고 콧김을 불어 힝힝 거린다. 말 못하는 짐승이라도 반기는 표정이 역력하다.

초선은 적토마의 갈기를 쓸어 넘기며 혼자 소리로 이렇게 말한다.

"네 주인님은 어디 가셨니?"

말은 히잉! 거리며 뒷발질을 한다. 기분이 좋을 때 하는 짓이다.

그러나 그 검은 눈동자엔 한없는 슬픔이 젖어 있다. 달려야 할 말이 매어져 있는 비극적 상황을 말없이 나타내는 것 같다.

초선은 나무 아래 앉아 풀잎을 하나 뜯어 저쪽으로 던져 본다. 이제 더 이상의 싸움이나 살생에 간여하고 싶지 않다는 생각이다. 너무나 많은 죽음들을 지켜본 초선으로서는 더 이상의 살생이 무의미하다는 생각이다.

이게 다 무어란 말인가? 한 나라 황실의 안녕을 지키기 위해 한 일이라지만 얼마나 많은 생명들이 그로인하여 무참히 죽어 나갔는가? 그렇다고 달라진 게 있는가? 아무것도 달라진 게 없는 세상이다. 세상은 처음부터 달라질 게 없는 것이다.

그런데도 남자들은 무엇을 위해서인지도 모르고 싸움질이다. 마치 싸움을 위해 태어난 것 같다. 이제 좀 조용히 살고 싶다. 로구호 신산으로 돌아가 없는 듯이 살고 싶다는 생각이다.

이때 저쪽에서 검은 그림자 하나가 나타난다. 말이 뒷발질을 해대며 히잉 거리는 걸로 봐서는 말의 주인임에 틀림없을 것 같은데 아직 마음을 놓을 수는 없다.

"누구냐?"

저쪽에서 먼저 이쪽의 인기척을 알아채고 날카로운 소리를 내어 묻는다.

틀림없는 여포의 목소리다.

초선은 달려가 목을 끌어안고 싶었지만 나무 그늘에 자세를 낮춘 채 동정을 살핀다.

여포는 혹시나 잘못 보았나 하여 안심을 하다가도 사방을 두리번거려 보고는 적토마의 말안장에 들고 온 것들을 단단히 조여 맨다. 이제 정처 없는 길을 떠나야 한다. 떠나는 길에 노자 돈이라도 풍부해야지 이것마저 없다면 어떻게 될 것인가. 궁색함을 면치 못할 것이다. 이제 더 이상의 궁색함은 싫다. 어릴 때부터 배고픔과 추위에 떨던 여포는 궁색한 것처럼 싫은 게 없다.

그러나 그보다는 초선을 두고 떠나야 한다는 게 한없이 슬프다. 어쩌면 돈보다 더 귀한 초선이 아닌지 모르겠다는 생각이다. 말이 먼저 주인의 심정을 아는지 적토마가 뒷발을 긁어 땅을 판다. 이는 필시 무슨 말을 하고 싶어하는 수작이다.

말 못하는 짐승이지만 여포는 적토마의 말을 알아듣는다.

"......?"

먼저 경계태세를 하는 여포다. 오랜 전장에서 자연스럽게 젖어든 습관이다.

초선은 나무 그늘로부터 몸을 일으켜 여포 앞으로 나가며 말한다.

"초선이어요."

"초선이?"

여포는 도무지 믿기지 않는 모양으로 초선을 맞는다.

"난 이대로 생이별을 하는 줄 알았어."

그러면서 집으로 찾아갔었다는 이야기를 한다.

둘은 서로 부둥켜안고 잠시 재회의 기쁨을 누릴 사이도 없이 추적자를 따돌리기 위해 말에 올라야 했다. 아까 성안에서 만났던 휘하 장수가 그 사이 밀고를 해 여포를 잡으러 온 것이다.

"여포가 저기 있다. 잡아라."

여포는 초선을 먼저 말 위 안장에 태우고 자신은 후미에 털썩 올라앉는다. 그래도 말은 아무런 내색을 하지 않는다. 둘을 태우고도 오히려 가뿐하단 듯 앞발굽으로 땅을 긁는다. 이는 모든 준비가 다 됐다는 신호다.

"가자!"

여포는 당장에 적토마를 몰아 땅을 박차듯 날아오르며 멋모르고 달려오던 선두 주자들과 그 자의 목을 내려쳤다. 말잔등에 비껴 걸렸던 방천화극이 언제 바람을 일으키며 피를 불러왔는지는 눈 깜짝할 사이였다.

한참을 달리던 적토마가 숨을 내리쉴 즈음하여 두 사람은 개울가에 당도해 있었다.

두 사람은 말에서 내려 손을 씻고 입 안을 헹구었다. 그리고는 입맞춤을 하였다. 청춘이란 이렇다. 금방 피를 보고서도 사랑을 나눌 수 있는 것이 청춘남녀다. 한참을 흘레붙은 개처럼 낑낑 거리던 두 사람은 정념을 불태우고 그 흔적들을 물에 씻어 흘려보낸다.

"초선이!"

"……."

"고마워. 이렇게 기다려 줘서."

여포는 초선이 자기를 기다려 적토마 옆에 숨어 있은 줄 알고 흥감해 한다. 초선은 그때 번국이 내어준 병졸들로 하여금 왕윤의 시신을 수습하게 하고 집으로 돌아가려던 참이었다.

번국은 병졸들로 하여금 초선을 돕게 하고 그녀를 처소로 데려오라 명하였건만, 저들이 한눈을 파는 사이 초선은 도망치고 말았던 것이다.

추풍(秋風)

한바탕 소용돌이가 지나자 온 천하는 사방으로 갈라져 군웅할거시대가 되었다.

큰 대결 구도를 보면 연합군의 총사령관격이었던 원소와 원술 형제, 조조 그리고 공손찬, 손책, 유비 같은 인물들이 대세를 잡았다. 겉으로는 각기 하나씩의 땅덩어리들을 차지하여 평온한 나날들인 것 같았으나 속으로는 서로 물고 물리는 암투가 계속되고 있었다.

이 중간에 여포도 한 몫 끼어 있었다. 아직 그 두각은 나타내지 못하였지만, 여포는 사방을 떠돌다가 유비의 환대를 받고 소패성에 자리를 잡았던 것이다. 따라서 초선도 소패성에 머물

게 되었다.

"아니. 저런 미인이 있었단 말인가?"

소패성은 유비 형제가 살고 있는 서주성에서 가까운 거리라 자연스럽게 서로 왕래를 하게 되었고 초선의 존재도 자연 눈에 띄게 되었다. 유비 삼 형제 중에 둘째인 관우는 아직 총각이라 여자 보는 관심이 남달랐다.

관우는 초선을 보자마자 한눈에 사로잡힌 바 되었다.

막내인 장비는 아무래도 이러다간 일 내겠다싶어 유비이게 이를 장난삼아 이른다.

"형님, 여포에게 초선이라는 미인이 있는데 둘째 형이 그녀를 탐내는 눈치니 이를 어쩌면 좋겠습니까?"

둘째도 옆에서 이 말을 들었다.

"아, 아닙니다. 형님! 저는 한 번도 남의 여자를 탐해 본 적 없습니다."

관우는 펄쩍 뛰는 표정이다. 그런데도 넌지시 무슨 하문이 있기를 기다리는 눈치다. 마음만 먹으면 까짓 여자 하나쯤이야 문제될 리 없을 일이었다.

그러나 유비의 대답은 전혀 뜻밖이다.

"그 애가 초선인가? 미인이기는 하더구나."

"큰형님도 그 계집을 봤습니까? 정말 절세미인인 건 맞죠?"

"이제 보니 막내가 마음에 있어 꺼낸 소리였구나?"

"아! 아닙니다. 형님 이 장비가 여자 탐하는 거 봤습니까?"

장비도 펄쩍 뛴다. 그러다가 뜬금 없는 소릴 내뱉는다.

"그렇다면 그 여자애는 큰형님 몫입니다."

"어허, 이게 무슨 소리들? 여자가 남의 집 물건인가? 멋대로들 내꺼니 네꺼니 하게."

"뭐 어때서요? 어차피 여포란 놈이 데리고 있는 종인 걸요."

"종이라면 아무나 뺏어도 된다는 말인가?"

장비는 어디서 들었는지 초선의 행적과 여포와의 관계를 죽 늘어놓는다. 관우는 장비에게 그 여자애에게 관심이 있느냐? 관심이 있으니 그렇게 소상히 신상을 파 헤쳤을 것이 아니냐고 힐문했고, 장비는 그런 게 아니라고 극구 부인했다.

"그만 가서 일들이나 하게."

이 날은 이걸로 끝났다.

그러나 세 사람 다 초선이를 보는 눈들이 달라졌다.

한편 장안성에는 이각과 곽사 등이 실권을 잡고 행패를 일삼았다. 동탁이 있을 때보다 더한 세상이 되었다. 황제도 꼼짝할 수 없는 전횡이 되풀이되었다. 이를 참다못한 태위 양표와 주전이 헌제에게 진언했다.

"지금 조조는 이십만 대군을 이끌고 있습니다. 조조에게 부탁을 하면 저들을 물리칠 수 있을 것입니다."

"그렇게만 된다면야 무슨 걱정이겠소?"

헌제는 한시 빨리 이 치욕을 벗어나고 싶어 눈물을 흘린다.

"짐은 오랫동안 역적들로부터 치욕을 당하고 있소."

"알겠습니다. 저들을 처치할 수 있도록 모든 조처를 취하겠습니다."

양표와 주전은 어전을 물러나와 조조에게 밀서를 보낸다.

한편으로는 이각과 곽사 두 사람을 이간질시키기 위하여 계략을 짠다.

얼마 후, 양표의 부인이 곽사의 아내를 찾아가 이렇게 속삭이듯 말한다.

"요즘 들리는 소문에 의하면 곽장군께서 이각의 부인과 배가 맞아 깨가 쏟아진다 하더군요. 알고 계시나요?"

이 말을 들은 곽사의 아내는 얼굴색이 새파래져 집으로 돌아갔다.

그날 밤, 이각이 곽사의 집으로 술 한 병을 보냈다. 곽사가 그 술을 마시려 하는 순간 곽사의 아내가 술잔을 빼앗아 술을 들고 온 하인에게 마시게 했다. 하인은 그 자리에서 숨을 거두고마는 사건이 일어났다. 누가 보낸 술인지 알 수가 없다. 나중에 판명된 바로는 술병을 들고 온 하인은 이각의 하속이 아닌 길가의 부랑자였다.

어쨌거나 곽사는 비밀리에 심복들을 모아 이각을 칠 계획을 세웠다.

당연이 이 말은 이각의 귀에 들어갔고 두 사람 사이에 큰 싸움이 벌어졌다. 장안은 다시 한바탕 불길이 솟았고 천자는 두 사람 사이를 이리저리 끌려 다니는 능욕을 당했다.

장안은 또다시 도적의 소굴이 되었다.

이때 섬서성의 장제가 군사를 이끌고 와 이들을 뜯어 말렸다. 기력이 소진한 이들은 장제의 말을 듣지 않을 수 없었다. 시간을 벌어야 하겠기 때문이다.

장제는 헌제에게 표를 올려 이 틈에 낙양 천도를 하자 했고 헌제는 이를 쾌히 승낙하였다. 신하들은 어가를 모시고 몰래 낙양을 향해 내달렸고 일부 백성들도 뒤따랐다. 뒤늦게 이 사실을 안 이각과 곽사는 다시 힘을 합해 어가를 뒤쫓았다. 천자를 끼고 있지 않으면 모든 제후들이 자신들을 공격해 올 것이 뻔하기 때문이었다.

"후유, 이제야 살았구나."

무사히 낙양으로 돌아온 헌제는 거처를 수리하게 하고 불 타 버린 성 안의 모든 복구에 힘을 쏟을 것을 명했다. 그렇지만 먹을 것과 물이 부족한 백성들은 성 밖으로 나가 나무껍질과 풀뿌리를 캐어 겨우 목숨만 연명하는 처지가 되었다.

헌제는 지금까지 쓰던 초평(初平)이라는 연호를 건안(建安)이라 고쳐 이제부터는 백성들의 안위를 염려하는 황제가 될 것임을 천명하고 나섰다.

천자는 곧 산동의 조조를 불러들였다.

그러나 이십만 대군을 이끌고 들어온 조조는 천자에게 간언하여 수도를 허도로 옮길 것을 청한다.

"폐허를 일으키는 것보다는 허도가 낫습니다."

천자는 조조가 하자는 대로 할 수밖에 별다른 수가 없어 성이 재건될 동안 허도를 임시수도로 정한다.

양봉이 떠나는 어가를 가로 막으며 이를 반대하고 나선다.

"대대로 내려오던 황실을 옮기자는 것은 다른 뜻이 있어서입니다."

다른 뜻이라는 건, 조조가 황제의 자리를 탐낸다는 것이었다.

조조가 이 말을 듣고 그냥 지나칠 리 없어 두 사람 사이에 싸움이 벌어지게 생겼다.

양쪽의 부장격인 서황과 허저가 겨루게 되었는데 막상막하다. 좀처럼 승부가 나지 않는 두 사람의 싸움을 조조가 뜯어말린다.

"이제 그만들 하시오."

조조는 자기는 추호도 황실을 넘보지 않을 것을 맹세한다고 했고, 이 말에 양봉도 한 발 뒤로 물러섰다. 아직 일을 저지르지도 않은 조조를 두고 더 이상 꼬투리를 잡을 수 없었기 때문이다.

조조는 서황같은 인재를 자기 곁에 두고 싶다는 생각이 들었다. 장차 큰일을 도모하자면 기량 있는 인재들을 모아야 한다. 자기 부하 허저와 겨뤄 승산을 가릴 수 없을 정도의 무술 실력이라면 아주 대단한 인물임에 틀림없다. 인재에 굶주린 조조는 서황을 손에 넣기로 작정한다. 동탁이 여포를 손에 넣을 때와 같다.

이날 밤 조조는 사람을 보내어 서황을 자기 편으로 끌어들이는데 성공했다.

이렇게 발판을 굳건하게 다진 조조는 수도를 허도로 옮긴 다음 스스로 대장군 무평후라는 칭호를 붙여 모든 권력을 한 손에 거머쥐게 되었다. 휘하 장수와 가신들을 중요 요직에 앉힌 조조는 조정의 중요한 정무조차도 모두 자기 손을 거쳐 천자에게 전하도록 하였다.

또다시 세상은 조조의 수중에 들어가 버렸고 천자는 허수아비가 되고 말았으니 나라꼴은 말이 아니게 변해 갔다.

변방에 나가 있는 제후들은 조조가 실권을 잡은 것에 불만을 품고 조조를 물리치고 황실의 정통성을 되찾자고 했지만 누구 한 사람 앞에 나서는 자가 없었다. 그렇지만 도처에 불만의 원성이 높아가고 있었다.

조조는 매사에 치밀한 자라 미리 이러한 불씨를 제거하기 위한 계획을 세워 참모들을 소집했다.

"무슨 좋은 수가 없겠습니까?"

조조가 좌중을 들러보며 묻는다.

그러면서 덧붙인다.

"제일 먼저 경계해야 할 인물은 유비와 여포입니다."

유비는 황건적의 난을 토평할 때 눈부신 활약을 해서 일약 명장으로 알려진 인물이다. 그러나 정당한 포상과 대우를 받지 못하고 이곳저곳을 떠돌다가 서주 자사 도겸으로부터 서주를 선양 받아 다스리고 있던 중이었고, 여포는 서주에서 그리 멀지 않은 소패성에 머물며 유비의 후원을 받고 있었다.

조조가 미리 겁 내는 것은 이들의 정의감이 남보다 날카로워 자신이 한 행동을 용납하지 않을 것 같은 두려움 때문이기도 하였지만, 서주는 하도로부터 가장 가까운 곳에 위치한 지정학적 이유도 있었다.

참모 순욱이 묘안을 내놓는다.

"이호경식지계를 쓰는 겁니다."

이호경식지계라면 두 마리의 호랑이가 먹이를 놓고 서로 싸우는 계책을 말한다.

"유비는 서주를 다스리고 있지만, 아직 칙명을 받지는 못하고 있습니다."

서부 자사 도겸은 병이 들어 죽게 되자 유비의 인품을 보고 그에게 서주를 맡겼던 것인데 아직 정식으로 황제의 칙명이 내린 상태가 아니라는 점을 이용하자는 것이다.

"이제 황제의 칙명을 내려 정식으로 서주 자사를 임명하는 동시에 몰래 여포를 치라는 밀지를 보내는 것입니다."

그러면 우쭐하는 마음에서 여포를 칠 것이라는 이야기다. 계책이 뜻대로 이루어지만 여포를 그저 제거하는 셈이 되고 실패하더라도 여포가 유비를 죽이게 될 것이니 손 안 대고 코푸는 격이라는 것이다.

조조는 당장 천자의 윤허를 얻어 칙사를 보냈다. 칙사는 유비에게 서주 자사를 임명한다는 어명과 함께 여포를 죽이라는 밀지를 내린다.

유비는 조조의 밀서를 읽어보고 곧 참모들을 불러 모았다.

"여포같이 의리 없는 놈은 죽어도 쌉니다. 제게 맡겨 주십시오."

장비가 나섰지만 유비는 이를 저지했다.

"온갖 고초를 겪으면서 우리에게 의지하러 왔다. 그런 사람을 죽이면 그 또한 의리가 아닐 것이다."

여포는 역적 동탁을 죽였음에도 오갈 데 없는 몸이 되어 유비를 찾아와 일신의 의탁을 청했다. 유비는 이들 식속들을 소패성에 기거하고 있도록 주선을 해주었다. 소패성은 서주의 한 작은 성으로 애초에는 유비가 묵고 있던 곳이었다. 이렇듯 제 집을 내주어 살도록 호의를 베풀어 놓고 그를 친다면 이 또한 무슨 의리 없는 짓인가?

유비는 필시 이 밀지 속에 조조의 간계가 숨어 있을 것이라는 이야기를 한다.

다음날 여포가 찾아왔다.

"취임을 축하드리러 왔습니다."

여포는 섬돌 아래 엎디어 절을 넙죽한다. 그런데 난데없이 장비가 칼을 뽑아들고 나타나 호령을 한다.

"이놈 여포야."

여포는 깜짝 놀라 유비의 등 뒤로 몸을 사린다.

유비 역시 놀라 두 손을 내저으며 장비를 진정시킨다.

장비는 분을 못 참아 씩씩거리며 물러났지만 놀란 두 사람은 떨리는 가슴을 진정시킬 수 없다. 장비를 돌려보낸 유비는 여포를 불러 밀실로 들어가 조조가 보내온 밀서를 꺼내 보인다. 여포는 사색이 되어 말했다.

"이는 필시 우리 두 사람을 이간질시키려는 조조의 간계일 것입니다."

"나도 알고 있소. 그러니 너무 심려치 마시오."

유비는 제발 장비를 달래 여포를 무사히 돌려보냈다. 여포는 거듭 고맙단 인사를 하고 소패성으로 돌아갔다. 여포의 안색이 안 좋은 것을 보고 초선이 묻는다.

"무슨 일이 있었어요?"

여포는 서주에서 있었던 일들을 소상히 이야기한다.

초선은 웃으며 말한다.

"그러게요. 어디를 가나 서로 못 잡아먹어 안달이지요?"

그러니 어디 조용한 초야에 묻혀 아무도 몰래 살자는 제안을 한다. 그런 면에선 로구호 신산이 좋다고 말하는 초선의 두 눈에는 이슬 같은 눈물방울이 맺힌다.

"조용하게 단 둘이만 살고 싶어요."

여포는 일단 그러마고 대답한다. 여포 역시 이런 세상이 싫다. 조용히 초야에 묻혀 살고 싶은 마음이 없질 않다. 그러나 난세의 남자는 마음대로 살 수도 없다. 세상에 던져진 자라 세상 일이 너무 많기 때문이다. 이 또한 운명이다. 아무도 이 운명을 거스를 수는 없다. 하물며 자신의 앞날을 점친다는 것은 불가능한 일이다. 그런데도 그 앞날은 거침없이 다가오게 마련이다.

유비를 꼬시려했던 '이호경식지계'가 실패로 돌아가자 순욱은 또다시 '구호탄량지계'를 내놓았다. 즉 승냥이를 시켜 범을 몰아내는 방법이다.

"몰래 원술에게 사신을 보내어 유비가 지금 남양으로 쳐들어 가려고 하니 조심하라고 하면 원술은 화가 나서 유비를 공격할 것이고 유비에겐 원술을 토벌하라는 칙명을 내리면 서로 싸우게 될 것입니다. 그렇게 되면 배신을 밥먹듯 하는 여포는 허술한 틈을 타서 서주를 차지하려 들 것입니다."

조조는 곧 칙명을 내려 유비로 하여금 원술을 치게 했다.

유비는 참모들을 불러모아 이번에도 조조의 계략임을 알지만 칙명이니 어쩔 수 없다는 이야기를 한다.

"정 그렇다면 뒤에 남아 성을 지킬 사람이 있어야 할 건데."

손건의 말이다.

"제가 이 성을 지키겠습니다."

관우가 자진해서 성을 지키겠다고 나선다.

"운장이 성을 지켜준다면 그보다 더 든든한 일은 없을 것이나 싸움터에서 대사를 의논하자면 운장은 내 곁에 있어야 할 것 같아."

그러니 누구 다른 사람이 없겠느냔 유비의 말이다.

"그럼 제가 남겠습니다."

장비가 자리를 박차고 일어나며 하는 말이다.

"익덕은 안돼! 아우는 술만 마시면 부하를 함부로 때리고 부하들의 말은 잘 듣지 않는가?"

"오늘부터는 절대로 술 같은 건 입에 대지 않겠습니다. 남의 충고도 받아드리고요."

"그게 어디 말만으로 쉽게 되는 일인가?"

장비가 화를 벌컥 내며 대든다.

"내가 언제 형님들 앞에서 약속 어긴 것 봤습니까? 해도 해도 너무들 하십니다."

유비는 마음이 놓이지 않기는 했지만 어쩔 수 없이 장비에게 성을 맡기고 삼 만의 군사를 이끌고 남양으로 떠난다.

이때 남양의 원술은 조조의 밀서를 받고 대장 기령에게 십만의 군사를 주어 서주로 쳐들어가게 하였다. 두 군사들이 맞닥뜨린 곳은 우이현이었으니 유비는 군사가 적어 산을 등지고 물가에 진을 쳤다.

"원술은 들어라. 무슨 까닭으로 군사를 끌고 서주 땅을 쳐들어온 게냐?"

유비가 먼저 큰 소리로 원술을 나무란다.

"대장군께서는 여기 나오지 않았다. 우리는 오로지 칙명에 따를 뿐이니라.”

“칙명이라? 나도 칙명에 따라 너희를 치러왔거늘, 너희는 도
대체 무슨 칙명이냐?”

“무슨 칙명이 어디 있느냐? 한 나라에 천자가 둘이더냐?”

“한 나라의 천자가 둘이 아닌 이상 자기 군대를 보내 자기
군대를 치라함은 도대체 무슨 까닭이더냐?”

“지금 와서 그런 걸 따질 때더냐? 어서 나와 이 기령의 칼을
받아라.”

기령이 무게 오십 근이나 되는 삼첨도를 휘두르며 유비를 향
해 돌진해 들어오는 것을 관우가 말을 몰고 나가 막는다. 이때
기령의 부장 순정이 관우에게 달려들어 협공을 펼치려다 오히
려 관우의 청룡언월도에 목이 달아났다. 놀란 기령은 회음까지
패주하여 달아났다. 기령이 성문을 굳게 닫고 싸우려하지 않자
전투는 소강상태로 접어들었다.

하루 이틀 시간이 지나자 서주에 남은 장비는 심심해서 견딜
수가 없어 부하들을 불러놓고 술을 마시기 시작했다.

“형님께서 나더러 술을 마시지 말란 것은 혹시 있을지도 모
르는 실수를 대비해서이지 술 자체를 못 먹게 한 것은 아니
야.”

그러면서 부하들에게도 술을 권했다. 술을 마시되 취하지만
않으면 된다는 것이었다. 그런데 조표라는 군사가 술잔을 물리
치며 이렇게 말한다.

"저는 맹세코 술을 마시지 않겠습니다."

"그렇다면 나는 맹세코 네놈에게 술을 먹이겠다."

장비도 지지 않았다.

두 사람 사이에 험악한 분위기가 돌자 조표는 딱 한 잔만이라며 술을 받아 마셨다. 그렇다면 딱 한 잔만 더 하라며 장비가 먼저 술을 따라 마시고는 조표에게 또 잔을 건넨다. 조표는 이를 한사코 거절한다.

"아까는 마셔놓고 이번에는 왜 못 마시겠다는 거냐? 상관의 명을 거역하겠다는 게냐?"

장비는 어느 새 술버릇이 튀어나오기 시작했다.

"주군께서 가실 때 당부하신 말씀을 잊었소?"

조표의 나무라는 투에 화가 치밀어 오른 장비는 조표의 뺨을 내려치며 호통을 친다.

"이놈이 감히 어디다 대고 하는 말버릇이야?"

조표는 억울함이 뼈에 사무쳤지만 장비의 힘을 당할 수가 없다. 집으로 돌아온 조표는 이 억울함을 풀 수 있는 마지막 기회로 여포에게 편지를 쓴다. 지금 장비는 술에 취해 자고 있으니 지금 와서 친다면 성문을 열어주겠다는 내용이었다.

여포는 이게 웬 떡인가 싶어 달려와 서주성을 덮쳤다. 서주와 소패는 불과 사십 리 거리라 적토마는 한걸음에 달려올 수 있었다. 조표가 열어놓은 성문을 통해 무혈 입성을 한 여포의 군사들은 일시에 함성을 지르며 성 안 여기저기를 몰아쳤다.

"장군님, 여포가 쳐들어왔습니다."

아직 술에 취한 채 잠을 깬 장비는 장팔사모를 들고 뛰쳐 나 갔지만 여포를 당해 낼 수가 없어 동문을 빠져 달아나지 않을 수 없었다. 장비가 도망을 쳤다는 이야기를 들은 조표는 화풀 이를 하려 군사 백 명을 거느리고 그를 뒤좇아 갔지만 오히려 베임을 당하고 말았다.

"이 일을 어쩌면 좋단 말인가?"

이제야 정신이 든 장비는 통한의 눈물을 흘렸지만 이미 엎질 러진 물이다. 유비가 있는 회남땅으로 향하는 그의 애통함이 하도 커 뒤따르던 부하들도 함께 울었다. 장비는 스스로 옷을 찢고 가시넝쿨로 채찍질을 하여 온몸이 피투성이가 된 채로 울 며불며 자신의 과오를 탓하였다.

"내가 형님들 시키는 대로 술만 쳐 마시지 않았어도 오늘날 이런 수모는 겪지 않았을 것을."

그도 그럴 것이 서주성에는 유비 가족이 고스란히 남아 여포 의 수중에 들어갔으니 장차 이들의 고초가 어떠할 것인가? 생 각하면 할수록 난감한 일이 아닐 수 없다.

해질녘이 다 되어서야 회남땅에 당도한 장비는 유비 앞에 두 무릎을 꿇고 용서를 빌었다.

"저를 죽여주십시오."

장비는 제 손으로 제 목숨을 끊으려다가 잘못에 대한 용서를 받고 죽으려고 이렇게 찾아왔노라 한다. 그러면서 조표와 여포가 서로 내통하여 서주성을 뺏긴 이야기를 한다.

"살아서 뵐 면목은 없습니다만, 다만 죄를 빌기 위해 여기까지 찾아왔습니다."

장비의 말을 듣고 있던 유비가 한숨을 쉬며 말한다.

"성을 얻었다고 기뻐할 것도 성을 잃었다고 슬퍼할 것도 없다. 하늘의 뜻이 우리에게 있다면 성은 다시 돌아오리라."

관우가 큰소리로 묻는다.

"형수님은 어디 계시느냐?"

장비가 기어들어가는 소리로 말한다.

"성 안에 계실 것이옵니다."

관우가 더욱 큰 소리로 고함을 쳤다.

"이런 나쁜 놈! 형수님을 혼자 두고 달아나다니? 성을 떠나올 때 그렇게 당부하지 않았더냐? 술을 삼가라고……."

"이제 목을 쳐주십시오. 어찌 살아 남기를 바라겠습니까?"

"그래 이놈, 너 같은 놈은 죽어도 싸다."

관우가 칼을 빼려 하자, 유비가 이를 말린다.

"옛말에 '형제는 수족과 같고 처자는 의복과 같다' 하였다. 옷은 한 번 헤지면 기울 수 있지만 손발은 한 번 자르면 어찌 이을 수 있겠느냐? 우리 셋은 죽어도 같이 죽고 살아도 같이 살자 형제의 의를 맺지 않았느냐? 어찌 성과 식솔을 잃었다고 해서 형제의 의를 끊겠느냐?"

유비가 울며 이를 말리자 관우와 장비도 목이 메어 흐느껴

울었다. 주변에서 이를 지켜보던 사람들도 따라서 눈물을 흘리지 않을 수 없었다.

여포가 서주성을 빼앗았다는 소식을 들은 원술은 뛸 듯이 기뻐하며 여포에게 밀지를 보냈다. 만약에 유비를 후방에서 공격하면 양곡과 군마는 물론 금은보화와 비단을 주겠다고 약속했다. 재물에 탐이 난 여포는 의리도 잊은 체 부하 장졸 고순에게 군사를 내주어 유비를 치게 하였다.

이 소식을 들은 유비는 하는 수 없이 군사를 빼내어 광릉지방으로 퇴각했다.

고순이 우이현에 도착했을 때는 이미 유비의 군사가 떠난 뒤였다. 그렇지만 원술과의 약속은 지킨 셈이었으니, 애초 약속한 물건들을 달라고 채근질하였다. 그러자 원술은 여포에게 직접 편지를 썼다.

　－비록 군사를 이끌고 가기는 하였지만 유비를 사로잡지는 못
　　하였지 않소? 지금이라도 유비를 좇아가 잡으면 약속한 재물
　　들을 드리겠소.

한편 편지를 받아 본 여포는 길길이 뛰며 원술을 죽이겠다고 벼른다.

"이놈이 감히 나를 속이다니."

여포는 당장이라도 원술을 칠 것처럼 기세가 등등하였다. 참모 진궁이 이를 말렸다.

"원술은 막강한 군사를 가지고 있습니다. 일이 그렇게 된다

면 유비가 달려들 것이 명약관하합니다. 일단은 유비를 끌어들여 원술을 친 다음 원소를 도모한다면 천하는 주공의 것이나 다름없습니다."

딴은 그렇기도 하다.

"그렇지만 이제 와서 어떻게 유비를 끌어들이겠소?"

"유비 역시 사면초가이니 청을 거절하지 못할 것입니다."

진궁의 말은 하나도 그르지 않다.

"유비는 지금 풍찬노숙을 하는 처지라 장군의 말을 거절할리가 없습니다."

여포는 진궁의 말을 따르기로 하고 유비에게 서주로 돌아와 달라는 편지를 쓴다. 이때 유비는 원술의 기습을 받아 군사를 절반 가량 잃고 군량마저 바닥이 난 판이라 여포의 편지가 새로운 희망이었다. 그렇지만 관우와 장비는 이를 탐탁하게 여기지 않는다.

"여포란 놈 믿을 자가 못됩니다."

"그렇지만 호의를 저버릴 수 없는 일이 아니겠느냐?"

유비는 패잔병이나 다름없는 군졸들을 수습하여 다시 서주로 향한다. 관우와 장비도 하는 수없이 그 뒤를 따른다. 살아 남았던 병사들도 이미 절반 이상 도망을 치고 없는 판국이라 대열은 형편없이 흐트러지고 맥이 빠져 있다. 힘이 없을 땐 남의 힘을 빌어서라도 우선 살고 봐야 한다.

유비는 참담한 심정으로 빼앗긴 서주로 돌아간다. 고양이에게 생선을 맡긴 격이랄까? 여포 같은 자를 옆에 두고 성을 비웠던 것이 잘못이었다.

그러나 유비가 서주로 돌아오자 여포는 일단 유비의 가족들을 먼저 돌려보냈다. 가족들이 무사한 것을 본 유비는 여포를 찾아가 고마움을 표한다.

"고맙습니다. 이렇듯 가족들을 잘 보살펴 주었습니다."

여포는 변명부터 늘어놓는다.

"나는 결코 서주를 치려고 한 게 아니었음을 알아주었으면 좋겠소. 장비가 술에 취해 이성을 잃고 있다기에 혹시라도 성에 무슨 일이 일어날까 염려하여 성을 대신 지키고자 했을 뿐이오."

유비는 이에 감사하다는 말을 하고 이렇게 덧붙인다.

"나는 이미 서주를 장군에게 양보한 바 있습니다. 이제 서주는 마땅한 성주를 얻었으니 됐습니다."

"아닙니다. 서주는……."

여포는 짐짓 사양하는 척 했으나 서주를 차지하라는 유비의 말에 속으로 쾌재를 부른다.

유비는 그대로 물러나와 소패성으로 향한다.

관우와 장비는 불만이 컸으나 유비의 행동을 따르는 수밖에 없었다.

"이제 겨울인데 몸 들어앉을 집이 있다는 것만으로도 고맙게들 생각하게."

유비는 하늘이 돕는다면, 분명 또다시 좋은 날이 올 것이라 말한다.

"천명을 거스르며 하는 일은 좋은 결과를 얻지 못하네."

"형님은 걸핏하면 천명, 천명하는데 천명이란 도대체 무얼 뜻하는 겁니까?"

"아무리 사소한 일에도 하늘의 뜻이 있는 법일세. 하늘은 스스로 돕는 자를 돕는다네."

그러니 분수를 지켜 잠자코 있으라는 명을 내린다.

여포가 더한 욕심을 품고 소패성이라도 내어주지 않았다면 어디 가서 이 추운 겨울을 보낼 것인가? 그것도 고맙게 생각할 줄 알라는 큰 형님의 말에 아우들은 그만 입을 다물 수밖에 없었다.

이전에는 여포가 이런 신세를 졌고, 이번에는 유비가 신세를 지는 셈이 된다. 이 와중에서도 한 가지 다행스러운 일이 있다면 유비의 가족이 온전한 보호를 받았단 점이다. 이 천만다행한 일이 초선의 배려였다는 이야기를 들으며 이 또한 하늘의 뜻이 아니냔 유비의 말이다.

"그때 초선을 빼앗아와 데리고 놀았어 봐라."

형수와 가족들이 무사했을 것인가?

천하는 그야말로 물고 물리는 싸움의 연속이고 서로가 대권을 잡기 위해 하루도 쉴 날이 없는 아귀다툼이다. 이 싸움에서 물러나면 죽는다.

한 번 싸움을 걸어놓은 자들은 죽을 때까지 이 싸움판에서 한 발자국도 물러날 수가 없다. 그야말로 용호상박이요 이전투구다. 여기서 누가 영웅호걸이 되어 남을 것인가? 오로지 하늘만이 그 결과를 알 수 있는 일이다.

이러한 남자들 속에 던져진 초선의 운명은 어떠했을까?

귀 향

서주를 차지한 여포는 이 날도 초선과 함께 말타기를 즐기고 있었다.

말타기에 있어선 초선을 따를 여자가 없다. 초선은 음기 그 자체다. 가만 있어도 남자의 양기를 불러일으키는 색향이 나는 데다가 그 입술을 열어 말을 하기 시작하면 그 음색 자체가 또한 음기로 변해 남성을 일으키게 한다.

남성은 양기로 뭉쳐져 있고 여성은 음기로 돼 있다. 이 음양은 서로가 서로를 불러일으키는 상생작용을 한다. 이 화기가 말을 내달리게 하는 기본이 된다.

말타기는 네 발로 기는 시늉을 하고 앉은 여자의 위에 걸타고 앉아서 뒤로 삽입하는 자세를 두고 하는 말인데, 이때 남자는 무릎을 꿇고 앉거나 그대로 앉은 기마자세를 취해야 한다. 이 상태에서 전진후퇴를 행하는 일은 그리 쉬운 일이 아니라 요즘 들어 살이 더욱 오른 여포는 비지땀을 빼고 있는 중이었다. 이 동작에서 말이 히이! 히잉! 울며 앞으로 전진하면 뒤에 걸타고 앉은 사람은 들어간 물건을 빠지지 않게 하려고 뒤따라가야 하는데 무릎걸음이 될 수밖에 없어 무르팍이 까지는 고통을 겪어 내야 한다. 그래도 그걸 빼지 않으려고 안간힘을 쓰며 방바닥을 돈다.

"워어 워!"

여포는 말을 멈추려 하지만 장난스런 말은 달리기를 멈추지 않는다. 이번에는 무릎을 세워 일어나 오리걸음으로 따라가 보려하지만 이 역시 만만찮은 자세다. 그러다가 말이 먼저 지쳐 피식 드러누우면 그 위에 포개 엎드려 웃는 여포다. 여포는 덩치만 컸지 초선의 앞에서는 어린애 같다.

이들은 어린애 같은 말놀이를 한 번 하고 벌렁 드러누워 천정을 보는데 초선의 눈에 조르르 줄을 타고 내려오는 거미가 한 마리 보인다. 거미는 재빨리 몸을 움직여 거미줄에 걸린 파리를 챙챙 묶어 그 진액을 빨아먹기 시작하는데 그 동작이 하도 빨라 눈 깜짝할 사이에 다 먹어치우고는 또다른 먹이를 향해 달려가 투망을 한다.

"그물을 쳐야 해."

여포의 중얼거림 속에는 천하를 쥐겠다는 포부가 서려 있다. 거미처럼 저렇게 재빨리 한 손에 움켜쥐어야 한다는 뜻이겠다. 한때는 움츠려 아무도 모르는 곳에 가 숨어 살겠다던 여포가 아니다.

"거미처럼……."

천하 대세를 조조가 잡고 있는 듯 보였지만, 그 역시 천자가 아님은 만천하가 다 아는 사실이다. 황실의 씨는 따로 있는 법이다. 그렇지 않고서는 그 정통성을 인정 받을 수가 없다.

때문에 그 누구도 천자의 자리에 덥석 앉지 못하고 있는 것이다. 나날이 물고 물리는 싸움이 일어나는 것도 이 눈치 때문이 아니던가. 만백성들이 우러러 보아줄 정통성을 만들 수 없기 때문에 어린 천자를 앞세워 앉혀놓고 뒤에서 그 권력만 쥐고 흔드는데 그칠 뿐인 것이다.

한 번 권력다툼이 일이나면 끝이 없다. 그 뒷수습이 어렵기 때문이다. 이게 바로 난세다.

초선은 이제 이런 세상이 싫었다.

조그만 미물의 움직임을 보고도 싸움밖에 생각하지 못하는 이 남자도 싫다.

"또 싸움 생각이에요?"

"안 그러면 내가 죽어."

여포는 이 날도 작전을 어떻게 짤까가 고민스러운 중인데 여자가 이제 제발 싸움은 그만하라는 말에 짜증이 난다.

"조조란 놈이 유비를 시켜 나를 치게 했다는 사실을 알고도
그래?"

조조는 소패성의 유비에게 몰래 서신을 보내 여포를 칠 것을
명했다. 유비는 조조가 먼저 여포를 치면 선봉장에 서겠노라
답신을 보냈다. 이 서신이 중간에 새어 여포의 수중에 와 있는
상태다. 그러니 언제 또 싸움이 일어날지 모르는 급박한 순간
이다. 이러고 있을 때가 아닌 것이다.

그런데도 여포는 한시라도 초선의 곁을 떠날 수가 없다. 적
토마보다 이 말이 훨씬 달콤하고 부드러웠기 때문이다. 뿐만
아니라 여포는 출정할 때마다 여자의 속옷을 허리춤에 끼고 나
가는 묘한 버릇이 있어 그걸 얻으러 온 것이다.

전에는 아무 속옷이나 차고 나갔으면 되었었는데, 이즘 들어
서는 남녀합환의 그 비릿한 찌꺼기를 닦아 묻힌 속옷이라야 마
음이 놓이는 여포다. 장수가 부적에 의존하는 것은 그만큼 나
약해졌다는 의미가 아닐까.

"유비가 왜 서주를 치려하겠어요?"

초선의 이 말에 화가 벌컥 치솟는 여포다.

"당신은 내가 꼭 그 유비의 마누라를 어떻게 한 줄로 생각하
는 것 같은데 난 손가락 하나 대지 않았어. 사실이야…"

유비가 성을 비운 틈을 타 서주를 점령했을 당시 여포는 유
비의 가솔들을 포로로 잡아놓고 있었다. 여포는 그때 유비의

아내를 집적거리려다가 초선에게 들켜 혼이 났다.

"그놈이 이제 와서 서주를 치려함은 배은망덕이지. 그 일 때문이 아니야."

"왜 아니겠어요? 그때 그런 일을 저지르지 않았다면 유비 같은 점잖은 양반이 왜 당신을 치려하겠어요?"

초선은 유비의 아내를 집적거리지 않았다 할지라도 유비의 서주를 빼앗았던 것부터가 애시 당초 잘못이라고 말한다.

여포는 이 말에 화가 치밀어 문을 박차고 나가 고순과 장요에게 군사를 주어 소패성을 치게 한다. 유비는 성문을 굳게 걸어 닫고 조조에게 구원병을 청했다. 혼자 힘으로는 아무래도 여포의 대군을 맞아 싸울 힘이 없었기 때문이었을까? 유비는 싸울 생각을 않는다.

이때 조조의 선봉장 하우돈이 소패성을 구원하러 달려오다가 여포의 군사를 만나 일대 접전을 벌인다. 하우돈이 이끄는 오만의 선발대를 본 고순은 싸워볼 생각도 않고 군사를 되돌린다. 그런데 어디서 날아왔는지 고순의 진영에서 날아온 화살 한 대가 하우돈의 눈에 박혔다. 하우돈은 비명과 함께 화살을 뽑아냈는데 살촉 끝에 눈알이 박혀 따라 나왔다.

"신체발부는 수지부모라, 부모님의 정기로 이루어진 이 눈알을 어찌 버릴 수 있겠는가."

하우돈은 눈알을 한입에 삼켜 버리고는 적진을 향해 말을 몰아쳤다. 그렇지만 한쪽 눈을 잃은 상태에서 그리 오래 싸울 수는 없는 노릇이었다.

"와아!"

드디어 성문이 부서지고 소패성은 함락되었다.

유비는 조조의 진영을 찾아 달아났고 고순은 소패성을 차지하게 되었다. 일이 이렇게 되자 조조는 조인에게 군사 삼천을 더 주어 소패성 탈환을 지시하고 자신은 유비와 함께 소관으로 향했다. 소관은 비록 작은 성이었지만 서주로 들어가는 관문으로 중요한 요충지라 반드시 짚고 넘어가야 할 징검다리 같은 곳이었다.

여포는 조조가 소패성 탈환에 직접 참여했다는 소식에 그것은 조조의 본대가 아니라 부장 조인의 군사들이라는 말을 듣고는 진등을 소관으로 보내 사실의 진위를 알아오게 하였다.

그러자 진등은 딴 맘을 품고 여포를 함정에 빠뜨리기로 작정을 했다. 여포에게는 진궁이 성을 결사적으로 지키겠다 하니 조조가 성을 공격할 때 조조의 등뒤를 급습하라는 계책을 내놓았고 진궁에게는 여포의 명이라며 성 밖으로 나가 조조와 맞서라고 했다.

밤이 되어 한바탕 전투가 벌어졌는데 진궁은 성문을 활짝 열어놓고 밖으로 나가 싸웠다. 이 틈을 노린 조조의 군사는 진등이 열어준 뒷문을 이용해 피 한 방울 흘리지 않고 성을 점령해 버렸다.

날이 밝을 무렵 되어 서로 얼굴을 분간할 때쯤 보니 서로 자기편 끼리 죽고 죽이는 싸움을 벌인 진등과 여포는 서로의 얼굴을 마주 보며 실소를 금할 수가 없었다. 이미 때는 늦어 돌이킬 수 있는 상황이 아니었다.

여포는 하는 수 없이 서주성으로 되돌아갔지만 소나기처럼 쏟아지는 화살이 기다리고 있을 뿐이었다. 이미 유비의 참모인 미축이 성을 장악해 버린 뒤였다.

뿐만이 아니었다. 소패성 역시 조조의 군사들에 함락돼 여포와 싸울 준비를 끝낸 상태였다.

여포가 찾아갈 곳이라곤 이제 하비성 뿐이었다. 하비성은 사수가 성을 둘러싸고 있어 천혜의 요새인데다 만약의 경우를 위해 미리 비축해 놓은 군량도 넉넉해 부족함이 없는 곳이다. 그보다는 부하들에게 배신을 당하고 조조에게 단단히 혼이 난 여포는 감히 싸울 엄두를 내지 못하고 있었다.

그러니 참모들의 말이 귀에 들어올 리가 없다.

"지금이라도 조조군의 보급로를 차단하면 조조는 대군을 먹여 살릴 군량미가 없어 돌아갈 수밖에 없습니다."

진궁이 대책을 내놓았지만 여포는 방안에 틀어박혀 말놀이만 즐기려 할뿐 나아가 싸울 생각은 전혀 없는 사람처럼 보인다.

초선은 그러한 여포의 등을 떠밀다시피 한다.

"참모들의 말을 귀담아 들어요."

"이제 싸움은 진절머리가 나."

여포는 속고 속이는 싸움에 염증이 난다고 말한다. 차라리 아무도 모르는 곳에 조용히 묻혀 살고 싶다던 초선의 말이 그립다 한다.

"아무도 없는 곳에 가 살고 싶어."

여포는 진등이 자기를 속이고 조조의 편에 가 붙은 데 대한 혐오감을 씻을 수가 없다. 그 배신감에 치를 떨고 있을뿐 자기가 지금까지 남을 속이고 살아온 데 대한 반성은 전혀 없다. 초선은 굳이 그러한 여포를 깨우쳐 주려 하지는 않았지만 자업자득이란 말을 한다.

"이미 늦었어요. 자업자득인 게지요."

모사 허사와 왕해가 와 계책을 내놓는다.

"회남의 원술은 그 세력이 막강합니다. 전에 혼담이 오간 일이 있는 사이이니 그에게 도움을 청해 보시지요. 원술이 구원군만 보내준다면 다시 일어날 승산이 있습니다."

그 말에 귀가 번쩍 뜨인 여포는 곧 원술에게 두 사람을 밀사로 보낸다.

그러나 원술은 화를 벌컥 내며 지난날 여포가 원술을 속인 일을 들어 거절을 표한다.

"그놈이 무슨 낯으로 원병을 청한단 말이냐?"

원술은 지난날 여포가 자기 딸을 주겠다고 하였다가 배신한 행위를 들어 욕설을 퍼부었다. 그러자 사자로 온 허사가 이렇게 말한다.

"폐하께서 지난 일 때문에 우리를 구해 주시지 않는다면 이는 입술이 밉다 하여 이를 외면하는 격이 될 것입니다."

원술은 자기를 높여 '폐하'라 부르는 허사의 칭찬에 우쭐해져 이렇게 말한다.

"여포는 도무지 믿을 수 없는 자라, 먼저 그 딸을 보낸다면 그 다음에 출병하겠다고 전하라."

이때 원술은 낙양의 우물 속에서 우연히 옥새를 하나 주워 보관하고는 자기가 황제인 것처럼 착각하고 살던 중이었다. 그런데다가 언젠가 한 번 본 초선을 여포의 딸이라 착각하고 있어 눈에 삼삼 초선을 그려보는 말을 한다.

"그 딸 아이 이름이 초선이라 했던가?"

허사와 왕해는 원술이 여포의 청을 내치지 않은 것만으로도 다행스럽게 생각하여 여포에게 돌아와 그 말을 전한다.

여포는 알았다 하고 두 사람을 돌려보냈다.

"원술이 널 원하고 있다 하니 어쩌겠는가?"

초선은 여포의 이 말을 듣고 기가 막혔다. 자기가 무슨 물건이라도 된단 말인가? 원술의 지원병을 얻기 위해 자신을 원술에게 넘겨야겠다는 이런 남자를 위해 지금까지 정성을 쏟아 사랑을 했단 말인가?

"……?"

초선이 말이 없자 자기를 떠나기 싫어 그러는 줄로 착각한 여포는 이렇게 타이른다.

"미인박복이라 하지 않던가? 내 언젠가는 꼭 널 찾아 올 거야."

남자란 힘이 없으면 그렇게 될 수밖에 없다. 힘 없는 남자 앞에서 더 이상 무슨 말을 할 것인가? 초선은 이게 무슨 운명인가 싶기도 하다가 이제야말로 참 자유를 찾아 떠날 때가 아닌가 하는 생각을 해 본다.

이제는 세상 이치도 좀 알았고 사는 법도 알 것 같은 초선이다. 로구호 신산에서 노예로 끌려 나올 때의 어린 초선이 아니다. 높고 낮은 신분에도 다 처해 봤고 높고 낮은 남자들도 골고루 다 보았다.

이제 어디서 어떤 일을 하더라도 살 수 있을 것 같은 초선이다. 벗어나려면 이 굴레쯤은 얼마든지 벗어날 수 있을 것 같은 초선이다. 굳이 여포를 위해 원술에게 팔려 갈 필요가 무엇인가?

이제는 노예의 신분에서 벗어나고 싶은 초선이다. 또 그럴 재물도 있다. 그 동안 이 남자 저 남자에게서 선물 받은 패물들 만해도 살기에 충분하다.

초선은 짐짓 슬픈 척 훌쩍거리며 속맘을 숨긴 채 이렇게 말한다.

"장군님을 떠나 어떻게 살아요?"

여자는 요물이 되어야 산다는 걸 깨달은 초선의 거짓부렁에 여포는 감격해서 패물함에 고이 간직해 두었던 패물을 한 주먹 쥐어준다.

"이걸 잘 간직하고 있으라."

이날 밤 여포는 포위망을 뚫고 원술에게 딸을 갖다 바치기 위해 초선을 들쳐 업었다. 들쳐 업은 그 위에 또 갑옷을 두른 뒤 적토마에 올라 동문을 빠져 나갔다.

그러나 금방 유비의 군사들에게 들키고 만다. 앞을 가로막은 관우와 장비는 여포의 적토마를 곧 알아보고 큰 소리로 외쳐 이를 저지했다.

"이놈 여포야, 도둑고양이처럼 숨어서 어디로 도망을 가려는 것이냐?"

여포는 등에 업은 초선이 때문에 마음대로 싸우지도 못하고 도망 치지도 못한 채 하비성으로 되돌아올 수밖에 없었다. 옴 짝달싹도 못하게 된 여포는 수심에 찬 나날을 술로 보냈다. 이 미 초선에게 자기 속맘을 들켜 버린 뒤라 초선의 곁에 가지도 못한다.

초초한 것은 조조 역시 마찬가지였다. 하비성을 공격한 지 벌써 두 달이 지났건만 여포는 싸울 기미를 보이지 않고 깊숙 이 들어앉아 버렸고, 북쪽에는 원소가 동쪽에는 유표와 장수가 호시탐탐 기회를 노리고 있으니 비워놓은 허도가 걱정되지 않 을 수 없는 노릇이었다.

조조는 참모회의를 열었다.

"무슨 좋은 수가 없겠는가?"

모사 곽가가 이렇게 말한다.

"저에게 계책이 하나 있기는 있습니다. 그대로만 하면 하비
성쯤은 문제가 되지 않습니다."

"기수와 사수의 강물을 끌어들여 하비성 안에 쏟아 붇자는
거 아니요?"

순욱이 빙그레 웃으며 말하자, 곽가가 껄껄 웃었다.

"맞소이다. 바로 그겁니다."

조조는 군사들을 동원하여 두 강의 둑을 끊어 물길을 돌려놓
게 하였다. 사비성은 순식간에 물 속에 잠겼다.

여포는 일이 이렇게 급박하게 되었는데도 들어앉아 술만 마
시고 있었다.

"장군님, 성 안이 물바다가 돼가고 있습니다."

보다못한 부장 하나가 침소에까지 찾아와 사태의 위급함을
알렸지만, 여포는 오히려 화를 내어 부장을 나무란다.

"걱정 마라. 나에게는 물 위도 평지처럼 걷는 적토마가 있느
니라."

자기만 살면 그만인가? 부장이 혼자 속으로 불만을 터뜨리고
나간다. 일이 이쯤되자 성 안에 주둔하고 있던 병사들은 하나
둘씩 도망칠 궁리를 하기 시작했고 사기가 떨어졌다.

초선은 어떻게든 여포의 마음을 돌리려 애를 썼지만 마이동
풍이다.

마지막으로 초선은 명경을 들어 그 얼굴을 비쳐보았다.

"장군님, 얼굴을 한 번 보십시오. 그 동안 얼마나 초췌해졌

는지."

초선이 들이민 명경에 자기 옆얼굴을 비춰 본 여포는 그제야 깜짝 놀라 탄식하며 하는 말이 '이제 술을 끊어야겠구나.'였다.

드디어 정신을 차렸는지 여포는 성 안에 금주령을 내리고 방비를 새로이 하기로 다짐을 하는 것 같았다. 그렇지만 이미 때는 늦어 성 안은 사정없이 물이 차 오르고 있었고 조금 지대가 높은 동문 쪽만 땅이 남아 있다.

여포가 금주령을 내린 며칠 후 장수 후성의 말 몇 필이 없어지는 사건이 일어났다. 말을 지키던 마부가 서로 짜고 말을 훔쳐 유비에게 갖다 주고 상금을 받을 작정이었는데 결국엔 후성에게 덜미를 잡히고 말았다. 잠잠했던 성 내에 말도둑을 잡아낸 것은 일대 사건이었다.

"말을 되찾은 의미에서 축하연이라도 열어야 하지 않겠소?"

주변에서 후성의 말을 찾은 것을 기념하는 자축연을 열자는 제의가 들어왔다. 우쭐한 후성은 이전에 담아놓은 술이 좀 있어 술병을 들고 여포를 찾아가 이렇게 말한다.

"장군의 위엄에 힘입어 말을 되찾았습니다."

후성은 마침 담근 술이 좀 있으니 장수들을 불러 모아 한 잔하자는 제의를 한다. 그런데 이게 웬 날벼락인가? 여포는 불같이 화를 내며 후성을 몰아친다.

"내가 금주령을 내린 걸 잊었느냐? 이 판국에 술잔치를 벌리려 들다니."

여포는 후성이 자기를 거역하려 든다며 당장에 목을 벨 듯하다. 그러자 송헌과 위속 등 주변 장수들이 꿇어 엎드려 후성의 잘못을 너그러이 용서해 달라고 빌었다.

여포는 곧 잡아 죽일 듯이 후성을 노려본 후 곤장 백 대로 그 죄값을 대신하라 명한다.

"내 명을 거역하는 자는 살아 남지 못할 줄 알라."

억울하게 곤장을 맞고 돌아온 후성은 이 날로 앓아눕기 시작했다. 몸이 아픈 것도 아픈 것이지만 억울함을 어디다 호소할 데가 없어 더욱 쓰라린 고초를 겪는 중이었다.

송헌과 위속 등이 문병을 왔다.

"공들이 아니었다면 오늘 목숨을 잃을 뻔했소."

이렇게 한탄을 하자 송헌도 한 마디한다.

"조조의 군사가 성을 에워싸고 성은 물에 잠겨드는데, 대장군마저 저러니 우리 목숨은 이미 죽은 거나 다름없소."

송헌은 여포가 지금도 초선을 끼고 저 혼자 기이한 말타기를 즐기고 있다는 이야기를 들려준다. 한동안 그런 놀이를 안 하더니 이제 더 기발 난 놀이를 개발했다는 이야기다. 이제는 거꾸로 서서 한다는 믿기지 않는 말까지 한다. 꼭 원숭이가 나무 위에서 하는 짓거리처럼 의자를 걸타고 앉아서 한다는 이야기도 한다.

위속이 주위를 둘러보며 한 마디 거든다.

"이러다가 제명에 못 죽어요. 무슨 수를 내지 않으면……."

후성이 눈빛을 빛내며 말한다.

"그대들의 말에 나도 동감이오. 이왕지사 이렇게 된 바에야 여포를 버리고 떠나는 게 어떻겠소?"

"난 진즉 그렇게 생각했소. 여포는 이제 틀렸소."

세 사람은 머리를 맞대고 일을 꾸미기 시작한다.

"그냥 도망치는 것은 장부의 도리가 아니오. 이왕 일을 벌일 바에는 확실히 합시다."

세 사람은 어렵잖게 한 가지 결론을 얻었다. 여포를 잡아 조조에게 넘기고 후한 상을 타자는 것이었다. 그 길만이 살 길임을 이들은 하늘에 대고 맹서한다.

"그렇다면 나는 적토마를 훔쳐 조조에게 갖다 바치고 우리 계획을 알리겠소."

밤중만하여 후성이 적토마를 훔쳐 타고 동문을 빠져 나갔다. 송헌이 이를 잡는 척 뒤따르다가 돌아와 여포에게 후성이 앙심을 품고 적토마를 훔쳐 달아났다고 거짓 보고를 한다. 여포는 화가 머리끝까지 치밀어 방천화극을 찾는다. 그러나 이 방천화극마저도 위속이 훔쳐 숨긴 뒤였다.

이때 이미 성 밖에는 조조의 군사가 물밀듯 밀려들어와 있었고 송헌과 위속은 서로 눈짓하여 여포를 때려눕혔다. 아무리 힘이 센 여포라 할지라도 미리 계획된 두 사람의 간계를 벗어날 수는 없었다. 결국 포박을 당하는 신세가 되고 말았으니 적은 항상 내부에 있는 것임을 여실히 증명해 주는 일대 사건이 벌어지고 말았다.

"여포를 사로잡았다."

위속이 성루에 올라가 큰 소리로 외치자 한사코 저항하여 싸우던 군사들도 칼을 놓고 말았다.

성 안의 군사들은 이미 전의를 잃었고 쳐들어오던 조조의 군사들도 난공불락의 요새가 이리도 허망하게 무너진데 대한 실감이 나지 않는 듯 칼을 씻었다.

다음날 아침 조조는 다시 강둑을 쌓게 하여 성 안으로 들어오던 물을 막아 백성들을 진정시키도록 하였다. 그런 다음에 잡힌 포로들을 끌어오게 하여 심문을 시작하였다. 조조의 곁에는 유비가 관우와 장비의 시립을 받은 채 앉아 있었다.

이들 앞에 끌려나온 여포는 애원을 한다.

"사람을 이렇게 욕되게 할 수가 있소? 우선 이 오라를 느슨하게 좀 해주시오."

여포는 기골은 장대했으나 온몸이 밧줄로 챙챙 동여매져 있어 숨 쉴 틈도 없다. 밧줄에 조여 목에는 핏줄이 일어섰고 눈알이 불거져 나올 지경이다.

"맹수는 느슨하게 묶지 않는 법이다."

조조는 싸늘하게 대답한다.

조조에게 말해 봤자 소용이 없겠다 싶었는지 이번에는 유비에게 애원하는 여포다.

"아우님은 높은 자리에 앉아 있고 나는 단 아래 꿇어 있으니 나를 위해 한 마디 해주지 않으려오?"

유비는 말없이 고개를 주억거린다.

여포는 이 고개짓에 한 가닥 희망을 걸고 다시 조조에게 애원한다.

"승상께서 나를 살려 부장으로 삼는다면 천하대사를 도모하는데 어려움이 없을 것입니다. 그러니 제발."

조조는 애걸하는 여포에게서 눈을 떼 유비를 돌아본다.

"여포의 뜻을 어찌 생각하오?"

여포는 유비의 다음 말에 마지막 희망을 걸고 눈빛을 빛내는데 유비의 말은 절망적이다.

"승상께서는 지난날 정원과 동탁의 일을 잊으셨습니까?"

두 아비를 서슴없이 죽인 여포다. 그렇다면 그 앞날의 일도 뻔하지 않겠느냔 유비다.

여포는 마지막 희망이 사라지자 미친 듯이 울부짖는다.

"이놈아, 내가 전에 너를 살려준 은혜를 잊었단 말이냐?"

그러자 어디선가 가냘픈 여자의 목소리가 들려왔다.

"여보, 죽게 되면 당당히 죽어요."

초선이었다.

"사내대장부가 왜 그리 비굴하게 굴어요?"

"저 여자는 누구요?"

"여포의 여자인 것 같소. 전에는 동탁의 여자였고, 또 그 전에는 사도 왕윤의 딸이었소."

초선도 마침 여포의 식솔로 포로로 잡혀 온 듯한데, 여포의 구차스러움에 한 마디 한 것 같다. 좌중의 눈이 모두 소리가 난 곳으로 쏠리는데 초선은 이 위기에도 불구하고 태연스레 바람에 날리는 머리칼을 쓸어넘긴다. 마치 수양버들이 바람에 나부끼며 하늘거리는 듯한 몸매를 가지고 그 입술에서 나오는 말은 달콤한 향기같다.

"저 여자는……."

조조는 여포의 식솔이라면 유비에게 가질 것을 권한다.

"공이 거두어 가지시지요."

여포는 마침내 참수돼 그 목이 성문 밖에 내걸렸고 초선은 유비의 집으로 데려져갔다.

서주를 되찾은 유비는 성 안 백성들이 안정을 되찾고 생업에 종사하는 것을 보고 마음이 놓였다. 그러던 어느 날 뒤뜰을 지나다가 우연히 초선의 모습을 보게 되었다.

"아니, 저 여자는……."

여포의 여자가 아닌가?

유비는 초선의 일하는 모습을 보고 마음에 이상한 동요를 느끼기 시작했다. 무언지 알 수 없는 회오리 같은 것이 지나가는가 싶더니 가슴을 저려오는 그런 느낌이었다. 그게 도대체 무엇이었을까? 아직 한 번도 느껴보지 못한 야릇한 정염이 솟아오르는 것 같은 감정이었다.

사람의 마음은 이와 기로 성립돼 있다. 이라는 것은 이치를 깨달아 그에 따라 행동하는 이성이고, 기라는 것은 이치를 따지기보다는 그 기운 자체를 따르는 감성이다. 감성은 때로 이성을 누르고 마음을 혼미하게 만든다. 그 혼미를 즐기는 것이 음의 기운이다.

음기는 여자에게서 온다. 지금 유비는 음기에 젖어드는 자신을 발견하고는 움찔 놀란다. 그러면서도 그게 하나도 기분 나쁘지 않다. 그 속으로 빠져 들어간다는 뜻이 되겠다.

천하의 유비라 할지라도 이 음기를 마다할 리가 없을 터, 그는 한참동안 초선을 바라보고 섰다가 자리를 뜬다. 그 입가에 회심의 미소가 피어올랐음은 두말할 것도 없다.

그런데 또 한편에서 똑같은 생각을 하고 있는 사람이 있었으니 장비였다. 마당 저쪽 편에서 초선을 바라보며 가슴을 조이고 있었으니 이 어찌된 일이란 말인가? 초선은 보는 사람마다 가슴을 뛰게 하는 무슨 마력을 지녔단 말인가?

그런데 이 어찌된 운명인지, 이 두 사람의 하는 양을 지켜보고 있는 또 한 사람의 눈이 있었으니 관우였다. 형과 아우가 한 여인을 두고 서로 같은 마음을 품는다면 어찌될 것인가? 그 결과야 너무나 뻔한 일이다.

"한 여자 때문에 남자들 끼리 서로 싸우게 할 순 없다."

관우는 형제들을 불러모아 이 문제를 허심탄회하게 처리해야 한다고 생각한다.

"우리가 모두 한 여자를 두고 좋아할 줄은 몰랐습니다."

이에 장비가 말했다.

"초선이 저렇게 미인이니, 당연히 큰 형님과 짝 지워야겠지요."

그 말 속에는 아쉬워하는 말투가 섞여 있다. 유비는 은근히 그렇게 되기를 바랬지만 마음에도 없는 소리를 내뱉는다.

"둘째가 부인이 없으니 아무래도 둘째 아우에게 주어야겠네."

"저는 싫소이다."

서로 말들은 이렇게 했지만 아무도 초선을 양보하고 싶은 마음이 없는 것 같았다. 관우는 본래 여자를 좋아하지 않아 처음부터 초선을 가질 생각은 없었지만, 예상했던 대로 형과 아우 둘이서 서로 초선에게 마음을 빼앗기고 있는 것을 본 관우는 초선을 죽여 버리리라 마음먹었다. 따지고 보면 동탁과 여포가 죽은 것도 다 초선이 때문이 아니더냐? 이대로 두었다간 형제 간에 갈등이 생길 것이 뻔한 이치다.

관우는 큰 맘 먹고 초선을 처리하리라 다짐한다.

이날 밤 관우는 청룡언월도를 들고 초선을 불러 냈다.

"널 죽여 없애야겠다."

초선은 영문도 모른 채 끌려나와 관우의 큰 칼을 보고는 기겁을 해 온몸을 떨고 섰다.

"널 죽여 없애겠다는데 왜 아무 말이 없느냐?"

관우도 무작정 초선을 내려칠 수는 없어 마음에도 없는 말을 한다.

초선이 태연스럽게 묻는다.

"왜 저를 죽이시려 하는지요? 제가 무슨 잘못을 저질렀나
요?"

"⋯⋯."

관우는 갑자기 말문이 막힌다. 아무런 잘못도 없는 가련한
여인을 죽이려 한 자신이 얄밉기까지 하였지만, 이렇듯 아름다
운 여인을 어찌 제 손으로 내려칠 수 있을 것인가를 생각하니
다시금 정신이 아찔하다.

이때 장비가 어디서 나타났는지 관우를 말린다.

"형님이 도대체 왜 이러우?"

아마도 남 몰래 초선을 찾아 가려다가 이 모습을 목격한 모
양이다.

"아우 왜 이러나?"

유비 역시 초선의 처소를 찾아 가려다가 발길이 머문 것 같
다. 일이 이쯤되자 관우는 자기 속마음을 털어놓지 않을 수 없
었다.

두 형제는 어이없어 하며 자신들의 욕심을 들킨 것 같아 부
끄러워한다. 그렇지만 장비는 미인을 두고 침을 흘리지 않는
사내도 사내냐며 관우를 놀린다.

"형님은 여자를 봐도 아무렇지도 않소?"

초선이 남자들의 입을 막듯 조용하게 말한다.

"저는 지금까지 한 나라 황실을 바로 세우기 위해 희생당한 몸입니다. 그게 잘못이라면 죽어도 좋겠지만, 그게 아니라면 절 이대로 놓아주십시오. 저도 이제 제 갈 길을 가서 조용히 살고 싶습니다."

"그래, 갈 곳은 있느냐?"

유비의 말이다. 초선은 자초지종을 다 털어놓는다. 로구호 신산에서 노예로 붙들려 와 왕윤의 가기가 되었던 이야기며, 동탁과 여포를 이간질시켜 서로 적대시하게 한 일 등등, 초선 의 말은 그간에 일어났던 사실과 모두 일치하였다.

"형님 지어낸 이야기 같지 않은데요?"

"가만, 가만……."

유비가 다시 캐고 묻는다.

"널 키운 남화노선이란 분에 대해서 자세히 말해 봐라."

초선은 남화노선에 대해서도 장각에 대해서도 숨김없이 털어 놓는다.

"형님, 그러면 그 남화노선이 형님의 할아버지 뻘되는 사람 아니십니까?"

"그게 사실이라면 내 윗대 할아버지임에 틀림없다."

그렇지만, 사람이 어떻게 그리 오래 살 수 있을 것이냐 유비 의 말이다. 그리고 이미 죽은 자가 어떻게 현신해 이런 일들을 했겠느냐 이야기를 한다.

그렇지만 이 이야기와 연관해서 한 가지 풀리지 않는 수수께

끼가 있다 한다. 분명히 황건적의 두목 장각을 죽였는데 나중에 확인해 보니 시체가 사라지고 없더란 이야기였다.

"둔갑술이지요."

초선은 소치 부대와 함께 동탁을 뒤쫓아 가다가 유비군대를 만나 싸우지 않고 극적으로 서로 물러서던 때를 상기시킨다.

"그때 제 삼숙도 함께 계셨고, 그때 장군님을 뵌 적이 있습니다."

"옳거니. 그런 일이 있었었지."

이것으로 초선의 검증은 끝난 셈이다. 나라를 위해 몸바쳐 싸운 사람을, 그것도 연약한 여자를 죽여 무엇 하겠는가? 형제 간의 우의를 해칠 것을 미리 염려해 초선의 목을 베고자 칼을 들었던 관우는 부끄러움을 감추지 못한다.

"그렇다면 굳이 이 여인네를 죽일 필요는 없지 않겠는가?"

유비는 식솔들이 여포에게 붙잡혀 있었을 때 초선이 보살펴 욕을 면했단 이야기를 한다. 이 이야기는 초선을 살려 보내자는 뜻이 아니겠는가?

관우는 유비의 말에 청룡언월도를 거두어들이고 장비에게 얼른 말을 준비하라고 이른다.

장비는 적토마를 끌어내어 온다. 아까운 말이었지만, 어쩐지 말이 제대로 주인을 만났다는 생각이 든다.

초선은 로구호 신산에 가면 다시 그리운 이들을 만날 수 있으리란 희망을 갖고 말 위에 오른다.

"내 언젠가 로구호 신산을 한번 찾아가야겠네. 신선 할아버
지를 만나러……."
"예. 기다리겠습니다."
초선은 적토마에 높이 올라 박차를 가한다.

―끝

역사의 허구성과 진실성

초선은 중국 4대 미녀 중에 한 사람이다. 만인이 이용하고 있는 우표에까지 여포와 초선의 사랑 장면을 그려 기념하고 있어 중국 사람들이 초선을 얼마나 사랑하고 아끼는지 여실히 드러내고 있다.

중국에서 교환학생으로 온 여학생에게서 들은 이야기로는 사랑하는 연인에게 연애편지를 보낼 때 반드시 이 우표를 사 붙일 정도라고 한다.

소설 『초선이』을 쓰면서 이 인물을 어디서 어디까지 끌고 나가야 할지 고민하였다. 실제 역사에 한 줄도 남아 있지 않는 여인을 역사적 인물로 만들기가 어려웠다는 말이다. 초선은 나관중의 소설 『삼국지연의』 초반에 역적 동탁을 제거하기 위한 미인계로 잠시 등장할뿐 사기의 기록에는 그 어디에도 없다. 그걸 바탕으로 꾸며 낸게 이 소설인데, 아직까지 그 누구도 하지 않았던 작업이라 조심스럽지 않을 수 없었다. 왜냐 하면 세월이 지나면 이 소설 또한 그 누군가의 자료가 될 수 있을 것이기 때문이다.

이 작품은 『삼국지』를 읽은 독자들의 나머지 궁금증-초선이 어디서 와 어디로 갔는가?-을 풀어주는 데 그 주안점을 두었다. 이본삼국지마다 초선의 탄생은 서역 태생인 것으로 간단히 언급돼 있고 미인계로 이용 당한 후 여포의 몰락과 함께 최후를 맞는 것으로 되어 있다. 그 누구의 『삼국지』를 읽어봐도 큰 역사의 소용돌이 속에 미인계로 이용되는 대목만 과장될 만큼 포장돼 있을 뿐 한 여인의 생애에 대한 기록은 없다.

나는 그 생애가 가장 보편타당성 있는 소설이 되리라 착안했다. 역사소설이 다 그렇듯 한 줄 기록을 근거로 꾸며 내는 허구이지만 보편타당성이 있어야 독자들의 호응을 얻을 수 있다. 그런데 초선은 소설 속의 등장 인물일 뿐인 허구 그 자체에서 생겨난 주인공이라 찾아 낼 아무런 근거가 없다. 따라서 이 소설은 허구 속에서 찾아 낸 허구일 뿐인 이야기다. 당연한 귀결이지만 역사소설을 두고 그 진위여부를 가리려 해서는 안 된다. 소설은 소설일 뿐이다. 그러니 까탈을 잡지 말아 달라는 부탁이다.

소설 『초선』은 결국 한 여인으로서의 초선이 이야기다. 아무리 아름다운 여인이라 할지라도, 아무리 알려진 역사적 인물이었다고 할지라도 인간은 인간일 뿐인 것이다.

인간은 인간으로서의 고뇌가 있고 아름다우면 아름다운대로 그 고뇌가 있다. 이 소설은 아름다움을 타고 난 한 여인의 운명적 고뇌와 이를 이용하려는 남자들이 허황된 권력욕을 그린 허구인 것이다.

2009년 월

풀과나무의집에서 표성흠 씀

|소설| 초선이

2009년 8월 25일 초판인쇄
2009년 8월 30일 초판발행

지은이 | 표 성 흠
펴낸이 | 홍 철 부
펴낸곳 | **문 지 사**

등록일 | 1978. 8. 11(제 3-50호)
주 소 | 서울특별시 은평구 갈현1동 423-16

영업부 | 02) 386-8451
편집부 | 02) 386-8452
팩 스 | 02) 386-8453
값 12,000원